Die Fragebogen-Methode

W0173421

Die Fragebogen-Methode

Grundlagen und Anwendungen in Persönlichkeits-, Einstellungs- und Selbstkonzeptforschung

von

Hans Dieter Mummendey

4., unveränderte Auflage

Hogrefe · Verlag für Psychologie
Göttingen · Bern · Toronto · Seattle

Prof. Dr. Hans Dieter Mummendey, geb. 1940. Studium der Psychologie in Köln und Bonn. Wissenschaftlicher Assistent an den Universitäten Bonn und Mainz. 1965 Promotion. 1970 Habilitation. 1971-1974 Wissenschaftlicher Rat und Professor am Psychologischen Institut der Universität Düsseldorf. Seit 1974 Professor für Sozial-psychologie an der Universität Bielefeld.

Bibliografische Information Der Deutschen Bibliothek

Die Deutsche Bibliothek verzeichnet diese Publikation in der Deutschen Nationalbibliografie; detaillierte bibliografische Daten sind im Internet über http://dnb.ddb.de abrufbar.

© by Hogrefe-Verlag GmbH & Co. KG, Göttingen · Bern · Toronto · Seattle 1987, 1995, 1999 und 2003, Rohnsweg 25, 37085 Göttingen

http://www.hogrefe.de
Aktuelle Informationen • Weitere Titel zum Thema • Ergänzende Materialien

Das Werk einschließlich aller seiner Teile ist urheberrechtlich geschützt. Jede Verwertung außerhalb der engen Grenzen des Urheberrechtsgesetzes ist ohne Zustimmung des Verlages unzulässig und strafbar. Das gilt insbesondere für Vervielfältigungen, Übersetzungen, Mikroverfilmungen und die Einspeicherung und Verarbeitung in elektronischen Systemen.

Gesamtherstellung: Hubert & Co., Göttingen
Printed in Germany
Auf säurefreiem Papier gedruckt

ISBN 3-8017-0899-3

"Asking a man questions about himself
is an ancient, though not necessarily
reliable, way of finding out about his
personality and behavior" (R.B. Cattell)

"Nur Ruhe, ich werde diesen Fragebogen ausfüllen. Ich habe auch die anderen ausgefüllt" (Ernst von Salomon)

Vorwort

Eine zusammenhängende Abhandlung über den Fragebogen als psychologisches Forschungsinstrument zu schreiben, hatte ich schon immer vor. Ich war, als ich einmal die Gelegenheit dazu hatte, wieder davon abgekommen, nachdem ich gebeten wurde, Fragebogen als Tests darzustellen und mich an ihrer testmäßigen Verbreitung zu beteiligen. Demgegenüber stand ich seit meiner Zusammenarbeit mit meinem Mentor, Werner D. Fröhlich, stets auf dem Standpunkt, Fragebogen hätten Forschungsinstrumente zu bleiben und sollten nicht unbedingt standardisierte Individualdiagnostika werden.

Bei einer anderen Gelegenheit ging es um einen Sammelband über Persönlichkeitsfragebogen. Dabei wurde die Auffassung vertreten, es müßten zur Erhöhung der Bedeutung der Veröffentlichung neue Beiträge amerikanischer Autoren aufgenommen werden. Aber es war schon damals mein Bestreben, lieber das Grundlegende und Bewährte abzuhandeln als das gerade Modische und vorübergehend Marktbeherrschende.

So ist jetzt ein Text entstanden, der die herkömmliche Methode der Konstruktion und Anwendung von Fragebogen möglichst unbeeinflußt von methodologischen Moden, sowohl wertvollen Besonderheiten als auch überflüssigen Spitzfindigkeiten, darzustellen versucht. Was die Anwendung der Fragebogen – Methode betrifft, so wird gezeigt, daß in fast allen wichtigen Bereichen der psychologischen Forschung mit Fragebogen gearbeitet werden kann. Die Fragebogen – Methode stiftet dabei einen engen Zusammenhang zwischen den herkömmlicherweise voneinander getrennten Bereichen der Persönlichkeitsforschung (Differentielle Psychologie, Persönlichkeitspsychologie), Einstellungsforschung (Sozialpsychologie) und Selbstkonzeptforschung (Persönlichkeits – und Sozialpsychologie, Entwicklungspsychologie, Klinische Psychologie).

Natürlich wird in dem vorliegenden Band besondere Aufmerksamkeit dem Problem der Reaktionseinstellungen bei der Beantwortung von Fragebogen gewidmet. In gut sozialpsychologischer Manier werden jedoch Reaktionstendenzen wie diejenige, im sozial – erwünschten Sinne zu antworten, weniger als Meßfehler, sondern eher im Sinne von Tendenzen und Taktiken der Selbstdarstellung von Individuen als Persönlichkeit betrachtet. Das Problem sozial – erwünschten Antwortens wird aus der Sicht der Impression – Management – Theorie aufgerollt, und es wird gezeigt, daß sich die Problematik der Reaktionstendenzen in bezug auf Selbstkonzept – Forschung etwas anders darstellt als in bezug auf die klassische Persönlichkeitsmessung. An eigenen Forschungsbeispielen werden Phänomene der Selbstpräsentation in psychologischen und sozialwissenschaftlichen Untersuchungen zu demonstrieren versucht.

Abweichend von vielen Grundlagentexten wird im vorliegenden Buch systematisch darauf verzichtet, den Text durch ständiges Zitieren von Autoren mit Jahreszahlen zu belegen, zu rechtfertigen oder Argumentation durch Zitation zu ersetzen. Gerade weil fast jeder Satz durch Zitieren eigener und fremder Arbeiten belegbar wäre, soll der vorgelegte Text nicht mit dieser Art Stil belastet werden. Im übrigen werden selbstverständlich die APA – Richtlinien zur Manuskriptgestaltung der Deutschen Gesellschaft für Psychologie beachtet. Die Besprechung der Literatur geschieht getrennt am Ende eines jeden Kapitels, so daß der systematische Text bis auf einige unverzichtbar erscheinende Autorennamen von Zitationen freigehalten werden kann.

Der Verfasser verdankt sein psychologisches Denken ebenso wie sein veröffentlichtes Wissen einer Reihe von Kollegen, teils Lehrern, teils Schülern, die hier nicht eigens erwähnt werden können. Bedankt seien aber auch die vielen disziplinär allzu eng denkenden Kollegen, die es ihm als notwendig erscheinen ließen, am Beispiel der Fragebogen – Methode aufzuzeigen, wie sehr einige scheinbar streng getrennte psychologische Gebiete miteinander zusammenhängen. Es ist schwer zu sagen, ob die dabei entstandene Schrift nun eher für Anfänger oder Fortgeschrittene, für

Studierende oder Praktiker der Forschung, für die alte Trias Psychologen/Soziologen/Pädagogen interessant ist oder nur für ihn selbst und seine Freunde - zu unterschiedlich wird man die Darstellung eines scheinbar altmodischen Forschungsinstrumentes werten, das doch täglich in der Forschung breite Anwendung findet.

Bielefeld, im Frühjahr 1987   H. D. M.

Vorwort zur vierten Auflage

Die Entscheidung, weitere Auflagen der „Fragebogen-Methode" unverändert, nur fehlerkorrigiert, erscheinen zu lassen, hat nach Auffassung des Autors nicht so sehr mit Arbeitsscheu zu tun. Vielmehr ist er von verschiedenen Seiten immer wieder ermuntert worden, das Buch in seiner didaktisch so bestimmten Form unverändert zu lassen. Nach wie vor wird wohl mit keinem anderen psychologischen Datenerhebungsverfahren derart häufig gearbeitet wie mit der hier grundlegend beschriebenen Fragebogen-Methode. Revolutionierungen haben offensichtlich nicht stattgefunden. Für eingehendere Befassungen mit Prozessen sozialer Kognition, die beim Antworten auf Fragebogen beteiligt sind, könnte man vielleicht „Thinking about answers" von Sudman, Bradburn und Schwarz (San Francisco, 1996) oder „Zur Psychologie der standardisierten Befragung" von Strack (Berlin, 1994) hinzuziehen. Über konkrete neue Skalenkonstruktionen mögen die psychologischen Datenbanken Auskunft geben, aber generell darf gelten: Kein Fragebogen ist so aktuell wie der für eine anstehende Forschungs-Fragestellung jeweils selbst entwickelte.

Bielefeld, im Sommer 2003   H.D.M.

Inhalt

Kapitel 1

Zur Begründung, dem Fragebogen eine eigene Darstellung zu widmen

Der Fragebogen zählt zu den wichtigsten und in der psychologischen Forschung meistangewendeten Untersuchungsverfahren.

Es mag mit den vielfältigen psychologischen Problemen dieses Forschungsinstrumentes selbst zusammenhängen, daß der Fragebogen bislang Gegenstand hunderter einzelner empirischer Forschungsarbeiten gewesen ist, daß es aber nur selten zu zusammenfassenden und übersichtlichen Darstellungen der Methode gekommen ist.

Probleme mit dem Fragebogen

Zum einen wirft das Erfassen von Persönlichkeitsmerkmalen, sozialen Einstellungen usw. mittels Fragebogen sogleich eine Reihe methodologischer Probleme auf. Sie lassen sich gewöhnlich den Problemkomplexen der Meßgenauigkeit und Zuverlässigkeit (Reliabilität) und der Gültigkeit und Aussagekraft (Validität) von Erhebungsinstrumenten zuordnen. Diskussionen hierüber werden in der Fachliteratur schon seit Jahrzehnten geführt, und in dieser Hinsicht unterscheiden sich Persönlichkeitsfragebogen keineswegs von anderen Datenerhebungsverfahren in Psychologie und Sozialwissenschaften. Sie bekommen allenfalls ein besonderes Gewicht, weil es sich bei Fragebogen offensichtlich nicht um "objektive", sondern um "subjektive" Meßverfahren zu handeln scheint – eine Eigenschaft, die Fragebogen wiederum mit der Mehrzahl psychologischer Methoden teilen. Wir werden weiter unten noch diskutieren, daß eine solche Einteilung nach "objektiv" oder "subjektiv" allerdings möglicherweise weder eindeutig noch besonders nützlich ist.

Zum anderen hat in den vergangenen Jahren eine Diskussion um den Problemkomplex "Person und Situation" stattgefunden, die offensichtlich Auswirkungen auf die Bewertung von Persönlichkeitsfragebogen als psychologische Meßinstrumente gehabt hat. Diese Diskussion scheint jedenfalls zu teils ernstzunehmenden, teils eher modisch – populären Einschränkungen der wahrgenommenen Wichtigkeit der Persönlichkeitsmessung, und insbesondere der Persönlichkeitserfassung mit Fragebogen geführt zu haben. Insofern es plötzlich als neu und angemessen schien, die Erfassung von Persönlichkeitseigenschaften weitgehend in Frage zu stellen, mußte dies gerade den Persönlichkeitsfragebogen als wichtigstes Mittel der Persönlichkeitsmessung treffen.

Wenn man mit empirischen Mitteln an Fragen der Differentiellen Psychologie und Persönlichkeitsforschung einerseits, und beispielsweise der Sozialpsychologie der Einstellungen und Einstellungsänderungen andererseits arbeitete, konnte man die Erfahrung machen, daß die erwähnten Diskussionen zu Person und Situation, zu Situationismus und Person – Situation – Interaktionismus etc. (vgl. Kapitel 3) innerhalb der Psychologie den Persönlichkeitsfragebogen als Forschungsinstrument abgewertet hatten. Dies gilt ebenso für angrenzende wissenschaftliche Disziplinen, die sich gerne psychologischer Untersuchungsverfahren bedienen; in den Sozialwissenschaften blickt man ja teilweise traditionellerweise etwas kritischer auf die quantitativen Untersuchungsmethoden psychologischer Herkunft und diskutiert gewöhnlich sorgfältiger, als dies in der Psychologie der Fall ist, die Berechtigung der Quantifizierung menschlichen Verhaltens und Erlebens. Die Abwertung des Fragebogens als Forschungsmethode fand aber sozusagen nur in der Öffentlichkeit statt, nicht jedoch in der Praxis der Forschung. Zwar wagten sich nun nicht mehr viele Forscher und Autoren, Persönlichkeits – oder Einstellungsmessung mittels herkömmlicher Persönlichkeits – bzw. Einstellungs – Fragebogen aktiv zu vertreten – setzten sie sich doch zu leicht dem Vorwurf aus, in Kategorien von Persönlichkeits – Eigenschaften als vermeintlich überholten Gebilden statt in den Kategorien von Situations – Merkmalen o.ä. zu denken und zu schreiben. (In Kapitel 3 werden wir noch sehen, daß der Eigenschaftsbegriff in einer wohlverstandenen Persönlichkeitspsychologie flexibel genug gehandhabt werden kann, um auch situationsgebundenes menschliches Verhalten mit zu umfassen.) Interessanterweise hat jedoch bei der täglichen Forschungsarbeit in Persönlichkeits – und Sozialpsychologie kaum ein Forschender auf Fragebogen als Forschungsinstrumente verzichtet.

Gleichzeitig hatte derjenige, der sich im Forschungsalltag auf Fragebogen verließ, mit einer weiteren Schwierigkeit zu kämpfen. Als zutreffend erkannte meßtheoretische Unzulänglichkeiten von Fragebogen und ihren Bestandteilen, den Items, führten zur Beschäftigung mit alternativen Meßmodellen. Eine Zeitlang war es einfach nicht mehr angesehen, sich mit den gewöhnlichen, nach den Prinzipien der klassischen Testtheorie konstruierten Persönlichkeitsfragebogen abzugeben. Während sich viele Methodenspezialisten intensiv um bessere Meßverfahren bemüht haben, ist doch die herkömmliche Fragebogenmethode im Alltag der Forschung weitgehend ohne Alternative geblieben.

Als wichtiger Grund für das Weiterarbeiten mit Fragebogen, die mit ihren resultierenden Fragebogenmaßen, den Skores, eine nur grobe Abschätzung der Positionen von Personen auf eindimensionalen Skalen erlauben, ist sicherlich die Struktur der meisten psychologischen Experimente und empirischen Untersuchungen anzusehen: In der psychologischen Forschung ist es weitgehend üblich, sich auf die Erforschung der Zusammenhänge und Abhängigkeiten einer begrenzten Anzahl einzelner Merkmale bzw. Variablen zu konzentrieren. Soweit dies nun der Fall ist, genügt es meistens, einige wenige Persönlichkeitsmerkmale mit eindimensionalen Skalen zu erfassen. Eben dies geschieht mit den klassischen Persönlichkeitsfragebogen, wie sie hier dargestellt werden sollen.

Daneben ist es allerdings für bestimmte Fragestellungen von äußerstem Nutzen, Methoden zu entwickeln und anzuwenden, die es beispielsweise erlauben, Urteile über eine Mehrzahl von Gegenständen gleichzeitig zu messen und anschaulich darzustellen (multidimensionale Skalierung). Auch macht die Erfassung intra – individueller Urteils – Strukturen mittlerweile gute Fortschritte: Ausgehend von der Annahme, daß nicht alle untersuchten Individuen über identische Konzeptionen eines Urteilsgegenstandes verfügen, müßten demnach zunächst die individuellen Persönlichkeits – oder Einstellungs – Strukturen (aufgrund beispielsweise der Fragebogen – Antworten einer Person) bestimmt werden, ehe man für ein Individuum Fragebogen – Werte errechnet und die Werte mehrerer Individuen aggregiert. Die Entwicklung von Verfahren der multidimensionalen Skalierung wie auch solcher der Bestimmung individueller Strukturen ist eine wichtige Alternative zu Verfahren von der Art der klassischen Fragebogenmethode, wie sie hier dargestellt wird; letztere beruht auf der Messung der Merkmale mehrerer Individuen mittels stets ein und derselben, eindimensionalen Skala.

Bei der Anwendung der Fragebogen – Methode werden den antwortenden Personen, wie wir noch sehen werden, sprachlich klar strukturierte Vorlagen zur Beurteilung gegeben, d.h., alle Personen beurteilen sich anhand der gleichen Merkmale oder Eigenschaften. (Sehr wichtig ist es, sich von vornherein zu vergegenwärtigen, daß wir uns hier nicht mit Fragebogen im Sinne der Interview – Methode beschäftigen. Es geht niemals um Fragen, deren Beantwortung offen ist, sondern es geht stets um das Ankreuzen festgelegter Antwortmöglichkeiten auf klar vorgegebene Fragen oder Feststellungen. Auch werden nicht die Antworten auf einzelne Fragen für sich genommen ausgewertet und interpretiert, sondern es werden stets die Antworten auf eine größere Zahl von Fragen oder Feststellungen in einem einzigen Meßwert zusammengefaßt. Diese Klarstellung zur Fragebogen – Methode ist erforderlich, da auch alle möglichen anderen Untersuchungsmittel, insbesondere Interview – Bogen, als Fragebogen bezeichnet werden.) Aus dem prinzipiell unübersehbaren Universum von Eigenschaftsbeschreibungen, das manche Autoren mit den unterschiedlichsten Methoden immer wieder zu gliedern versuchen, werden den Versuchspersonen also ganz bestimmte in Form von Sätzen oder Fragen zur Beurteilung vorgelegt. Da liegt selbstverständlich der Gedanke nahe, nicht alle Individuen "über einen Kamm zu scheren", sondern stärker auf die Besonderheiten jedes einzelnen Individuums einzugehen, indem man individuumzentrierte bzw. von den Individuen selbst geschaffene Beschreibungsbegriffe verwendet. Gerade in der Selbstkonzept – Forschung sympathisiert mancher mit solchen personenzentrierten Vorgehensweisen. Die Fragebogen – Methode ist hier grober und allgemeiner – aber zugleich forschungsökonomischer. Es dürfte stets Forschungsprobleme geben, für die es hinreichend ist, eine theoretisch gut bekannte psychologische Variable (z.B. einen Aspekt des Konservatismus oder eines schon gut beschreibbaren Vorurteils) empirisch mittels Fragebogen zu erfassen – ein "nomothetisches" Vorgehen, bei dem alle untersuchten Personen mit dem gleichen Maßstab gemessen werden. Dagegen kommen beispielsweise Methoden, die individuelle Urteils – Strukturen anstelle vorgegebener Persönlichkeitsvariablen erfassen, der Forderung Hans Thomae's etwas näher, dem "idiographischen" Prinzip zu folgen, das darauf abzielt, möglichst die 'unverzerrte' psychische Wirklichkeit zu erfassen.

Mit dem Vorhaben, dem klassischen Fragebogen eine eigene Darstellung zu widmen, verhält man sich zweifellos ein wenig konservativ – man befindet sich nicht an der vordersten Front der Methodenentwicklung, und man stellt ein Verfahren dar, dessen Entwicklung selbst einigermaßen zum Stillstand gekommen zu sein scheint. Dies mag z.B. deutlich werden, wenn man die Entwicklung der Diskussion zum Gesamtkomplex "Fragebogen" auf unseren wissenschaftlichen Kongressen ansieht. Das letzte größere Fragebogen – Symposium fand im Jahre 1970 auf dem Kongreß der Deutschen Gesellschaft für Psychologie in Kiel statt, und es schnitt eine Reihe von Problemen an, die heute noch diskutiert werden bzw. einer Lösung durch neuere empirische Untersuchungen harren. Eine im

Jahre 1982 am Zentrum für Interdisziplinäre Forschung der Universität Bielefeld ausgerichtete Konferenz vermochte demgegenüber kaum veränderte Entwicklungen aufzuzeigen. Es verfestigt sich der Eindruck, daß die Entwicklung der Fragebogenmethode stagniert. Dieser Zeitpunkt, berücksichtigt man die Vorgeschichte der Forschungen zum Fragenbogen, erscheint nun allerdings gerade als günstig für eine in erster Linie grundlegende, das Bewährte an der Fragebogenmethode ansprechende Darstellung.

Der Fragebogen – ein subjektives oder objektives Verfahren?

Bei der Diskussion darum, warum der Fragebogen trotz vielfältiger Anfechtungen seine dominante Position, beispielsweise bei der Persönlichkeits – und Einstellungsmessung, behauptet hat, könnte man es sich weiterhin leicht machen und auf "Forschungsökonomie", also etwa leichte Herstellbarkeit und Anwendbarkeit von Fragebogen plädieren. Daß dem gar nicht so ist, mag aus den folgenden Kapiteln noch hervorgehen. Im allgemeinen kann man aber sicherlich feststellen, daß Fremdbeurteilungen, also die Beobachtung und Beurteilung von Personen durch andere Personen, zumeist einfacher und schneller und oft mit geringeren Problemen zu bewerkstelligen sind als Selbstbeobachtungen bzw. Selbstbeschreibungen wie im Falle der Persönlichkeitserfassung mit Fragebogen. Auf der Suche nach Gründen für die hervorragende Stellung des Fragebogens gewinnt man vielmehr den Eindruck, als schöpfe der Fragebogen einen Teil seiner Bedeutung und manchmal auch an Faszination aus seiner eigentümlichen Zwischenstellung zwischen einem *"subjektiven"* und einem *"objektiven"* Erhebungsverfahren. Einerseits werden mit den Fragebogen – Items (Fragen oder Feststellungen, die zu beantworten sind), innere Zustände, Erlebnisweisen, Kognitionen erfragt, die sich nur schwer oder sonst gar nicht von außen beobachten lassen – neben den selbstverständlich ebenfalls erfragbaren, offen beobachtbaren Verhaltensweisen eines Menschen. Andererseits geschieht dies in einer standardisierten Form derart, daß die Frage oder Feststellung als stets in unveränderter Weise darzubietender Reiz aufzufassen ist, während die Antwort der Versuchsperson auf das Item des Fragebogens als Reaktion auf einen verbalen Stimulus angesehen werden kann, der sich allenfalls in seiner Komplexität von den meisten in der psychophysischen Forschung verwendeten Stimuli unterscheidet.

Im Fragebogen scheint also insofern eine auch für den bei Untersuchungen mit ihm eigentlich Betroffenen, die Versuchsperson, günstige

Verbindung zwischen einem mehr "unpersönlichen" Reaktionsexperiment und der Gelegenheit zu Selbstbeobachtung und Selbstbeschreibung gegeben zu sein. Auf die Konflikte und Schwierigkeiten, die sich aus diesem Spannungsverhältnis ergeben, wird im folgenden noch vielfach eingegangen. Man sollte das eigentümliche Spannungsverhältnis in der Natur des Fragebogens als eines sowohl "subjektiven" als auch "objektiven" Verfahrens vielleicht nicht einfach dadurch lösen, daß man ihn gleichsam der einen oder der anderen Seite zuschlägt.

In jenem Aufsatz, in dem H.J. Eysenck im Jahre 1953 die Fragebogenmethode in Deutschland salonfähig machte, definierte er Fragebogen als Persönlichkeits*tests*, die hochgradig strukturiert sind, verbale Reaktionen auf der Bais der selektiven Reizantwort ergeben und deren Auswertung objektiv und nicht – symbolisch ist; er bestimmte Fragebogen als psychometrische *Tests*, die verbale Reaktionen auf verbale Reize verlangen. Die damals als notwendig erachtete Betonung des "objektiven Testcharakters" geschah sicherlich in verständlicher Abgrenzung von interpretativen und projektiven Verfahren, die ebenfalls als Testverfahren ausgegeben und angewendet werden. Etwas differenzierter betrachtete schon immer R.B. Cattell die Rolle des Fragebogens: Er unterschied grundsätzlich zwischen Q – Daten (bei denen das Individuum selbst der Beobachter ist, wie im Falle von Fragebogen – questionnaires, daher "Q"), L – Daten (bei denen ein Beobachter Verhaltensweisen anderer Individuen in einer Life – Situation – "L" – beobachtet) und T – Daten (bei denen ein Beobachter Verhaltensweisen anderer Personen in einer standardisierten Testsituation – "T" – mißt); Fragebogendaten nehmen also im Vergleich mit üblichen Tests eine Sonderstellung ein. In jedem Falle erscheint es als notwendig, möglichst frühzeitig darauf hinzuweisen, daß Persönlichkeitsfragebogen in der Regel keineswegs in ähnlich zufriedenstellendem Ausmaß standardisierbar und als "objektives Meßinstrument" anwendbar sind wie etwa Intelligenz –, Fähigkeits – oder Leistungstestverfahren. Daher erscheint es auch als problematisch, sie in vergleichbarer Weise zur Individualdiagnostik einzusetzen. Eine fundamentale Position der vorliegenden Schrift und ihres Verfassers besteht darin, daß die Erfassung individueller Unterschiede mittels Fragebogen in der psychologischen *Forschung* angemessen und sinnvoll ist – die Bedeutung des Fragebogens für die Bestimmung individueller Unterschiede in bestimmten Forschungszusammenhängen und Untersuchungssituationen wird also nachhaltig betont. Es wird jedoch nicht als wissenschaftlich angemessen angesehen, mittels Fragebogen individuelle Diagnosen und Testprofile zu erstellen, das Verfahren also wie einen "objektiven Test" einzusetzen.

Das Widersprüchliche und zugleich Reizvolle an der Fragebogenmethode kommt zunächst recht gut in Mittenecker's Begriff des "subjektiven Persönlichkeitstests" zum Ausdruck:

Ein "subjektiver Persönlichkeitstest" basiert "zum Unterschied von Intelligenz – und anderen Fähigkeitstests (auch im Gegensatz zu anderen persönlichkeitsdiagnostischen Methoden) auf der Voraussetzung, daß der Proband in der Lage ist, in der direkten Reaktion auf die verbalen Elemente des Tests (Entscheidungsantworten auf Fragen, Zustimmung bzw. Ablehnung von Feststellungen) Auskünfte über sein eigenes Verhalten in der Vergangenheit, über Gefühle, Vorlieben, Abneigungen und sonstige Einstellungen zu geben. Deswegen werden solche Verfahren dem Inhalt der Testelemente nach gelegentlich auch 'subjektive Persönlichkeitstests' im Gegensatz zu den 'objektiven Persönlichkeitstests' im engeren Sinn (z.B. Leistungs – und Wahrnehmungstests...) und den 'projektiven' Verfahren genannt. Formal jedoch, vom Standpunkt des Testtheoretikers, werden die 'subjektiven Persönlichkeitstests' als 'objektive Tests' klassifiziert, da sie, im Unterschied von den projektiven (in diesem Sinne: subjektiven) Verfahren, eine hohe, meist vollkommene 'Objektivität' der Skorung besitzen und psychometrisch behandelt werden, d.h., in der Regel mit Hilfe quantitativer, vom Testbenützer unabhängiger Methoden entwickelt, geskort und interpretiert werden" (1971, S.461).

Aufgrund der Forschungserfahrung mit Fragebogen und ihrer Anwendung "scheiden sich jedoch die Geister" bezüglich der Frage, ob Persönlichkeitsfragebogen wirklich Instrumente der Individualdiagnostik, also "Tests" sein sollten.

Plädoyer für eine angemessene Verwendung des Fragebogens

Als "subjektive Meßverfahren", die von einer Vielzahl subjektiver Größen beeinflußbar sind und deren Wert für die Erforschung menschlichen Verhaltens und Erlebens oft gerade darin liegt, das Zusammenspiel dieser subjektiven Strategien, Taktiken oder unbeabsichtigten Antworttendenzen mit den objektiven Erfordernissen der Fragenbeantwortung zu untersuchen, können Persönlichkeitsfragebogen – wie ihre Kennwerte gewöhnlich auch ausweisen – nicht das Niveau "objektiver Tests" erreichen. Der Verfasser empfiehlt daher, sie nicht als Tests im herkömmlichen Sinne, also als standardisierbare, geeichte Instrumente der Individualdiagnostik einzusetzen. Es sind nicht nur Probleme der situativen Variabilität von Fragebogen – Ergebnissen (vgl. Kapitel 3), sondern es sind auch Merkmale mangelnder Gültigkeit von Fragebogendaten im Einzelfall, insbesondere die mit dem Schlagwort "Verfälschbarkeit" im weitesten Sinne umschreibbaren Charakteristika von Fragebogen, die diese Einschränkung erforderlich machen (vgl. Kapitel 8 und 9). Gerade die enorme Sensibilität von Fragebogen–Resultaten gegenüber sowohl den subjektiven als auch den situativen, den äußeren Einflüssen ist es jedoch, die den Fragebogen zu einem ungemein wertvollen Forschungsinstrument macht. Der systematische Vergleich der Ergebnisse verschiedener Personengruppen, die unter unterschiedlichen inneren und äußeren Bedingungen Fragebogen beantworten, führt zu wertvollen Erkenntnissen in psychologischen Experimenten und Felduntersuchungen.

Neben einer Reihe offenkundiger methodischer Unzulänglichkeiten, die das Verfahren dann aufweist, wenn man von ihm verlangt, tatsächlich gegebene Persönlichkeitseigenschaften möglichst objektiv und exakt zu messen, besitzt der Fragebogen offensichtlich eine Reihe manchmal noch als verborgen erscheinender Qualitäten. Als gegenwärtig viel bearbeitetes Forschungsgebiet, für dessen Fortschritte man sich eine Renaissance des Persönlichkeitsfragebogens wünscht – nun aber gerade nicht mit dem Anspruch, ein "objektiver Test" zu sein, sondern eben mit dem Anspruch gerade eines "subjektiven Verfahrens" – soll in der vorliegenden Schrift die *Selbstkonzept–Forschung* betont werden. Bei der Erforschung von Selbstkonzepten bedarf es der Anwendung sprachlicher Selbstbeschreibungsverfahren, die dennoch ein gewisses methodologisches Niveau aufweisen – Verfahren, mittels derer Individuen darstellen können, wie sie sich selbst sehen oder auch, wie sie sich gerne nach außen dargestellt sehen möchten.

Die Betonung bei der Selbstkonzept–Forschung mittels Fragebogen liegt also gerade nicht auf der Messung irgendwelcher "wirklicher" Persönlichkeitseigenschaften von Menschen, sondern auf der von einer Person bevorzugten *Wahrnehmung* und *Darstellung* ihrer selbst. Mancher zeitgenössische Autor hat sich in letzter Zeit um die Entwicklung und Anwendung ganz spezieller Selbstkonzept–Meßmethoden bemüht, und tatsächlich verfügen wir heute schon über eine gewisse Palette von empirischen Methoden der Selbstkonzept–Erfassung. Weitgehend übersehen wird jedoch dabei, daß die konventionellen, nach den Prinzipien der klassischen Testtheorie erstellten Fragebogen eigentlich besterprobte subjektive Meßmittel der Persönlichkeit aus der Sicht des Individuums selbst, also *Selbstkonzept*–Meßmittel darstellen. In Persönlichkeitsfragebogen – je nachdem wie sie konstruiert sind – haben die Individuen nämlich Gelegenheit, sich in einer standardisierten Untersuchungssituation selbst einzuschätzen, zu beurteilen, zu bewerten, kurz: nach außen *darzustellen*, und zwar in quantifizierbarer Art und Weise (vgl. auch Kapitel 10).

In der *Selbstkonzept*–Forschung, also der wissenschaftlichen Beschäftigung damit, wie Personen sich selbst sehen, bewerten und präsentieren, konvergieren gewissermaßen auch *Persönlichkeits*psychologie und psychologische *Einstellungs*forschung. Das Selbstkonzept eines Individuums läßt sich nämlich als Insgesamt der Einstellungen dieses Individuums zu sich selbst auffassen. Einstellungen richten sich zwar nach herkömmlicher Sichtweise auf soziale Objekte wie Personengruppen – die Kognitionen und Bewertungen eines Menschen richten sich jedoch keinesfalls nur auf Objekte außerhalb der eigenen Person, sondern gleichfalls auf Aspekte des Individuums selbst. Diese Selbst–Einstellungen bzw. Selbstkonzepte haben prinzipiell den gleichen Rang als Persönlichkeitsmerkmale wie die erwähnten klassischen sozialen Einstellungen.

Insofern also Fragebogen auch als Instrumente der Selbstkonzept–Forschung aufgefaßt und eingesetzt werden können, stellen sie relativ "objektive", d.h., weitgehend unabhängig vom Untersucher anwendbare Selbstbeschreibungsverfahren dar, die Verfahren subjektiver Selbstdarstellung sind. Mit ihnen wird es möglich, die Selbstpräsentation von Personen und ihre Veränderung unter bestimmten, z.B. experimentell induzierbaren Bedingungen zu erforschen. Es entfällt damit gewissermaßen der Alleinanspruch, mit Fragebogen würden lediglich Persönlichkeitsmerkmale gemessen. Neben die persönlichkeitspsychologische Verwendung des Fragebogens tritt diejenige der Selbstkonzept–Forschung sowie die sozialpsychologische Verwendung des Fragebogens zur Erforschung der Selbstpräsentation von Individuen (vgl. Kapitel 10).

Die Universalität der Fragebogen – Methode

Betrachtet man die Inhalte der gegenwärtig in Anwendung befindlichen Fragebogen, so trifft man auf eine überraschend große Vielfalt dessen, was Gegenstand der Beurteilung bzw. Beantwortung ist. Verschiedene Autoren haben sich bemüht, nur die gängigen Persönlichkeitsfragebogen, also solche, die gemäß einem testdiagnostischen Verständnis der Fragebogen–Methode für Individualdiagnostiken verwendet werden, systematisch daraufhin durchzusehen, womit sich die Elemente der Fragebogen hauptsächlich beschäftigen. Sie fanden beispielsweise, daß sich die Fragen oder Feststellungen der bekanntesten Persönlichkeitsfragebogen in der Hauptsache – und zu annähernd gleichen Anteilen – mit Kognitionen, Präferenzen und Gefühlen bezüglich der eigenen Person und anderer Personen beschäftigen, und in einem geringeren Ausmaß mit konkreten Verhaltensweisen. Mit anderen Worten überwiegen Fragen und Fragestellungen in bezug auf bestimmte *Erlebnis*weisen gegenüber solchen, die sich auf offen beobachtbare *Verhaltens*weisen beziehen. Dies mag damit zusammenhängen, daß man sich über offen zutagetretende Verhaltensweisen grundsätzlich auch auf andere Art und Weise als über Fragebogen informieren kann — wenn auch offensichtlich nicht in so forschungsökonomischer Form.

Solche Aufstellungen zeigen jedenfalls, daß die Methode, Fragen oder Feststellungen als mehr oder weniger zutreffend beantworten zu lassen, praktisch bezüglich aller denkbaren psychologischen Gegenstände Anwendung finden kann, denn es gibt wohl nichts, das sich so formulieren oder definieren läßt, daß es nicht Erlebens — oder Verhaltenstatbestand, also Gegenstand psychologischer Betrachtung sein kann.

In mehr als einem Drittel aller Fälle — so zeigen die genannten Durchsichten von Persönlichkeitsfragebogen — enthalten die Fragen oder Feststellungen, also die Elemente des Fragebogens, Häufigkeitsaussagen. Es wird in bestimmten sprachlichen Wendungen (vgl. hierzu Kapitel 8) nach der *Häufigkeit* gefragt, mit der ein bestimmtes Verhalten oder eine bestimmte Erlebensweise auftritt, und entsprechend dem Anspruch der meisten Persönlichkeitsfragebogen, momentane Bestandsaufnahmen des Verhaltens und Erlebens zu machen, bezieht sich die überwiegende Zahl der Fragen und Feststellungen auf die *Gegenwart*.

Eine noch differenziertere Beschreibung von typischen Eigenarten der Fragen und Feststellungen, die einen Fragebogen konstituieren, würde sich sicherlich ergeben, wenn man die Fragebogen zur Erfassung sozialer Einstellungen in ähnlicher Weise betrachten würde. Daran, daß praktisch alles Denkbare Gegenstand von Meinungen bzw. Einstellungen sein kann, läßt sich abermals ersehen, wie universell anwendbar die Fragebogen — Methode im Grunde ist.

Die Fragebogen schließlich, die mit dem ausdrücklichen Ziel der Selbstkonzepterfassung konstruiert und angewendet werden und uns Anhaltspunkte für Persönlichkeitsunterschiede in der Art und Weise, sich selbst als Einstellungsobjekt zu behandeln, liefern, erweitern den Anwendungsbereich der Fragebogen — Methode nochmals in Richtung auf das Individuum selbst, den eigentlichen Gegenstand von Psychologie.

Einige Bemerkungen zum Sprachgebrauch

Wegen der weithin zu beobachtenden Eingefahrenheit auf bestimmte traditionelle Fachausdrücke und Begriffssysteme, die oft den Blick auf die Einfachheit von Beziehungen zwischen psychologischen Denkgebilden eher verstellt als erleichtert, soll im folgenden Kapitel auf die fundamentalen Begriffe "Persönlichkeit", "Einstellung", "Selbstkonzept" etc. zunächst noch näher eingegangen werden. Damit eine Integration dieser Begriffe erleichtert wird, müssen sie notgedrungen erst auseinandergehalten werden. Später wird sich auch zeigen, daß das im Mittelpunkt des Buches stehende Forschungsinstrument "Fragebogen" oder auch "Persönlichkeitsfragebogen" eine in mehrfacher Hinsicht unzutreffende Bezeichnung trägt. So sind es in den meisten Fällen nicht Fragen, die gestellt und beantwortet werden, und es wird auch nicht immer direkt nach der Persönlichkeit des Antwortenden gefragt, sondern es sind oft positive Feststellungen oder Schlagwörter, auf die mit Ablehnung oder Zustimmung reagiert werden soll, und es wird nach allen möglichen nicht unmittelbar zur Person gehörenden Gegenständen gefragt. Es besteht auch eine fortwährende Verwechselungsmöglichkeit beim Gebrauch des "Fragebogen" – Begriffes mit den Bezeichnungen für andere Befragungsverfahren sozialwissenschaftlicher Herkunft, also jene Instrumente, wie sie bei Interviews und Explorationen zum Einsatz kommen. Der aus dem englischen Sprachgebrauch entlehnte Begriff "Persönlichkeits – Inventar" trifft das in Frage stehende Verfahren schon wesentlich besser. Da es aber erfahrungsgemäß wenig Sinn hat, gegen einen festen Sprachgebrauch vorzugehen, wird sich der Verfasser nicht zu irgendwelchen Versuchen der Wortneuschöpfung verleiten lassen, sondern bei Gelegenheit lieber die Unterschiede zu anderen, ebenfalls als Fragebogen bezeichneten Verfahren herausstellen.

Bei der folgenden Besprechung der hier grundlegenden psychologischen Begriffe soll gezeigt werden, daß Persönlichkeit, Einstellung und Selbstkonzept in wichtigen Bestimmungsstücken Gleiches ausdrücken und behandeln. Dies wird sich bereits bei theoretischer Betrachtung ergeben; es wird aber auch deutlich werden, daß der Persönlichkeitsfragebogen als Meßmittel von Persönlichkeit, Einstellungen und Selbstkonzepten so etwas wie eine Klammer zwischen diesen ursprünglich aus ganz verschiedenen psychologischen Teildisziplinen stammenden Konzepten darstellen kann. Somit mag die folgende Darstellung auch zu einer besseren Verknüpfung von Differentieller Psychologie, Persönlichkeitsforschung, Sozialpsychologie und Selbstkonzept – Forschung beitragen.

Literaturhinweise

Wie bereits erwähnt, gibt es wenig *umfassende* Literatur zur Fragebo-genmethode. Im allgemeinen ist für die Fachliteratur charakteristisch, daß Fragebogen nicht so sehr als Forschungsinstrumente, sondern als dia-gnostische Testverfahren aufgefaßt werden.

Eysenck (1953) stellte Persönlichkeitsfragebogen auf eine Stufe mit Persönlichkeitstests und grenzte sie gegen explorative Befragungsver-fahren, also Interviews, und gegen projektive Verfahren u.ä. ab. In der Tradition Eysenck's und seiner Schüler dienen Fragebogen der Messung sowohl einzelner Persönlichkeitsvariablen als auch der Erfassung der grundlegenden Persönlichkeitsfaktoren bzw. – dimensionen Extraversion, Neurotizismus und Psychotizismus (Eysenck, 1981; Eysenck & Eysenck, 1968, 1976).

Eine große Vielfalt psychologischer Merkmale und Dimensionen, die mit Fragebogen erfaßbar sind, beschreibt Cattell (1946, 1957; Cattell, Eber & Tatsvoka, 1970). Cattell's System der Persönlichkeitserfassung mit Frage-bogen geht auch aus der deutschen Übersetzung eines von ihm leicht verständlich geschriebenen Buches hervor (1973a).

Ebenfalls hauptsächlich als Individualdiagnostika stellt Mittenecker (1971) in seinem Beitrag im "Handbuch der Psychologie", Band "Diagnostik", Fragebogen dar; hier wird allerdings stärker auch auf die Besonderheiten der Fragebogenmethode als eines "subjektiven" Verfahrens eingegangen. Der Beitrag von Tränkle (1983) im nachfolgenden Handbuch "Enzyklopä-die der Psychologie" behandelt "demoskopische (sozialwissenschaft-liche)" und "diagnostische" Fragebogen gemeinsam – er trifft also wie-derum entweder nur die Interview – oder aber die Testmethode, weniger jedoch die Fragebogenmethode als Forschungsinstrument beispielsweise der Sozialpsychologie oder der Selbstkonzept – Forschung.

In einer Reihe psychologischer und sozialwissenschaftlicher Methoden-bücher und Sammelbände wird die Fragebogenmethode neben anderen Datenerhebungsverfahren berücksichtigt, so z.B. im Handbuch von v.Koolwijk & Wieken – Mayser (1974) im Beitrag von Lück, oder im Hand-buch von Friedrich & Hennig (1975) im Beitrag von Hennig.

In einigen Kompendien ist eine Reihe von Fragebogen entweder stich-wortartig oder ausführlicher dargestellt, z.B. in den Sammelbänden von Shaw & Wright (1967), Robinson & Shaver (1975), Wehner & Durchholz

(1980) oder im ZUMA – Handbuch sozialwissenschaftlicher Skalen (1983). In der "Zeitschrift für Sozialpsychologie" wurden in den 70er Jahren die Antworten auf eine Umfrage zu unveröffentlichten Fragebogen im deutschsprachigen Raum, von denen es eine große Anzahl gibt, publiziert (Sauer, 1976).

Die auf dem Kieler Fragebogen – Symposium gehaltenen Referate wurden von Reinert (1973) zusammengestellt; dort finden sich neben dem einführenden Referat von W. Janke Beiträge von T. Ehlers, W. Keil, E. Lennertz, D. Eggert, R. Bastine und H. Huber.

Über Verfahren der multidimensionalen Skalierung informieren beispielsweise Ahrens (1974), Steffens (1977) und Bortz (1984). Bei Steffens (1984) findet sich neben einer Einführung eine ausführliche Literaturübersicht. Auf die erwähnten Verfahren zur Ermittlung individueller Einstellungsstrukturen wurde vor allem von Feger (1974) hingewiesen – als eine der nachfolgenden empirischen Untersuchungen sei die von Dohmen & Doll (1984) erwähnt.

Zu Versuchen einer Systematik personbeschreibender Eigenschaftsbegriffe vgl. Goldberg (1981). Individuumzentrierte Methoden der Beschreibung mit Eigenschaften und damit Alternativen zur Fragebogen – Methode finden sich beispielsweise bei Kelly (1955) oder Allen & Potkay (1983); vgl. hierzu auch Turner (1981). Eine Analyse der Inhalte von Persönlichkeitsfragebogen legten z.B. Werner & Pervin (1986) vor.

Eine Relativierung psychologischer Verfahren wie der Fragebogenmethode findet sich in den Schriften von Hans Thomae, u.a. in seinem Werk "Das Individuum und seine Welt" (1968).

Kapitel 2

Persönlichkeit – Einstellung – Selbstkonzept

Persönlichkeit

Die wissenschaftliche Beschäftigung mit der menschlichen *Persönlichkeit* reicht weit ins Altertum zurück. Man kann daraus einmal den Schluß ziehen, daß wir es in der Persönlichkeitsforschung bzw. der Differentiellen Psychologie, also der Beschäftigung mit den individuellen Unterschieden im Verhalten und Erleben, mit wahrhaft fundamentalen Fragen zu tun haben. Auf der anderen Seite mag die Tatsache, daß es sich um eine so althergebrachte Problematik handelt, den Nachteil haben, daß mancher, der sich mit der Persönlichkeitspsychologie beschäftigt, nun meint, alles ganz anders oder besser machen zu müssen als in früheren Zeiten. Da es jedoch vermutlich einige relativ fundamentale Prinzipien und Erkenntnisse auch in der Persönlichkeitsforschung geben dürfte, führen aufsehenerregende Änderungsbemühungen, "Paradigmenwechsel" usw. oft doch nur zu Umbenennungen und mithin allenfalls zu Umwälzungen von Fachausdrücken.

Nachdem die Abkehr von dem altehrwürdigen Begriff des "Charakters" vollzogen und offensichtlich wegen der Bedeutung der festen Prägung, die diesem Begriff anhaftet, weithin geteilt worden war, übernahm man in der Psychologie weitgehend den Begriff der Persönlichkeit. Damit schien die Auseinandersetzung zwischen solchen Autoren, die einer Person ein mehr oder minder festes Gefüge von Eigenschafts – Ausprägungen zuschreiben und sie damit von anderen Personen unterscheiden, und jenen Autoren, die das Individuum grundsätzlich für stärker wandelbar und eigenschafts – flexibel halten, zunächst in den Hintergrund der Diskussion gerückt.

Der Begriff der Persönlichkeit sollte ein Minimum an theoretischer Voreingenommenheit hinsichtlich der Entwicklung, der Struktur und der Veränderungsmöglichkeit des menschlichen Verhaltens ausdrücken. Er leistet dies im anglo – amerikanischen Sprachgebrauch zweifellos, wenn man ihn mit "character" vergleicht – im Deutschen besitzt "Persönlichkeit" jedoch leider noch die Bedeutung, etwas Besonderes und Überdurchschnittliches, also z.B. eine "bedeutende Person" zu bezeichnen.

Es würde nun viele Seiten füllen, eine Diskussion über die Konzeption und Definition von Persönlichkeit zu führen. Diese Arbeit ist von vielen Autoren in Persönlichkeitsforschung und Differentieller Psychologie ausgiebig getan worden. Ihre Ergebnisse liegen in mannigfachen Originalarbeiten, umfangreicher Sekundärliteratur, also in Sammelreferaten, Lehrbüchern u.ä. und, aufbauend auf diesen, sogar in Tertiärliteratur vor. Die mittlerweile kaum noch überschaubare Menge der Persönlichkeitsdefinitionen hat offenbar jedoch den Vorteil, daß es nun umso leichter erscheint, so etwas wie eine zusammenfassende Kürzest – Definition zu geben, von der man sagen kann, daß sie das Hauptsächliche der meisten angebotenen Begriffsbestimmungen enthält – *Persönlichkeit* ist danach der *Inbegriff der individuellen Merkmalsausprägungen eines Menschen.*

Geht man nämlich, wie stets in der Wissenschaft vom menschlichen Verhalten und Erleben, davon aus, daß jedes Subjekt oder Objekt der Betrachtung – und somit auch jedes menschliche Individuum – durch eine Vielzahl einzelner Merkmale gekennzeichnet ist, so kann jedes Individuum durch eine gewissermaßen einzigartige Konstellation von Merkmalsausprägungen beschrieben werden. Jedes veränderliche Merkmal, also jede Variable, mittels derer ein Individuum beschreibbar ist, kann zur Charakterisierung dieses Individuums und zugleich zur Unterscheidung dieser Persönlichkeit von anderen Individuen herangezogen werden: Merkmale der Aktivität und der Leistungen, der sozialen Umgangsweisen und Weltanschauungen, aber selbstverständlich auch körperliche Merkmale der unterschiedlichsten Art. Den Psychologen, der in erster Linie Verhaltens – und Erlebens – Variablen von Individuen und Gruppen betrachtet, werden dabei die meisten anatomischen und physiologischen Variablen gewöhnlich weniger interessieren als solche des offen beobachtbaren Verhaltens, der Sprache, geäußerter Meinungen und ähnliches.

Die Beschreibung der gewissermaßen einzigartigen Konstellation von Merkmalen eines Individuums, die man auch als Persönlichkeit bezeichnen kann, hat zwar theoretisch einen hohen Wert, weil man sich eben als Inbegriff aller denkbaren individuellen Merkmalsausprägungen vorstellen kann, was eine Persönlichkeit "ist" und damit auch der Einzigartigkeit eines jeden Menschen gerecht wird, der eine andere Persönlichkeit "hat" als seine Mitmenschen. Die individual – diagnostische Frage nach der individuellen Persönlichkeit als solcher ist jedoch für den empirisch arbeitenden Forscher sehr viel weniger interessant als diejenige der Differentiellen Psychologie, nämlich die Frage nach den konkreten *Unterschieden* zwischen verschiedenen Menschen, also die Frage nach den *inter* – individuellen Differenzen. Neben diese Frage nach Persönlichkeits – Unterschieden tritt die Frage nach den *intra* – individuellen Differenzen, also das Problem der Unterschiede "innerhalb" ein und derselben Person, z.B. wenn man diese zu unterschiedlichen Zeitpunkten betrachtet. Eben die Tatsache, daß man eine gewisse Anzahl von Merkmalen bzw. Variablen identifizieren kann, mit denen ein Individuum hinsichtlich seines Verhaltens und Erlebens einigermaßen gut beschreibbar ist, ermöglicht es, verschiedene Individuen bei Anlegung des Maßstabes dieser Merkmale bzw. Variablen miteinander zu vergleichen und ebenso Differenzen von Merkmalsausprägungen gleichsam ipsativ, nämlich bei ein und derselben Person in unterschiedlichen Situationen festzustellen. Es läßt sich beispielsweise empirisch untersuchen, ob ein Individuum, das in einer beruflich relevanten Situation ein sozial – angepaßtes oder dominantes oder abhängiges Verhalten zeigt, dies gleichfalls in Situationen familiärer Art oder in Freizeit – Situationen tut. Die Erforschung individueller Unterschiede in bezug auf unterschiedliche Situationen ist also von vornherein ein ganz wichtiger Gegenstand der Differentiellen und Persönlichkeitspsychologie – dies sollte gerade auch für die in Kapitel 3 besprochene Situations – Problematik bedacht werden.

Fragebogen können grundsätzlich in allen Bereichen der Differentiellen Psychologie und Persönlichkeitsforschung Anwendung finden. Sie können zur Erfassung bzw. Messung der Ausprägung von Persönlichkeitsmerkmalen einzelner Individuen ebenso verwendet werden wie zur Beschreibung mittlerer Ausprägungen solcher Merkmale bei Gruppen von Personen. Mit ihnen können Vergleiche zwischen Individuen und Gruppen angestellt werden, und es können beispielsweise Unterschiede bzw. Veränderungen innerhalb von Personen oder Personengruppen über die Zeit oder über unterschiedliche Situationen hinweg erhoben werden. Sie können – wovon der Verfasser im allgemeinen abrät – wie Testverfahren zur Individualdiagnostik verwendet werden, sie können aber auch – wozu der Verfasser rät – als Forschungsinstrumente dienen, die inter – und intraindividuelle Unterschiede des subjektiven Reagierens auf sprachliche Vorlagen unter bestimmten Untersuchungsbedingungen zu messen erlauben.

Einstellung

Ähnlich wie dem Konzept der Persönlichkeit ist es in der Psychologiegeschichte gewissermaßen dem Konzept der *Einstellung* ergangen. "Einstellung" ist zunächst ein sehr vielseitiger Begriff – er kann kurzzeitige und schnell wieder aufhebbare Orientierungen auf einen Gegenstand hin umfassen (z.B. kann ich mich als Basketballspieler taktisch auf einen Ball oder einen Gegenspieler "einstellen"), er kann aber auch grundsätzlichere, länger andauernde oder stärker festgelegte Orientierungen auf ein Objekt hin bedeuten (z.B. kann ich eine ablehnende Einstellung gegenüber Ausländern oder gegenüber Kernkraftwerken haben). Nachdem der Begriff der Einstellung im deutschen psychologischen Sprachgebrauch ursprünglich für verschiedene Arten von kognitiven Orientierungen Anwendung fand, hat er sich endlich weitgehend als Begriff für überdauerndere Ausrichtungen auf Gegenstände eingebürgert. Er stellt demnach so etwas wie eine Rückübersetzung des englisch–amerikanischen Fachausdruckes "attitude" dar, der nicht die kurzzeitige, sondern die eher längerfristige und somit regelrecht als Merkmal einer Person beschreibbare Orientierung auf soziale Gegenstände hin meint. *Einstellung* im Sinne von "attitude" bezeichnet also *die Art und Weise, wie sich ein Individuum nicht in seinem offen beobachtbaren Verhalten, sondern in seinen Gedanken, Gefühlen, Bewertungen und allenfalls seinen Verhaltensabsichten bzw. Intentionen auf ein soziales Objekt richtet.*

Mit dieser Kennzeichnung einer Einstellung nehmen wir bereits abermals so etwas wie eine zusammenfassende Kürzest–Charakterisierung vor. Die Fachliteratur zu Einstellung bzw. attitude ist – wenn auch nicht über Jahrhunderte, so doch über die äußerst forschungsintensiven acht Jahrzehnte Sozialpsychologie in diesem Jahrhundert – sehr vielfältig, und auch auf diesem Gebiet ist es eigentlich üblich, Dutzende von Seiten einführender Erläuterungen zum Konzept der Einstellung zunächst mit den Definitionsversuchen prominenter sozialpsychologischer Autoren zum Gegenstand Einstellung zu füllen. Versucht man sich in aller Kürze zu vergegenwärtigen, was den meisten Einstellungs–Definitionen letztlich gemeinsam ist, so ergibt sich:

Einstellung wird in der Regel vom offen ausgeführten und offen beobachtbaren Verhalten abgehoben; Versuche, Einstellung mit der gehäuften Ausführung ein und desselben Verhaltens gegenüber bestimmten Objekten wie z.B. Personengruppen gleichzusetzen, also verhaltensorientierte Einstellungsdefinitionen, konnten sich nicht durchsetzen und waren auch eigentlich nicht sinnvoll, da sie lediglich die Überflüssigkeit des Einstellungs–Begriffes neben demjenigen des offen beobachtbaren Verhaltens angezeigt hätten – Einstellung ist also etwas "Inneres", das allerdings offensichtlich Auswirkungen auf Verhalten haben kann und selbst von ausgeführtem Verhalten beeinflußt und verändert werden kann. Einstellung

30

wird zumeist als durch eine *"kognitive"*, *"affektive"* und *"konative"* Komponente charakterisiert aufgefaßt, eine Trias, die Anklänge an die überkommene Dreiteilung des menschlichen Erlebens nach Denken, Fühlen und Wollen aufweist – zur Einstellung gehört demnach eine kognitive Beschäftigung mit dem Einstellungsgegenstand (z.B. ein bestimmtes *Wissen* um Merkmale des Einstellungsobjektes, Erinnerungen daran, Vorstellungen darüber etc.), eine gefühlsmäßig eher *positive* oder eher *negative* Stellungnahme zum Einstellungsgegenstand (also eine mehr oder weniger starke Ablehnung oder Zustimmung zum Einstellungsobjekt) und schließlich eine Tendenz, sich in bestimmter Weise gegenüber dem Einstellungsgegenstand zu verhalten (also eine Verhaltens – *Intention*). Um am Beispiel der Einstellung zu Kernkraftwerken zu bleiben: Zu einer solchen Einstellung gehören Elemente des Wissens über Kernkraft oder ihre Auswirkungen, Elemente der Bewertung solchen Wissens sowie des Einstellungsobjektes insgesamt und schließlich Verhaltensabsichten wie z.B. das Ausmaß der Bereitschaft, solche Kraftwerke zu unterstützen oder gegen sie zu demonstrieren. Schließlich gehört zu einer Kürzest – Definition von Einstellung, daß Einstellungen als etwas *Überdauerndes* und jedenfalls nicht von Augenblick zu Augenblick Schwankendes aufgefaßt werden. Da Einstellungen jedoch als "soziale" Einstellungen als etwas in erster Linie Erworbenes bzw. Gelerntes gelten, bedeutet dies, daß grundsätzlich angenommen wird, daß Einstellungen unter bestimmten Bedingungen *veränderbar* sind.

Insbesondere aus den letztgenannten Kennzeichnungen einer Einstellung mag deutlich werden, daß *Einstellungen* als *Persönlichkeitsmerkmale* aufgefaßt werden können. Zwar wird konventionellerweise der Charakter von Einstellungen als Persönlichkeitsmerkmale allzu leicht dadurch verdeckt, daß sie als "soziale Einstellungen" als Konzepte der empirischen Sozialpsychologie gelten. Daß dies jedoch keineswegs widersprüchlich ist, mag aus den folgenden Überlegungen hervorgehen:

Der Begriff "soziale Einstellung", also Einstellung gegenüber einem "sozialen" Objekt, erscheint als ebenso sinnvoll wie verzichtbar, denn es läßt sich kaum ein Objekt des Denkens, Fühlens und der Verhaltenstendenz vorstellen, das nicht *sozial* geprägt ist. Auch Persönlichkeitsforschung bzw. Differentielle Psychologie hat es stets mit sozial bestimmten Merkmalen zu tun: Persönlichkeitsunterschiede zeigen sich nicht nur hinsichtlich sozialen Verhaltens wie Geselligkeit und Angepaßtheit, sondern sie äußern sich auch in bezug auf Gegenstände, die selbst sozial geprägt sind wie z.B. Leistungsmerkmale oder Merkmale, die oft mit Motivations – Begriffen umschrieben werden. In gewisser Weise sind also

Gegenstände unseres Verhaltens und Erlebens immer auch soziale Gegenstände. Allerdings konstituieren sich in der individuell unterschiedlichen Art und Weise, sich auf irgendwelche Gegenstände kognitiv, affektiv etc. "einzustellen", mehr oder weniger stabile Persönlichkeitsunterschiede; der Gesichtspunkt mehr oder weniger großer "Stabilität" eines Merkmals spielt stets eine psychologisch wichtige Rolle, ganz gleich ob es sich nun um ein klassisches Persönlichkeits – oder um ein Einstellungsmerkmal handelt. Sowohl Persönlichkeits – als auch Einstellungs – Merkmale werden durch das Merkmal relativer *Stabilität* von eher akuten, flüchtigen, weniger überdauernde Zustände beschreibenden Konzepten abgehoben. Einzelne Reaktionen auf einen Test konstituieren z.B. noch keine Persönlichkeitseigenschaft (sondern erst, wenn sich gezeigt hat, daß solche Reaktionen zeitstabil sind), und vereinzelt geäußerte Meinungen über einen sozialen Gegenstand machen noch keine Einstellung aus (sondern erst, wenn diese Urteilsäußerungen gewissermaßen habituell erfolgen). Der Aspekt der relativen zeit – bzw. situationsstabilen Ausprägung individueller Merkmale, an dem in der Persönlichkeitsforschung gelegentlich intensive Diskussionen ansetzen (vgl. Kapitel 3), wird in der Einstellungsforschung seit je stark erörtert, interessiert man sich hier doch traditionellerweise sehr für die Variabilität bzw. gezielte Veränderbarkeit von Einstellungen.

Es ist wohl nur psychologiehistorisch zu verstehen und mag mit der in einer großen wissenschaftlichen Disziplin üblichen Spezialisierung auf Einzelfächer zusammenhängen, daß die Erforschung von Persönlichkeitsmerkmalen und Einstellungen in zwei voneinander getrennten Forschungsdisziplinen betrieben wurde und daß somit immer wieder besonders betont werden muß, daß Einstellungen im Grunde den gleichen Status besitzen wie Persönlichkeitsmerkmale. So könnte es sein, daß es Traditionen sind, die zur Trennung bzw. getrennten Behandlung von Persönlichkeit und Einstellung geführt haben und immer wieder führen. *Persönlichkeits*psychologie hat sich traditionellerweise mit zum Teil als anlagebedingt angesehenen psychologischen Merkmalen beschäftigt, und *Sozial*psychologie sieht traditionellerweise Einstellungen als vorwiegend oder ausschließlich umgebungsbedingt an. Am Beispiel psychologischer Merkmale wie Aggressivität oder Konservatismus läßt sich leicht sehen, wie problematisch eine Trennung zwischen Persönlichkeits – und Einstellungs – Variablen wäre; die meisten solcher Merkmale lassen sich nämlich je nach Forschungsperspektive sowohl als Einstellungen als auch als Persönlichkeitsmerkmale auffassen: Unter Aggressivität kann man eine gewohnheitsmäßige feindselige Ausrichtung auf Mitmenschen, unter Konservatismus eine gewohnheitsmäßige Tendenz, Überkommenes zu bevorzugen, verstehen; insofern beide sozialen Einstellungen habituell sind, stellen sie selbstverständlich ebenfalls Persönlichkeitsmerkmale dar.

Fragebogen sind nun seit langem eines der am häufigsten verwendeten Mittel auch zur Messung von Einstellungen. Von den in der Einstellungsforschung angewendeten Einstellungsskalen beruhen viele auf der Anwendung von Einstellungsfragebogen, und sie sind oft in identischer Weise wie in der Differentiellen Psychologie nach den Regeln der klassischen Testtheorie konstruiert. Auch operationistisch betrachtet, d.h., unter dem Gesichtspunkt der zu ihrer Messung herangezogenen Instrumente, erweisen sich Persönlichkeit und Einstellung als keineswegs unterschiedliche psychologische Konzepte.

Selbstkonzept

Der dritte hier zu besprechende Begriff ist derjenige des *Selbstkonzeptes*. Auch hier haben wir es mit einem schon seit Beginn dieses Jahrhunderts, und insbesondere in den letzten zwanzig Jahren in Psychologie und Sozialwissenschaften viel diskutierten und manchmal sogar inflationär gebrauchten psychologischen Konzept zu tun. Die boomartige Beschäftigung mit dem "Selbst" und dem "Selbstkonzept" – dieser Eindruck drängt sich manchmal auf – könnte vielleicht etwas mit dem möglicherweise verborgenen Wunsch mancher Wissenschaftler zu tun haben, zu etwas "substanzielleren" Begriffen zurückzukehren – ist doch der "Seelen" – Begriff aus der wissenschaftlichen Psychologie mittlerweile so gut wie verschwunden. Die vielleicht wissenschaftspsychologisch interessante Tendenz einer Hinwendung zu einem "Substanz" – Begriff wie "Selbst" wird begleitet von vereinzelten, offensichtlich durchaus mit Prestige verbundenen Bemühungen amerikanischer Psychologen, ältere europäische Quellen der Psychologie aufzuarbeiten. Auch diese zu beobachtende Zeiterscheinung hat sicherlich die Selbstkonzept – Forschung beflügelt. Zugleich haben sich die verschiedensten klinisch – psychologischen Richtungen immer stärker des Selbstkonzeptes angenommen, scheint doch grundsätzlich ein "gesundes" Selbstkonzept, sei es in bezug auf die eigene Leistungsfähigkeit oder in bezug auf eine globale Selbsteinschätzung der Person, ein von niemandem so recht bestrittenes Ziel von Psychotherapien zu sein.

Mit den besprochenen Begriffen der Persönlichkeit und der Einstellung teilt derjenige des Selbstkonzeptes die große Zahl von Definitionsbemühungen – auch hier soll jedoch der Versuchung, verschiedene Definitionsansätze auszubreiten, mit dem Versuch einer zusammenfassenden Kurzdefinition widerstanden werden. Demzufolge kann man das *Selbstkonzept* eines Individuums als die *Gesamtheit der auf die eigene Person bezogenen, einigermaßen stabilen Kognitionen und Bewertungen* auffassen. Ein solches globales Konzept von der eigenen Person als Inbegriff selbstbezogener Kognitionen und mehr oder weniger positiver bzw. negativer Selbsteinschätzungen hat natürlich im Grunde nur theoretischen Wert – ebenso wie eine Betrachtung "der gesamten" Persönlichkeit als Inbegriff individueller Unterschiede zu anderen Personen nur theoretische Bedeutung besitzt. Als sinnvoller erscheint es sicherlich, die vielen einzelnen Konzepte, die ein Individuum von sich selbst hat und die gewissermaßen nur in ihrer hypothetischen Summierung als "das" Selbstkonzept erscheinen, zu betrachten.

Zum Selbstkonzept gehören also – wie dies auch für die soziale Einstellung gilt – mindestens sowohl kognitive, d.h., im weitesten Sinne das Wahrnehmen, Denken, Wissen etc. betreffende Bestandteile (eine Person nimmt sich selbst in ganz bestimmter Weise wahr, schreibt sich selbst bestimmte Persönlichkeitseigenschaften zu etc.) als auch affektive bzw. evaluative, also bewertende Komponenten (eine Person bewertet sich selbst als mehr oder weniger positiv, sie hat z.B. ein größeres oder geringeres Maß an "Selbstachtung" bzw. Self – Esteem usw.). Von daher läßt sich bereits eine auffallende Parallelität zwischen den Konzepten der Einstellung und des Selbstkonzeptes beobachten. Des weiteren scheint es nur Sinn zu haben, von einem "Konzept", z.B. dem Konzept einer Person von sich selbst zu sprechen, wenn damit ein gewisses Maß an Überdauern dieses Konzeptes gemeint ist; flüchtige Selbstwahrnehmungen und kurzzeitige, bald wieder verschwindende Selbstbewertungen sind also weniger angesprochen als relativ überdauernde. Auch hierin gleichen sich soziale Einstellung und Selbstkonzept. Ganz allgemein könnte man auch sagen: Insofern die psychologische Beschäftigung eines Menschen mit der eigenen Person sehr große Ähnlichkeit mit der Beschäftigung mit anderen Personen bzw. sozialen Objekten aufweist, scheint es sinnvoll zu sein, zu definieren: Unter dem *Selbstkonzept* einer Person wird *die Gesamtheit (die Summe, das Ganze, der Inbegriff usw.) der Einstellungen zur eigenen Person* verstanden.

Selbstverständlich gibt es den einen oder anderen Unterschied zwischen sozialer Einstellung und Selbst – Einstellung bzw. Selbstkonzept. So verfügen Menschen zwar hinsichtlich ihrer Selbst – und Fremdeinschätzungen oft über weitgehend identische Quellen – sowohl Urteile über andere Personen als auch Urteile über mich selbst kann ich beispielsweise aus der Beobachtung des offen zutage tretenden Verhaltens ableiten. Besonders leicht fällt dies, wenn ganz besonders objektive Indikatoren wie z.B. Leistungs – Maße vorliegen: Erreiche ich gute sportliche Leistungen, so bilde ich vielleicht das Selbstkonzept eines "guten Sportlers" aus, und nicht anders verfahre ich, wenn ich fremde Personen anhand ihrer sportlichen Leistungen beurteile. Aber es gibt sicherlich auch Unterschiede zwischen solchen Fremd – und Selbstzuschreibungen von Eigenschaften, die dadurch zustande kommen können, daß bestimmte, sozusagen "innere" Hinweise auf Eigenschaften nur dem Selbstbeobachter, nicht aber dem Fremdbeobachter zugänglich sind. Z.B. weiß vielleicht nur das Individuum ganz allein, wieviel Selbstüberwindung und Mühe es gekostet hat, eine nach außen bemerkenswerte sportliche Leistung zu erbringen – bei der Beobachtung des Verhaltens anderer Personen können solche Informationen fehlen.

Gewöhnlich dürfte es so sein, daß nur der *Selbstbeurteiler* über genügend viele und genügend differenzierte Informationen aus der Vergangenheit verfügt, die sein aktuelles, augenblicklich von anderen und ihm selbst beobachtetes Verhalten in einem womöglich anderen Licht erscheinen lassen. Selbstverständlich gibt es auch ganz fundamentale Beurteilungs – Fehler bei der Selbstbeurteilung wie z.B. denjenigen, sich selbst im Zweifelsfalle als positiver einzustufen als andere zu beurteilende Personen. Beispielsweise kommt es in Experimenten und auch im Alltag häufig vor, daß positiv bewertete Verhaltensweisen entweder der Person desjenigen, der die Verhaltensweise ausführt, oder aber den äußeren Umständen zugeschrieben werden können – dabei zeigt sich, daß die Zuschreibung des Positiven an die Person häufiger bei der Selbstbeurteilung und die Zuschreibung an äußere Faktoren häufiger bei der *Fremdbeurteilung* auftreten. Bei negativ eingeschätzten Merkmalen verläuft die Zuschreibung oft im entgegengesetzten Sinne. Solche Verzerrungen von Beurteilungen sind jedoch nicht für Selbstkonzeptualisierungen charakteristisch – Beschönigungen oder Herabsetzungen von Beurteilungen und Urteilsobjekten, also Ergebnisse von Wahrnehmungs – und Beurteilungsprozessen haben schon immer in Persönlichkeitsforschung und Charakterologie eine Rolle gespielt.

Die hier vorgetragene Auffassung des Selbstkonzeptes als einer sozialen Einstellung, deren sozialer Gegenstand gewissermaßen die eigene Person ist, dürfte neben einer Reihe von forschungstechnischen Erwägungen den weiteren Vorzug haben, daß nun nicht mehr Aussagen über ein irgendwie geartetes, gleichsam substantielles Selbst gemacht werden müssen – das Selbstkonzept hat nun den gleichen Status als theoretischer Begriff wie die Einstellung. Die Interpretation des Selbstkonzeptes als soziale Einstellung ist dabei sicherlich nicht die einzig mögliche – wenn auch eine sehr plausible, gut überschaubare, und wie wir später sehen werden, methodologisch gut handhabbare. Für die Selbstkonzept – Forschung kann es durchaus Klarheit bringen, sich an ein gut bewährtes und auch von immer wieder neu aufkommenden Strömungen nicht ausrottbares Konzept wie das der Einstellung anzulehnen.

Es wurde bereits darauf hingewiesen, daß das Selbstkonzept einer Person – ebenso wie weitere Einstellungen und andere Merkmale einer Persönlichkeit – grundsätzlich als mehr oder weniger stabil oder variabel aufzufassen ist. Ähnlich wie in empirischen Untersuchungen zur Einstellungsänderung hat sich immer wieder zeigen lassen, daß Selbsteinschätzungen je nach sozialer Situation bzw. je nach gezielt gegebenen Informationen oder Rückmeldungen an die eigene Person in gewissem Maße *veränderlich* sind. Eine schon früh von verhaltensorientiert denkenden Soziologen und neuerdings wieder im Rahmen der Impression – Management – Theorie (vgl. Kapitel 10) geführte Diskussion und Interpretation der Entstehung und möglichen Veränderung von Selbstkonzepten bezieht sich auf die Idee des "Spiegelbild – Selbst". Das Selbstkonzept einer Person wird zu einem beträchtlichen Teil durch Rückmeldungen seitens sozialer Interaktionspartner, insbesondere seitens wichtig erachteter Personen (sog. signifikanter Anderer) geformt angesehen. Eine Person nimmt wahr, wie andere Personen sie beurteilen und folgt nach und nach in ihrer Ansicht diesen Urteilen, sofern sie sich in einem gewissen Akzeptanzbereich bewegen. Damit werden die ursprünglichen *Fremdbeurteilungen* (Urteile über die Person durch andere) nun als *Selbstbeurteilungen* (Urteile der Person über sich selbst) Bestandteile des Selbstkonzeptes. Dabei verhält sich jedoch das Individuum nicht immer passiv oder einseitig rezeptiv und nimmt etwa gleichsam mechanisch von außen kommende Urteile in seine Selbstbeurteilungen auf. Vielmehr bemüht es sich auch, durch eigene, mehr oder weniger gezielt oder bewußt vorgenommene Steuerung des eigenen, nach außen dargestellten Verhaltens, den äußeren Beobachter und Beurteiler in ganz bestimmter Weise zu beeinflussen. Eine Person wird sich dem Anderen oft in einer Weise *präsentieren*, die diesen zu ganz bestimmten Urteilen über diese Person erst veranlaßt, und diese Urteile werden wiederum als zutreffend in das Selbstkonzept der Person aufgenommen. Die hierüber weiter in Gang befindliche Forschung führt uns somit zu einem zentralen Problem der Persönlichkeits –, Einstellungs – und Selbstkonzept – Betrachtung, nämlich zum Komplex der Sozialen Erwünschtheit von Persönlichkeitsmerkmalen und ihrer Äußerung in

36

Fragebogen – dieser Problemkomplex wird im folgenden noch stärker in den Mittelpunkt unserer Betrachtungen geraten.

Die grundsätzliche intraindividuelle Variabilität von Persönlichkeitsmerkmalen klassischer Art ebenso wie von Einstellungen und Selbsteinschätzungen befindet sich bemerkenswerterweise in einem Spannungsverhältnis zu einer offenbar in unserer Kultur wie auch in anderen Kulturen weithin akzeptierten sozialen Norm, dergemäß die *Stabilität* und relative Unveränderbarkeit von Persönlichkeit und Selbstkonzept ebenso wie die Einstellungskonsistenz einen hohen Wert darstellen. *Selbst – Konsistenz* in dem Sinne, daß jemand in seinem Verhalten ebenso wie in seinem Selbstbild Konstanz und Kontinuität aufweist, scheint, aus welchen Gründen auch immer, oft positiver bewertet zu werden als Wechselhaftigkeit, die natürlich ebenso Ausdruck gleichfalls positiv wirkender Merkmale wie Flexibilität und Anpassungsfähigkeit sein kann. Über fast alle Selbstkonzept – Theoretiker hinweg läßt sich nicht nur beobachten, daß Selbst – Konsistenz als wesentlich für das Wohlergehen einer Person angesehen wird – es ist auch für die Autoren, die sich wissenschaftlich mit dem Selbstkonzept beschäftigen, typisch, daß Selbstkonzept – Änderungen seitens des Individuums stets in einer Art Dialektik der Selbst – Entwicklung begriffen wird. Demnach bemühen sich Individuen, Diskrepanzen zwischen dem faktisch vorhandenen bzw. "real" wahrgenommenen Selbstbild und einem erstrebten Zustand, dem "idealen" Selbstbild, nach und nach zu reduzieren. Hierin liegt wiederum keineswegs eine Besonderheit des Selbstkonzeptes gegenüber der Beurteilung der Persönlichkeit anderer Individuen. In einer empirischen Untersuchung konnten wir beispielsweise an einer größeren Zahl erwachsener Personen zeigen, daß diese nicht nur für die eigene Person eine zunehmende Verringerung der Realbild – Idealbild – Diskrepanz mit zunehmendem Alter wahrnehmen, sondern dies auch bei anderen Personen des gleichen Berufsstandes in entsprechender Weise erwarten.

Als letztes Merkmal, das die Selbstkonzept – Forschung bei näherem Hinsehen mit der sozialpsychologischen Einstellungsforschung und mit der Differentiellen Psychologie und Persönlichkeitsforschung teilt, soll die *Spezifität* bzw. *Generalität* von Selbstkonzepten besprochen werden. Wir hatten bereits das Selbstkonzept als ein vollständig globales, zusammenfassendes Konstrukt charakterisiert, das sozusagen eine Summe oder einen hypothetischen Durchschnitt aller möglichen Selbstbeurteilungen und – bewertungen repräsentiert. "Das" Selbstkonzept einer Person gibt es demnach ebenso wirklich oder in Wirklichkeit nicht, wie es "die" Persönlichkeit eines Individuums gibt. Psychologisch interessanter und im

konkreten betrachteten Falle sinnvoller scheint es zu sein, von einer –
theoretisch unbegrenzten, für praktische Forschungszwecke aber natürlich
begrenzten – Mehrzahl von Selbstkonzepten einer Person zu sprechen.

Wie verschiedentlich auch empirisch aufgezeigt werden konnte, läßt sich
das generelle Selbstkonzept einer Person als aus einer Reihe bereichsspezifischer, partieller Selbstbilder abgeleitet oder zusammengesetzt
auffassen. Ein Individuum mag über unterschiedliche Selbstkonzepte
verfügen, je nachdem ob man sein Verhalten im Beruf, in der Familie oder
in der Freizeit anspricht, und selbst ein ausgesprochen partielles oder
spezifisches Selbstkonzept wie das des Sportlers ließe sich unter Umständen wieder aufteilen, je nachdem welche sportliche Tätigkeit im Einzelnen gerade angesprochen ist. Die Rede von einem bzw. "dem" allgemeinen oder globalen Selbstkonzept wird dann erleichtert oder erschwert
je nachdem, wie stark die einzelnen Selbstbeurteilungen zu verschiedenen
Zeitpunkten, in verschiedenen Umgebungen, bei Anwendung verschiedener Meßverfahren – kurz: in verschiedenen Situationen miteinander
korrelieren bzw. wie "konsistent" das Selbstkonzept dann "in sich" erscheint.

Fragebogen eignen sich ganz offensichtlich deshalb gut zur Erfassung
von Selbstkonzepten, weil sie gewöhnlich selbstbezogene Aussagen oder
Fragen enthalten, zu denen die untersuchte Person Stellung nehmen soll.
Hierin zeigt sich eine weitere Parallele der methodologischen und psycho-
logiegeschichtlichen Behandlung von Selbstkonzept –, Einstellungs – und
Persönlichkeitsmerkmalen: Vermutlich deswegen, weil sich Selbstkonzept – Forschung fachlich getrennt von der klassischen Charakterologie
und Persönlichkeitsforschung einerseits, und der sozialpsychologischen
Einstellungsforschung andererseits entwickelt hat, wurde zumeist übersehen, daß Persönlichkeitsfragebogen oft nichts anderes als Instrumente zur
Erfassung mehr oder weniger bereichsspezifischer Selbstkonzepte sind.
Dies wird umso deutlicher werden, je konkreter wir im Verlaufe der näch-
sten Kapitel mit diesen Meßmethoden umgehen werden. Zunächst sei
jedoch noch auf die Frage der Beziehung von Person und Situation, die
im Grunde eine theoretische Teilfrage des Eigenschafts – Problems darstellt, näher eingegangen.

Literaturhinweise

Unter den vielen Lehrbüchern der Persönlichkeitspsychologie sei dasjenige von Herrmann (1976) als ein besonders gründliches hervorgehoben.

Ein weiteres Lehrbuch der Differentiellen Psychologie und Persönlichkeitsforschung stammt von Amelang & Bartussek (1985). Grundlegende Fragen der Persönlichkeitsforschung wie diejenigen der Eigenschaft sowie der Konstanz und Variabilität der Eigenschaften werden in den Beiträgen von Graumann (1960) und Thomae (1960) zum Handbuch "Persönlichkeitsforschung und Persönlichkeitstheorie" ausführlich diskutiert. Die Bestimmung von Persönlichkeit als einer einzigartigen Konstellation von Eigenschaften geht auf Guilford (1974) zurück.

Auch zum Thema Einstellung (attitude) liegt eine so vielfältige Literatur vor, daß notgedrungen nur wenige Beispiele genannt werden können. Ein umfangreiches Sammelreferat stammt von McGuire (1969), eine leichtverständliche Einführung beispielsweise von Schmidt, Brunner & Schmidt – Mummendey (1975). Das konzeptuell und didaktisch prägnante Dreikomponenten – Modell der Einstellung wird von Rosenberg (1960) diskutiert (zur Beziehung der Einstellungs – Komponenten vgl. z.B. Ostrom, 1969).

Theorien der Einstellung und Einstellungsänderung werden in vielen Lehrbüchern der Sozialpsychologie behandelt, so z.B. bei Herkner (1981) und Irle (1975). Die Beziehung zwischen Einstellung und Verhalten wird in Übersichtsreferaten (z.B. Six, 1975, 1980; Mummendey, 1983a) und Sammelbänden (z.B. Mummendey, 1979a; Ajzen & Fishbein, 1980) behandelt. Ein informativer Übersichtstext stammt von Greenwald & Pratkanis (1984).

Zur Selbstkonzept – Forschung existiert neben einer Reihe von Monographien (z.B. Gergen, 1971; Burns, 1979) – womöglich typischerweise – eine Reihe von Lesebüchern (Readern) mit einer Vielfalt von einzelnen Beiträgen. Hier ist insbesondere der von Filipp (1979) herausgegebene Band zu nennen, ferner einige amerikanische Zusammenstellungen wie diejenigen von Rosenberg & Kaplan (1982) oder von Suls (1982) bzw. Suls & Greenwald (1983, 1986).

Zum Spiegelbild – Selbst lese man G.H. Mead (1934) und Cooley (1902). Bei der erwähnten Studie zur Entwicklung von Real – Ideal – Selbstbild – Diskrepanzen handelt es sich um die von Mummendey, Albers & Sturm (1985). Zur Frage der partiellen, bereichsspezifischen Selbstkonzepte ist insbesondere die Studie von Filipp & Brandtstädter (1975) erwähnenswert.

Auf Literatur zu Fragen der Einstellungs – und Selbstkonzept – Messung wird in den folgenden Kapiteln noch weiter eingegangen.

Kapitel 3

Eigenschaft, Person und Situation

Eigenschaften

Eine Beschreibung und Beurteilung von Dingen, von Gegenständen jeder Art wird erst dadurch möglich, daß man *Merkmale* oder *Eigenschaften* unterscheidet. Die Merkmale oder Eigenschaften, mittels derer eine Sache oder auch eine Person beschrieben wird, weisen gewöhnlich das Merkmal der Veränderlichkeit, der Variabilität auf. Nur dann, wenn ein Merkmal grundsätzlich mehrere verschiedene Ausprägungsgrade annehmen kann (wie z.B. grün/blau/rot usw., männlich/weiblich, 120, 121, 122 cm usw.), wenn es sich also um eine *Variable* handelt, hat es Sinn, von einem Merkmal oder einer Eigenschaft zu sprechen.

Die an Menschen unterscheidbaren Aspekte, mit denen es die psychologische Forschung zu tun hat, also Aspekte des Verhaltens und Erlebens von Personen, das Verhalten von Personengruppen usw., können sämtlich als Variablen, also als veränderliche Merkmale aufgefaßt werden. Sie sind veränderlich in bezug auf verschiedene Objekte der wissenschaftlichen Betrachtung, oder, innerhalb ein und desselben Betrachtungsgegenstandes, veränderlich über die Zeit. Da in der Psychologie gewöhnlich das menschliche Individuum im Mittelpunkt der Betrachtung steht – prinzipiell gilt das hier Gesagte natürlich auch für Tiere oder für Gruppen von Menschen oder Tieren usw. – und da es häufig darum geht, verschiedene Individuen in der Unterschiedlichkeit ihres Verhaltens oder ihrer Einstellungen oder Selbstkonzepte zu beschreiben, sind es Persönlichkeitsmerkmale bzw. *Persönlichkeitsvariablen*, mittels derer man Individuen vornehmlich beschreibt. Für viele Betrachter ist das Umgehen mit Persönlichkeitsmerkmalen so etwas wie die eigentliche Domäne des Psychologen – dies mag mit der Geschichte der Psychologie zusammenhängen, mit ihrer Herkunft unter anderem aus der antiken Charakterkunde.

Ebenso wie es nur sinnvoll zu sein scheint, grundsätzlich *veränderliche* Persönlichkeitsmerkmale zu betrachten (denn nur dann kann man überhaupt Unterschiede zwischen Personen oder innerhalb einer Person erforschen), scheint es nur Sinn zu machen, von einer gewissen, relativen Konstanz oder *Stabilität* solcher Persönlichkeitsmerkmale auszugehen. Denn nur dann, wenn etwas Beobachtetes eine gewisse Festigkeit aufweist, lohnt es sich überhaupt, dazu Stellung zu nehmen. Ein Merkmal, das so flüchtig ist, daß es während seiner Betrachtung sich selbst wieder verändert, eignet sich kaum zur Beschreibung von Unterschieden. Damit ist das Problem der "Konstanz und Variabilität" (Thomae) von Persönlichkeitsmerkmalen angesprochen, ein Problem, das sich in der Vergangenheit in heftigen Kontroversen am Begriff der *Eigenschaft* (trait), der Persönlichkeitseigenschaft entzündet hat.

Seit je werden Unterschiede zwischen Personen mittels Eigenschaftsbezeichnungen ausgedrückt, seien diese nun in erster Linie umgangssprachlich (z.B. Bezeichnungen wie frech, nett, anständig, blöd) oder eher wissenschaftlich gefärbt (wie z.B. extravertiert, dominant, angepaßt usw.). Der Umgangswert des Zuschreibens von Eigenschaften im Alltag und auch in der Wissenschaft ist beträchtlich. Die meist verbreitete und wohl auch ökonomischste Art und Weise, Personen Eigenschaften zuzuordnen, scheint die direkte Zuschreibung von *Adjektiven* zu Personen zu sein – eine Person wird als dominant oder anpassungsfähig usw. bezeichnet. Bei einer schon etwas präziseren Art der Persönlichkeitsbeschreibung werden – wenn subjektive oder objektive Messungen von Persönlichkeitsmerkmalen mit Skalen vorliegen – den adjektivischen Beschreibungen einer Person quantitative Angaben bzw. Zahlen zugeordnet (z.B. jemand ist überdurchschnittlich extravertiert bzw. er besitzt einen Extraversions – Wert von 20 auf der Extraversionsskala X). Dies geschieht unabhängig davon, ob jemandem eine Persönlichkeitseigenschaft etwa sehr generell, also in allen möglichen einzelnen Hinsichten zuerkannt wird (z.B. Allgemeine Intelligenz) oder ob sie eher speziell, also nur für bestimmte Hinsichten zutreffend ist (z.B. Sprachliche Intelligenz), ob sie recht universell, also bei vielen Personen verbreitet (z.B. Angepaßtheit) oder aber sehr individuell, also selten ist (z.B. Kenntnisse in Esperanto). Gemeinsam scheint allen solchen Eigenschafts – Zuschreibungen jedoch zu sein, daß mit ihnen etwas insofern "Charakteristisches" für eine Person ausgesagt werden soll, als sich das Beschriebene an diesem Menschen nicht nur ein einziges Mal und nicht nur in einer einzigen Situation, sondern zumindest über mehrere Zeitpunkte oder mehrere Situationen beobachten läßt.

Die Bezeichnung "Persönlichkeitseigenschaft" suggeriert somit durchaus etwas eher Festes, nicht leicht Schwankendes, schwer Veränderliches. Dies mag nur ein sprachliches Phänomen sein, denn im Deutschen verweist "Eigenschaft" auf etwas "Eigenes", also eine Art "Eigentum" und somit auf etwas eher Überdauerndes. Die Verwendung der Bezeichnung "Merkmal" könnte hier angemessener sein. Es mag auch so sein, daß in der Vergangenheit vornehmlich solche Persönlichkeitstheoretiker mit dem Begriff der Eigenschaft gearbeitet haben, die in ihrer Lehre eher von festen als von situativ variablen Persönlichkeitsmerkmalen ausgegangen sind. Die relative Stabilität von Persönlichkeitsmerkmalen liegt nun einmal fast allen klassischen testpsychologischen Ansätzen zugrunde; dies läßt sich beispielsweise bei der Test–Konstruktion daran erkennen, daß die relative Stabilität eines Testergebnisses über die Zeit als ein wichtiges Merkmal der Zuverlässigkeit des Testverfahrens gilt, und es läßt sich bei der Test–Anwendung damit belegen, daß Persönlichkeits–Tests zur Prognose verwendet werden, d.h., ihr Wert wird zum Teil gerade darin gesehen, daß sie die Ausprägung von Persönlichkeitsmerkmalen zu anderen, in der Zukunft liegenden Zeitpunkten oder in anderen, von der Testsituation abweichenden Situationen zu schätzen erlauben. Wir werden jedoch sehen, daß das Merkmal der Konstanz bzw. Veränderlichkeit keineswegs ein notwendiges Bestimmungsstück einer psychologischen Eigenschaft sein muß.

Von besonderer Wichtigkeit dürfte bei der Diskussion um Eigenschaften, um die Konstanz oder Variabilität von Eigenschaften das Adjektiv "relativ" sein. Kaum eine Persönlichkeitstheorie der vergangenen Jahrzehnte – so kann man bei näherem Hinsehen feststellen oder muß es gerechterweise einräumen – versäumt den Hinweis auf die "relative" Konstanz oder Variabilität von Persönlichkeitseigenschaften. Charakterologische Theorien, die von weitgehend unveränderlichen Persönlichkeitseigenschaften ausgehen, sind heute nur noch von eingeschränkter Bedeutung. Persönlichkeitsmerkmale sind "mehr oder weniger" veränderlich. Sie können relativ unverändert bleiben, z.B. weil dies die äußere Situation erfordert oder weil es verinnerlichten Tendenzen, z.B. der menschlichen Tendenz, "konsistent zu sein", entspricht. Sie können sich auch verändern, z.B. – lernpsychologisch betrachtet – in Abhängigkeit von den Verhaltenskonsequenzen oder – kognitionspsychologisch betrachtet – weil sich die subjektive Deutung der Gesamtsituation eines Menschen verändert und hieraus ein verändertes Verhalten der betreffenden Person folgt. Je nach eingenommener persönlichkeitspsychologischer Position wird ein Betrachter in bestimmten Bereichen menschlichen Verhaltens eine relativ größere Stabilität oder relativ größere Variabilität von Eigenschaften erwarten und möglicherweise finden.

Person und Situation

Bei der geschilderten Relativität von Stabilität und Variabilität menschlicher Persönlichkeitseigenschaften ist es eigentlich erstaunlich, daß in den 70er Jahren eine so viel beachtete Diskussion zum Thema "Person und Situation" geführt worden ist, die sich in einer großen Zahl von Veröffentlichungen niedergeschlagen hat. Sie begann mit einem Angriff eher lernpsychologisch orientierter Autoren auf die am Eigenschafts – (trait –)Begriff orientierte Persönlichkeitsforschung und führte recht schnell bei vielen Psychologen zur Übernahme einer angeblich das eine mit dem anderen verbindenden oder integrierenden Position. Die traditionelle, *person* – betonte und die alternative, *situations* – orientierte Position wurden einander gegenübergestellt, und es wurden beide in einer die Person – Situation – *Interaktion* betonenden, somit interaktionistischen Persönlichkeitsauffassung "überwunden". Mit anderen Worten warfen sich zunächst Gruppen von psychologischen Autoren gegenseitig vor, sie betonten bei der Erklärung des menschlichen Verhaltens einseitig feste Person – Eigenschaften (Vorwurf der Eigenschaftszentriertheit, des Personologismus) oder aber sie betonten einseitig die wechselnden Einflüsse von Umwelt und jeweiligen Situationen (Vorwurf der Situationszentriertheit, des Situationismus) – als Lösung des Problems und somit als offenbar neue Erkenntnis wurden die Konzepte "Interaktion zwischen Person und Situation" bzw. "Interaktionismus" angeboten.

So versuchten einige Autoren am Beispiel der Merkmale "Ängstlichkeit" und "Feindseligkeit" die Frage empirisch anzugehen, ob die Reaktionen auf Ängstlichkeits – bzw. Feindseligkeits – Fragebogen, also die Fragebogen – Antworten, in erster Linie durch Eigenschaften der Person oder durch unterschiedliche Situationen oder aber womöglich durch eine Kombination bzw. Wechselbeziehung von Person und Situation bedingt seien. Sie gaben verschiedenen Personen in verschiedenen Situationen Persönlichkeitsfragebogen, die beispielsweise Feststellungen enthielten wie

"Sie sprechen jemanden an, und der/die Betreffende antwortet Ihnen nicht"

oder

"Jemand macht einen Fehler und gibt Ihnen die Schuld".

44

Als mögliche Reaktion war anzukreuzen, in welchem Ausmaß bei den Personen Veränderungen eintreten wie "Herz schlägt schneller" oder "Verliere die Geduld" usw., jeweils abgestuft erfaßt auf entsprechenden Antwortskalen. Mittels Varianzanalyse ließen sich die schriftlich geäußerten Reaktionen daraufhin analysieren, wieviel Prozent der Antwort – Variation auf die *Person*, auf die *Situation* und auf die *Wechselwirkung* zwischen Person und Situation (im statistischen Sinne einer Wechselwirkung bzw. Interaktion) zurückzuführen seien. Mit dieser Art der Auswertungsmethode, angewendet auf die geschilderte Art von Datenerhebungsmethodik, ließ sich in vielen Untersuchungen im wesentlichen zeigen, daß die statistische Interaktion, also die Wechselwirkung zwischen Person und Situation wesentlich mehr Varianzanteile der Reaktion auf Persönlichkeitsfragebogen dieser Art erklärt als die unterschiedlichen Personen und die unterschiedlichen Situationen für sich genommen. Die Ergebnisse von derartigen Varianzzerlegungen stützen nach Auffassung der Autoren den oben erwähnten Person – Situation – Interaktionismus. Allerdings ist die Methodik als solche verschiedentlich kritisiert worden – diese spezielle Diskussion soll hier aber nicht geführt werden.

Die Methode einer Varianzquellenzerlegung nach Person, Situation usw. macht, wie man an den gebrachten Beispielen von Fragebogen – Statements ersehen kann, noch keinen Gebrauch von der Möglichkeit, die Feststellungen oder Fragen eines Persönlichkeitsfragebogens selbst in mehr oder weniger situationsübergreifender oder situationsspezifischer Weise zu *formulieren*, sondern sie benutzt lediglich verschiedene Erhebungssituationen und verschiedene befragte Personen bei ansonsten unverändertem Erhebungsinstrument. Demgegenüber kann es sinnvoll sein, mit den Elementen des Persönlichkeitsfragebogens selbst, also den einzelnen Fragen oder Feststellungen, verschieden generelle oder spezifische Spielarten von Ängstlichkeit oder Feindseligkeit zu erfassen, d.h., verschiedene Grade von Generalität (Übersituativität) bzw. Situations – Spezifität gleichsam sprachlich zu *erzeugen*:

Fragt man in üblicher Weise danach, ob eine Person "dazu neigt", "gewöhnlich" bzw. "oft" in unterschiedlichen, näher bezeichneten Situationen ängstlich zu reagieren, so erhebt man *Trait* – Angst, also Ängstlichkeit auf Eigenschafts – Niveau im klassischen Sinne – Ängstlichkeit bzw. Feindseligkeit sind dann relativ durchgängige Merkmale dieser Person. Fragt man dagegen konkret nach Angstsymptomen in ganz spezifischen Situationen, z.B. nach Ängstlichkeit in bestimmten Umgebungen, zu ganz bestimmten Zeitpunkten usw., so wird die Spielart der *State* – Angst, also Zustands – Angst erfaßt. Letzterem ist im allgemeinen sicherlich die objektivere physiologische Angst – Messung, z.B. durch Erhebung der Pulsfrequenz der Versuchsperson vorzuziehen, doch kann es aus Gründen der Vergleichbarkeit der Daten und aus forschungsökonomischen Gründen oft sinnvoller sein, auch State – Ängstlichkeit mit Fragebogen zu erfassen. Bei entsprechenden Untersuchungen zeigte sich z.B., daß ein Fragebogen – Maß der Redeängstlichkeit (Trait – Angst) das Verhalten in einer speziellen Rede – Situation, nicht jedoch in einer andersartigen experimentellen Situation, z.B. einer solchen, in der die Versuchspersonen durch Geräusche erschreckt wurden, gut vorhersagen konnte; physiologische Angst – Indikatoren wie die Pulsfrequenz zeigten sich hier als weniger sensible Maße: Sie veränderten sich in beiden spezifischen Situationen, zeigten jedoch keinen Zusammenhang mit dem Maß der Trait – Angst.

Die Frage nach Person und Situation bzw. deren Wechselbeziehung bliebe sicherlich ein eher methodisches und relativ gut lösbares Problem, wenn nicht so viele psychologische Autoren sie zum Anlaß genommen hätten, sie mit ganz grundsätzlichen Überzeugungen gewissermaßen über die Natur des Menschen zu verknüpfen – an ihr taten viele Autoren im Grunde kund, wie sie über das alte Problem von Anlage – versus Umwelt – Einflüssen denken. Solche Diskussionen waren schon immer von mehr oder weniger unfruchtbaren Positionskämpfen gekennzeichnet. Niemand hat dasjenige, was sich in den 70er Jahren um die Begriffe Eigenschaft, Person und Situation in der wissenschaftlichen Auseinandersetzung abspielte, treffender charakterisiert als Theo Herrmann:

"Wir Psychologen machen es wie die Leute: Wir stellen gern unserem eigenen Standpunkt (mindestens) einen dezidierten Gegenstandpunkt gegenüber, wobei unsere Position häufig mit einem konnotativ positiven Ausdruck bezeichnet wird und der Gegenstandpunkt eine negativ getönte Etikettierung erhält... Eine besonders wirkungsvolle Geschichtskonstruktion scheint mir in einem pseudo – dialektischen Modell folgender Art zu liegen: Es gab eine Position A, die den Fehler F1 enthält. Außerdem gab es eine Postion B, die den Fehler F1 vermeidet, die aber durch den konträren Fehler F2 charakterisiert ist. Die eigene Position C vermeidet beide Fehler, beschreitet gleichsam den goldenen Mittelweg oder stellt gar eine Synthese aus A und B auf höherer erkenntnismäßiger Ebene dar. Ein aktuelles Beispiel für solche Pseudo – Dialektik ist ein Geschichtsklischee, dem viele Persönlichkeitspsychologen anhängen: Es gab für lange Zeit eine *Eigenschaftskonzeption* ("trait – model") A, die den Fehler F1 enthält: Zu diesem Fehler gehören die starke Überschätzung des Einflusses der Persönlichkeit auf das Verhalten und die entsprechende Unterschätzung

46

von Situationseinflüssen. Die Gegenposition ("Antithese") B ist der *Situationismus*, der den Fehler F1 durch den Fehler F2 ersetzt: Hier wird der Einfluß der Persönlichkeit auf das Verhalten zugunsten der Situationseinflüsse stark unterschätzt. Die eigene Position C, der *Interaktionismus* (die interaktionale Psychologie), vermeidet beide Fehler: Sie stellt die Wechselwirkung von Person und Situation auf das Verhalten in den Mittelpunkt ihrer Konzeption... Dieses pseudo–dialektische Klischee ist heute so bekannt, daß es hier nicht eingehend dargestellt werden muß... Das in weiten Teilen der Persönlichkeitspsychologie positiv konnotierte Etikett "Interaktionismus" ("interaktionale Psychologie" oder dergleichen) wird – vermutlich auch wegen dieser positiven Tönung recht unbedenklich verwendet, um aktuelle und wohl auch "fortschrittliche" Positionen zu kennzeichnen..." (1980, S.7f.).

Mit anderen Worten beschreibt der Autor die Konzeption der Persönlichkeits–Eigenschaft als Heterostereotyp, also als Gegenstand von klischeehaften Vorurteilen: Die Verwendung von Eigenschaften zur Persönlichkeitsbeschreibung wird simplifiziert und in allzu denkökonomischer Weise in einen Dreier–Schritt eingepaßt. Tatsächlich haben Persönlichkeitsforscher, die mit dem Eigenschafts–Begriff arbeiten, keineswegs eine einheitliche, z.B. "personologische" Auffassung über Persönlichkeitsmerkmale bzw. –eigenschaften. Von wenigen Autoren abgesehen kann man sagen, daß Persönlichkeitseigenschaften zumeist als "hypothetische Konstrukte", also Produkte des wissenschaftlichen Denkens angesehen werden, die durchaus veränderbar und anpaßbar sind und keine festen Gebilde darstellen. Für Persönlichkeitstheoretiker wie Cattell sind Persönlichkeitseigenschaften ausdrücklich stets auf das individuell unterschiedliche Verhalten in ganz bestimmten Situationen bezogen. Die Interaktion von Person und Situation, also das wechselartige Zusammenwirken von sozusagen in der Person begründeten und äußeren Determinanten bei der Beeinflussung des Verhaltens ist somit bereits in einem wohlverstandenen Eigenschafts–Begriff enthalten. Die Konstanz bzw. Variabilität eines Persönlichkeitsmerkmals ist insofern jeweils selbst ein Persönlichkeitsmerkmal. Für Persönlichkeitseigenschaften gibt es grundsätzlich keine Einschränkungen oder Festlegungen auf eine bestimmte Konstanz oder Veränderlichkeit: Jede Eigenschaft kann mehr oder weniger veränderlich sein, und diese Variabilität ist sowohl theoretisch als auch bei empirischen Untersuchungen zu berücksichtigen bzw. im einzelnen zu erforschen. Je nach Verhaltens– bzw. Erlebensbereich kann es mehr oder weniger sinnvoll bzw. praktisch sein, mehr oder weniger situationsspezifisch bestimmte Eigenschaften theoretisch zu betrachten oder empirisch zu untersuchen.

Für die Anwendung von Fragebogen als Meßmittel von Persönlichkeits-eigenschaften bedeutet dies, daß Fragebogen in unterschiedlichem Aus-maß situationsübergreifend oder situationsspezifisch konzipiert sein kön-nen. Die Frage z.B.

"Können Sie im allgemeinen in einer fröhlichen Gesellschaft richtig mitmachen und sich gut amüsieren?"

und die Feststellung

"Die Ehe ist altmodisch und sollte abgeschafft werden"

zielen zweifellos auf Übersituatives, auf Überdauerndes, Generelles; es geht darum, ob man sich "im allgemeinen" richtig gut amüsieren kann (allerdings hier noch eingeschränkt auf spezifische Situationen vom Typ "fröhliche Gesellschaft"), und es geht um "die Ehe" allgemein, und nicht um einige oder um ganz bestimmte Ehen oder bestimmte Arten von Ehen. Dagegen lassen sich Feststellungen auch stärker situationsbetont formu-lieren. Die Frage z.B.

"Loben Sie Ihr Kind, wenn es in einer Klassenarbeit eine gute Note erhalten hat?"

zielt zweifellos auf ein spezifisches Erziehungsverhalten bzw. eine spezifi-sche Erziehungseinstellung in einer spezifischen sozialen Situation – eine Verallgemeinerung auf andere Erziehungssituationen, wie z.B. soziale nicht – leistungsbezogene Situationen, ist in diesem Falle nicht beabsich-tigt. In entsprechender Weise zielt die Feststellung bzw. das Statement

"Türkischen Arbeitern sollte erlaubt werden, ihre Familienangehöri-gen unbeschränkt nachziehen zu lassen"

auf eine bestimmte Ausländergruppe, nämlich Türken, und nicht bei-spielsweise auf ausländische Arbeiter und ihre Familien generell. Für alle besprochenen Fälle lassen sich Persönlichkeitsfragebogen konstruieren, in denen durch die präzise Formulierung der Feststellungen oder Fragen oder aber der Fragebogen – Instruktion, unter der die Beantwortung er-folgt, jeweils auf das Gewicht, das spezifische Situationen erhalten sollen, nachdrücklich hingewiesen wird.

Kehren wir abschließend noch einmal zur Bedeutung der Debatte um Person, Situation und Person – Situation – Interaktion zurück. Carl Fried-rich Graumann wies schon Mitte der 70er Jahre darauf hin, daß der Be-

48

griff "Interaktion" eine Vielzahl unterschiedlicher Bedeutungen aufweisen kann und daß der Streit um die Gewichtung der Begriffe Person, Situation und Interaktion uns nicht wesentlich weiter bringt als bis zur Bekräftigung der von Kurt Lewin schon in den 30er Jahren aufgestellten Beziehung

$$V = f (P,U),$$

d.h., alles Verhalten (und Erleben) des Menschen ist eine "Funktion der Person und ihrer Umwelt" (1963, S.271). In diesem ebenso fundamental – einfachen wie bei näherer Betrachtung fundamental – komplizierten Satz ist eingeschlossen, daß Person (P) und Umwelt (U) nicht unabhängig voneinander sind: Es stimmen auch die Sätze $P = f (U)$ und $U = f (P)$; beispielsweise interpretiert und erlebt die eine Person ihre Umwelt in anderer Weise als die andere Person, woraus ein andersartiges Verhalten folgt.

Fragebogen geben uns Aufschluß darüber, wie Personen in ganz bestimmten (Untersuchungs –)Situationen über ihr Verhalten und Erleben, ihre Einstellungen und ihre Auffassungen von sich selbst berichten. Mit ihnen erfassen wir nicht nur als überdauernd angesehene Reaktionsweisen von Personen auf schriftlich präsentierte Situationen, sondern wir erfassen gleichfalls die subjektive Interpretation dieser im Fragebogen vorgegebenen Situationen. Um erkennen zu können, was die jeweilige, subjektive Interpretation eines mit einem Fragebogen untersuchten Individuums ausmacht, bedarf es allerdings einer angemessenen und sorgfältigen Anwendung des Fragebogens. Das Verhalten (V) bei der Fragebogen – Beantwortung läßt sich als eine Funktion von Person – Merkmalen (P) – auf die Fragebogen, konventionellerweise aufgefaßt als Persönlichkeits – Tests, gewöhnlich abzielen – und Merkmalen der Umwelt dieser Person (U) – auffassen. Eine Frage oder Feststellung eines Fragebogens repräsentiert also immer auch eine bestimmte Umwelt – Gegebenheit, einen Ausschnitt aus der Umwelt einer Person, der der individuellen Deutung der Person unterliegt. Durch zusätzliche Anstrengungen kann der Anwender des Fragebogens versuchen, der individuellen Interpretation der Fragebogen – Elemente näher zu kommen. Grundsätzlich liegt jedoch in der Anerkennung der Lewin'schen Formel das Eingeständnis, daß man es bei dem Anteil U mit etwas jeweils Einmaligem, also etwas auch Individuellem, zu tun hat. Diese Erkenntnis soll uns nun nicht dazu verleiten, psychologisches Messen von Persönlichkeitsmerkmalen mit Fragebogen aus der Sicht eines totalen Individualismus und Subjektivismus zurückzuweisen. Die Tatsache, daß Fragebogen – Ergebnisse nicht in gleicher

Weise als gültig anzusehen sind wie die Maßzahlen objektiver Testverfahren, soll uns nur davor warnen, die Ergebnisse von Fragebogenmessun-
gen, seien die Fragebogen noch so gut standardisiert, vorschnell wie
objektive Testverfahren zur Individualdiagnostik zu verwenden. Stattdessen sollte uns die – keineswegs neue, sondern uralte – Erkenntnis über
das Zusammenwirken von "inneren" und "äußeren" Einflüssen auf das
Antwortverhalten von Menschen dazu führen, Fragebogen – Antworten als
Produkte beider und damit als stets originell zu interpretierende psychologische Tatbestände aufzufassen.

Literaturhinweise

Grundlegende Fragen des Eigenschafts – Begriffes sowie der relativen
(Un –)Veränderlichkeit psychologischer Eigenschaften werden ausführlich
bereits bei Graumann (1960) und Thomae (1960) erörtert. Die Beschreibung individueller Unterschiede in der Differentiellen Psychologie und
Persönlichkeitsforschung wird, ebenso wie eine Erläuterung wichtiger
Grundbegriffe, in den Lehrbüchern von Herrmann (1976) und Amelang &
Bartussek (1985) diskutiert. Sie ist stets auch Gegenstand der Monographien von R.B. Cattell zu Persönlichkeit und Persönlichkeitsmessung
(1946, 1957, 1973a, 1973b).

Da es nicht übersichtlich wäre, alle zur Debatte um "Person und Situation" veröffentlichten Arbeiten hier aufzuführen, seien zwei Sammelbände
erwähnt, in denen die Herausgeber, Endler & Magnusson (1976) sowie
Magnusson & Endler (1977), Beiträge zu Fachzeitschriften und Tagungen
in mehr oder weniger übersichtlicher Form zusammengestellt haben.
Diese Bände enthalten Beiträge u.a. der Autoren H.A. Alker, G.W. Allport,
M. Argyle & B.R. Little, D.J. Bem, J. Block, K.S. Bowers, S. Epstein, D.W.
Fiske, S.L. Golding, W. Mischel, D. Olweus, I.G. Sarason, C.D. Spielberger, R. Stagner u.v.a. Später hat Endler (1983) noch einmal versucht,
in einem grundlegenden Beitrag die Position des "Interaktionismus" als
ein von eigenschaftszentrierten, psychodynamischen und situationistischen
Modellen abgehobenes Persönlichkeitsmodell darzustellen.

Mit der Methode der Varianzquellenzerlegung bei der Erfassung von
Persönlichkeitsvariablen wie Ängstlichkeit und Feindseligkeit mittels Fragebogen haben Endler & Hunt (1968, 1969) gearbeitet; zu den erwähnten Untersuchungen über State – und Trait – Angst vgl. Spielberger
(1977). Deutschsprachige Fragebogen zur Messung von Ärger sowohl als
State als auch als Trait entwickelten Schwarzer & Schwarzer (1982) (vgl.
auch Oswald, 1980).

Herrmann (1980) hat seine kritische Besprechung der Person – Situation – Debatte im ersten Band der "Zeitschrift für Differentielle und Diagnostische Psychologie" veröffentlicht, Graumann (1975) schrieb seinen Aufsatz zu Person und Situation in einer von U. Lehr und F. Weinert herausgegebenen Festschrift für Hans Thomae (zur Mehrdeutigkeit von "Interaktionismus" vgl. auch Pawlik, 1979). Die Person – Situation – Interaktion – Debatte ist derzeit noch nicht verstummt. Darüber beispielsweise, ob Gordon W. Allport (1937, 1966) eher Eigenschaftstheoretiker oder vielleicht doch ein verkappter Interaktionist gewesen sein könnte, läßt sich gegenwärtig noch trefflich streiten (vgl. Zuroff, 1986).

Kapitel 4

Schritte der Fragebogenkonstruktion

Im folgenden wird eine grundlegende und bewährte Art und Weise, Persönlichkeitsfragebogen zu entwickeln, dargestellt. Selbstverständlich handelt es sich dabei nicht um die einzig mögliche Art und Weise der Fragebogenkonstruktion. Wenn hier auf die Darstellung alternativer und zumeist komplizierter Konstruktionsweisen verzichtet wird, so liegt dies teilweise an ihrer mangelnden Bewährung in der Praxis der Forschung, teils aber auch an dem oft nur unwesentlichen Vorteil, den beispielsweise ein methodologisch raffinierteres Vorgehen bei der Persönlichkeitsmessung mit Fragebogen bringt. Wenn Fragebogen nämlich aus Gründen ihrer Subjektivität ohnehin meistens nicht das Meßniveau objektiver Tests erreichen, dann ist es oft auch nur wenig angemessen, durch komplizierte und formalisierte Modelle der Fragebogenelemente und der Fragebogenantworten eine Aufwertung der Methode zu erzwingen. Die hauptsächliche Einschränkung des hier geschilderten Vorgehens besteht darin, daß ausschließlich die Entwicklung von Fragebogen nach den Prinzipien der sogenannten *klassischen Testtheorie* besprochen wird. Dabei entstehen Fragebogen, die jeweils ein einziges psychologisches Merkmal bzw. eine einzige Persönlichkeitseigenschaft messen sollen. Die *Eindimensionalität* solcher Persönlichkeitsmessung mit Fragebogen besteht also darin, daß alle Elemente des Fragebogens – die Fragen oder Feststellungen etc., also die Items des Fragebogens – der Messung ein und derselben Variablen dienen und der gesamte Fragebogen daher aus einer Vielzahl formal und inhaltlich gleichartiger, homogener Elemente zu bestehen hat. Will man mehrere unterschiedliche Persönlichkeitsmerkmale erfassen, so hat man sich mehrerer unterschiedlicher Fragebogen zu bedienen – oder aber eines Fragebogens, der sich aus mehreren Teil – Fragebogen, die in sich homogen und eindimensional sind, zusammensetzt.

Bestimmung der Form des Fragebogens

Bevor mit der Sammlung der Elemente des Fragebogens begonnen wird, ist eine Entscheidung über die Form des Fragebogens, d.h., über die Art und Weise, sprachliches Material zur Beantwortung darzubieten, zu treffen: In welcher Weise sollen verbale Reaktionen auf welche Art von verbalen Reizen erfolgen?

Es können *Fragen* gestellt werden, z.B.

"Halten Sie sich für einen geselligen Menschen?"

"Sollte man allen Asylsuchenden eine Arbeitserlaubnis geben?",

oder es können *Feststellungen* (Statements) dargeboten werden, z.B.

"Ich halte mich für einen geselligen Menschen"

"Man sollte allen Asylsuchenden eine Arbeitserlaubnis geben".

Daneben sind weitere Formen der Item–Formulierung denkbar; um beispielsweise bei der Darbietung der verbalen Vorlage ein Minimum an sprachlichem Aufwand zu treiben und damit ein Minimum an möglicherweise überflüssigen sprachlichen Bedeutungen mitzutransportieren, könnte man im Extremfall das Beurteilungsobjekt mit einem einzigen *Substantiv* oder *Adjektiv* benennen und beurteilen lassen, z.B.

"gesellig"

"Arbeitserlaubnis für Asylsuchende"

"Tempolimit auf Autobahnen" etc.

Die Fragebogen–Items können in unterschiedlicher grammatischer Form erscheinen, etwa in der 1.Person Singular, z.B.

"Ich halte mich für einen geselligen Menschen"

oder in unpersönlicher Form, z.B.

"Man sollte allen Asylsuchenden eine Arbeitserlaubnis geben"

"Es wäre unerträglich, wenn alle Asylsuchenden eine Arbeitserlaubnis bekämen" usw.

Im Falle der radikalen Reduzierung eines Items auf ein einziges Wort, z.B. ein Adjektiv oder Substantiv wäre auch das grammatische Format radikal reduziert.

Auf sehr unterschiedliche Art und Weise kann der *Antworttypus*, d.h., die Art der verlangten sprachlichen Reaktion gestaltet sein. Hier kommen fast alle aus der Psychophysik, der Wissenschaft von den Beziehungen zwischen objektiv gegebenen Stimuli und subjektiv erfolgenden Reaktionen her bekannten Formen des Urteilens in Frage. In einfachster und weitaus am häufigsten angewendeter Weise wird auf eine Frage oder Feststellung lediglich ein *zweistufiges* kategoriales Urteil verlangt:

"Ja" ("Stimmt", "Stimme zu" etc.) oder

"Nein" ("Stimmt nicht", "Lehne ab" etc.).

Die Zahl der Antwortkategorien kann erweitert werden, z.B. im Minimalfalle um eine dritte Antwortkategorie:

"Ja"   –   "Neutral"   –   "Nein"   oder

"+"   –   "0"   –   "–"   etc.

Es kommen ferner alle denkbaren Arten von *Mehrfachwahl*antworten in Frage, so daß die Beantwortung der Fragebogen–Items in Form eines *Rating*, also auf einer Schätz–Skala erfolgt; dabei kann es sich um eine rein numerische Rating–Skala, eine graphische Rating–Skala, eine verbal verankerte (d.h., an bestimmten Punkten der Skala mit Worten beschriftete) oder aber nicht verankerte Rating–Skala oder um irgendwelche Kombinationen solcher Antwortformen handeln, z.B.

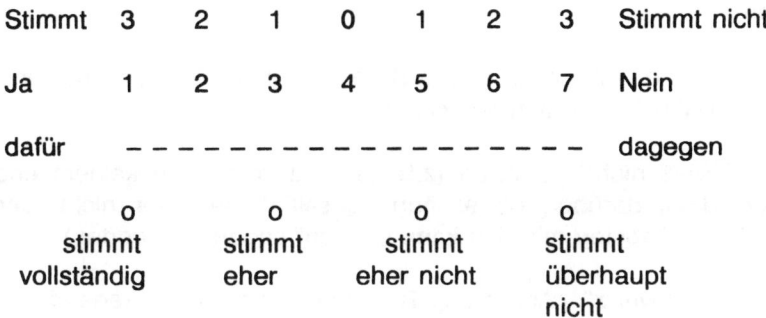

Stimmt   3   2   1   0   1   2   3   Stimmt nicht

Ja   1   2   3   4   5   6   7   Nein

dafür   – – – – – – – – – – – – – – –   dagegen

o   o   o   o
stimmt   stimmt   stimmt   stimmt
vollständig   eher   eher nicht   überhaupt
nicht

Erfahrungsgemäß kommt man mit zwei Antwortkategorien (z.B. "Stimmt/Stimmt nicht") aus; wenn nämlich genügend Items zum gleichen Beurteilungsgegenstand vorhanden sind, kommt ja eine Streuung der individuellen Urteile bereits dadurch zustande, daß individuell unterschiedlich viele Items im Sinne der Tendenz des Fragebogens mit "Stimmt" beantwortet werden – es bedarf daher nicht unbedingt einer differenzierten Antwortskala. Immer wieder zeigt sich auch, daß es für die Datenverarbeitung der Fragebogen – Resultate relativ belanglos ist, ob Urteile auf zwei –, drei –, fünf – oder mehrstufigen Antwortskalen zustandegekommen sind. Dies entspricht auch einschlägigen Forschungsergebnissen zur Rating – Methode. Eine reichhaltigere Gestaltung der Antwort – Skala zum Fragebogen kann so hauptsächlich zur Erleichterung der Antwort – Entscheidungen mancher Versuchspersonen sinnvoll sein – viele antwortende Personen haben dann das Gefühl, sich angemessener entscheiden zu können. Es gibt aber auch Personen, die es vorziehen, weniger Antwortkategorien zu haben, um sich zu einer Entscheidung besser zwingen oder mit geringerem Aufwand antworten zu können. Für den Untersucher kommt es darauf an, bei den Versuchspersonen eine kurzzeitige Einstellung dahingehend zu erzeugen, daß sie sich trotz gewisser Schwierigkeiten, die das Antworten zu nur wenigen Antwortkategorien mit sich bringen mag, für eine der Antwortkategorien entscheiden; dies erfolgt durch eine geschickte Anweisung (Instruktion) an die untersuchten Personen.

Erfahrungsgemäß führt auch die Einführung einer *"mittleren"* Antwortkategorie, sei sie nun explizit vorgegeben (z.B. die Antwortkategorie "0" in der Mitte der Antwortskala) oder ergebe sie sich von selbst dadurch, daß man eine mehrstufige Antwortskala mit ungerader Kategorienzahl verwendet, eher zu Schwierigkeiten als daß sie mit Vorteilen verbunden ist. Eine zwischen Bejahung und Verneinung eingeführte mittlere Antwortkategorie kann nämlich für die antwortende Person ganz Verschiedenes bedeuten:

- eine mittlere Antwortposition (z.B. jemand hält sich für einen in mittlerem Maße "geselligen Menschen")

- eine "Weiß nicht" – Antwort (z.B. jemand kommt zu keinem endgültigen Urteil darüber, ob er nun "gesellig" sei oder nicht, und er würde am liebsten mit "Ich kann es nicht sagen" antworten)

- eine "Irrelevanz" – Antwort (z.B. jemand hält die Frage für nicht besonders wichtig, hält es nicht für der Mühe wert zu antworten oder will die Frage aus Zeitgründen übergehen usw.)

- eine "Protest" – Antwort (z.B. jemand hat etwas gegen die Frage einzuwenden und drückt seinen Unmut oder Widerstand gegen die Frage durch das Ankreuzen der mittleren Kategorie aus)

- eine Antwort aus Zaghaftigkeit (z.B. jemand will angemessen antworten, wählt die mittlere Kategorie jedoch aus Unsicherheit, ob nicht das Ankreuzen der anderen, profilierteren Antwortkategorien einen Fehler enthalten könnte usw.).

Aus solchen Gründen wird eine mittlere Kategorie häufig bewußt weggelassen, auch bei ausgesprochenen Mehrfachwahl – Antworten, indem nur "positive" und "negative" Antwortmöglichkeiten vorgegeben werden, z.B.

Stimmt nicht -3 -2 -1 $+1$ $+2$ $+3$ Stimmt

Die antwortende Person soll dadurch gar nicht erst auf eine der genannten Ausweichmöglichkeiten verwiesen werden, und so werden von vornherein nur profilierte Urteile zugelassen. Auf der anderen Seite kann die Berücksichtigung einer "neutralen" Antwort – Kategorie sinnvoll sein, wenn man aus der Häufigkeit des Ankreuzens dieser mittleren Position auf so etwas wie das allgemeine Interesse bzw. Desinteresse bei der Beantwortung des Fragebogens schließen will. Die Ergebnisse von Probanden, die überwiegend oder sogar ausschließlich die mittlere, unbestimmte Antwortkategorie angekreuzt haben, können in mancher Hinsicht von wissenschaftlichem Interesse sein. Bei der Betrachtung größerer Gruppen von Personen wird man jedoch, wenn es beispielsweise um charakteristische Daten der Gruppe geht, am ökonomischsten verfahren, wenn man Fragebogen mit auffallend häufig auftretenden Unbestimmtheits – Antworten aus der weiteren Datenbearbeitung ausschließt. Auch die früher viel verwendete Form der "?" – Antwort, d.h. eine mittlere Antwortkategorie bei Items in Frage – Form, wird kaum noch benutzt; Untersuchungen haben gezeigt, daß keine interpretierbare Beziehung zwischen dem Ankreuzen von ? – Antworten und dem Fragebogen – Meßwert besteht.

Ein gelegentlich gewähltes, wenn auch etwas aufwendiges Verfahren der Darbietung von Fragebogen – Statements und ihrer Beantwortung besteht in einer Spielart der *Forced – Choice* – Technik, also eines Verfahrens, bei dem nicht jeder Urteilsgegenstand für sich beurteilt werden soll, sondern eine Entscheidung zwischen zwei gleichzeitig dargebotenen Gegenständen zu treffen ist: Es werden zwei Sätze vorgegeben, die das zu messende Persönlichkeits – , Einstellungs – oder Selbstkonzept – Merkmal in unterschiedlichem Grade ausdrücken, z.B.

A   "Ich nehme gelegentlich an geselligen Abenden teil"
B   "Ich lasse keine Gelegenheit aus, an geselligen Abenden teil-
    zunehmen".

Hier soll die persönlich zutreffendere der beiden Feststellungen angekreuzt werden. Auf diese Weise wird durch eine Vielzahl solcher Paar-
vergleichs – Urteile – entsprechend der Vorgehensweise in der Psychophysik bei Kombination möglichst sämtlicher Stimuli miteinander – eine
gute Skalierung der zu erfassenden Persönlichkeitseigenschaft ermöglicht, ohne daß die anwortenden Personen mehr Arbeit aufwenden müssen als einfache Vergleiche zwischen je zwei verbalen Stimuli anzustellen.

Bestimmung des Urteilsobjektes und Item – Sammlung

Das Problem der Erstellung der Item – Sammlung, des *Item – Pools*, ist
eng verknüpft mit der Entscheidung darüber, was mit dem Fragebogen
gemessen werden soll. Da Fragebogen nur Hilfsmittel der Persönlichkeits – , Einstellungs – oder Selbstkonzept – Forschung sind, muß vor ihrer
Konstruktion feststehen, zur Erfassung welcher psychologischen Merkmale sie dienen sollen. Solche Merkmale haben den Status von *Konstruk-
ten*, d.h., es handelt sich um psychologische Denkgebilde. Konstrukte
können von vornherein mehr oder weniger scharf umrissen sein. Es ist
nicht ausgeschlossen, daß sich erst im Verlauf der Konstruktion und Anwendung eines Persönlichkeitsfragebogens zunehmende Klarheit über das
anfangs vielleicht noch etwas verschwommene Konzept einer zu erfassenden Persönlichkeitseigenschaft einstellt, so daß schließlich eine Eigenschaft gemessen wird, deren Definition ohne den zu ihrer Messung verwendeten Fragebogen eigentlich nicht mehr möglich ist. Es gibt somit in
der psychologischen Forschung Persönlichkeitskonstrukte, die regelrecht
erst durch ihre Erfassung mittels bestimmter Fragebogen definiert sind.
Sie sind "operational definiert", d.h., sie bestimmen sich durch die Anwendung des betreffenden Fragebogens. Die Persönlichkeitsmerkmale der
"Manifesten Angst" oder des "Autoritarismus" sind z.B. eng mit den
Fragebogen der manifesten Angst (Manifest Anxiety Scale) bzw. des Autoritarismus (F – Scale) verknüpft. Es gibt allerdings auch Fragebogen,
deren zugehöriges Urteilsobjekt vollständig ohne den Fragebogen denkbar
ist – Einstellungs – Fragebogen zur Erfassung von Einstellungen gegenüber Kernkraftwerken oder ethnischen Gruppen tragen z.B. selbst nichts
Wesentliches zur Definition der mit ihnen zu erfassenden Gegenstände
bei.

Ein mit Fragebogen zu erfassendes Persönlichkeits-, Einstellungs-
oder Selbstkonzept-Konstrukt kann grundsätzlich sowohl aus psychologischen Theorien, Modellen und Lehrmeinungen, wie sie in der Fachliteratur fixiert sind oder an den Universitäten gelehrt werden, entspringen. Es
kann aber ebenso gut aus eigenen Überlegungen, Alltagsbeobachtungen,
phänomenologischen Betrachtungen im weitesten oder auch im engeren
Sinne abgeleitet werden. Außerdem wird es zu fast jedem zu betrachten-
den psychologischen Bereich bereits irgendwelche empirischen Zugänge
geben, auf die man zurückgreifen kann; es gibt schließlich bereits eine
Unmenge von Beobachtungs- oder Befragungsbogen, Interviewleitfäden,
Tests usw. Daneben lassen sich alle möglichen Quellen mündlicher Art
denken – es wird z.B. immer Kollegen und Fachleute geben, die als auf
einem bestimmten Gebiet sachkundig angesehen werden.

Dementsprechend kann die Sammlung der Items, also der Elemente des
Fragebogens, die dem Ziel der Erstellung eines umfangreichen Item-
Pools als Grundlage der Fragebogenkonstruktion dient, wahlweise oder
kombiniert auf eine Reihe unterschiedlicher Quellen zurückgreifen:

- Fragen oder Feststellungen können aus bereits vorliegenden psychologischen Theorien abgeleitet werden (z.B. kann die Selbst-Wirk-
  samkeits-Theorie Albert Bandura's zur Formulierung der Feststellung "Einen Sprung vom Drei-Meter-Brett könnte ich nach einer
  Woche Übungszeit schaffen" führen)

- Theoriegeleitet wäre auch die Formulierung von Items zu nennen, die
  auf ein durch Faktorenanalysen und ähnliche korrelationsanalytische
  Verfahren gewonnenes, empirisches Konstrukt zielen (z.B. kann die
  Feststellung "Ich komme gut ohne Eltern oder sonstige Verwandte
  aus" zur Erfassung des Psychotizismus-Konstruktes Verwendung
  finden, das sich faktorenanalytisch aus der Zusammenfassung mehrerer Persönlichkeitsvariablen, die auf Gefühlsarmut hinweisen, ergeben könnte)

- Vorhandene Fragebogen oder sonstige bereits auf dem zu erforschenden Gebiet zugängliche Papier-Bleistift-Verfahren (Adjektiv-
  Listen, Rating-Skalen, Interview-Bogen etc.) können als Ideenspen-
  der für die Formulierung von Fragebogen-Statements dienen (z.B.
  entnehme ich dem Extraversions-Fragebogen das Item "Ich halte
  mich für einen geselligen Menschen", um es für einen zu konstruierenden Fragebogen der "Sozialen Angepaßtheit" zu verwenden)

– Eigene Erfahrungen, Alltagsbeobachtungen usw., die sich in plausibler Weise auf das zu erfassende Persönlichkeitskonstrukt beziehen lassen, können zur Generierung von Fragebogen – Elementen herhalten (z.B. mag die Beobachtung, daß kleine Kinder sich häufig mit Weinen gegen Erwachsene durchsetzen, das Item "Wenn mein Kind weint, kann ich nicht mehr böse mit ihm sein" im Rahmen eines Fragebogens zur Erfassung von Erziehungsstilen hervorbringen)

– Befragungen im Rahmen von Voruntersuchungen qualitativer, offener Art oder auch geplante und standardisierte Interviews mit fester Fragen – und Antwort – Form, die mit betroffenen Personen geführt werden, können zur späteren Ableitung von Fragebogen – Items dienen (z.B. können der Erstellung eines Item – Pools für einen Antisemitismus – Fragebogen zunächst Gespräche mit Personen aus traditionell antisemitischen Kreisen wie auch mit jüdischen Bürgern vorausgehen, die der Zentrierung auf besonders charakteristisch erscheinende Themenkomplexe und der Ableitung besonders einschlägiger Äußerungen dienen; letztere werden dann nach Umformung entsprechend der gewählten Item – Form in den Item – Pool aufgenommen)

– Befragungen von Experten mit Sachverstand auf dem zu behandelnden Sektor können zur direkten Ableitung von Fragebogen – Items genutzt werden (z.B. können zur Erstellung eines Ängstlichkeits – Fragebogens klinische Psychologen und Psychiater konsultiert werden, um einen Überblick über verschiedene Symptome und Spielarten von Ängstlichkeit bei Patienten zu erhalten, wie sie aus der eigenen Erfahrung vielleicht nicht in ausreichender Vielfalt zugänglich wären)

– Als gewöhnlich reichhaltigste Quelle für die Formulierung von Elementen eines neu zu konstruierenden Fragebogens ist das Studium von Literatur, und zwar sowohl von Fachliteratur (Fachzeitschriften, Handbücher, Lehrbücher, Monographien, Reader etc.) als auch nicht – fachlicher Literatur, die sich auf den zu erforschenden Bereich bezieht (schöne Literatur, Presse), anzusehen; die meisten psychologisch interessanten Gegenstände, gerade auch auf dem Gebiet der Persönlichkeits – , Einstellungs – und Selbstkonzept – Forschung, sind in vielfältiger Weise Gegenstand von populärwissenschaftlicher und belletristischer Darstellung und finden stets auch irgendwelche Beachtung in den Massenmedien – mit der hier unumgänglichen Wachsamkeit gegenüber chronisch defizitärer Systematik und Objektivität der Behandlung wissenschaftlich relevanter Themen können diese Quellen doch ergiebige Fundgruben für die schnörkellose Formulierung von Fragen oder Statements bei der Entwicklung eines Fragebogens sein.

Die *Anzahl* der auf eine der verschiedenen möglichen Weisen zu sammelnden Items hängt selbstverständlich von der für den endgültigen Fragebogen vorgesehenen Item – Zahl ab. Die anfangs notwendige Überzahl an gesammelten Fragebogenelementen hängt wiederum von der Güte der getroffenen Auswahl ab. Je unsicherer das zu messende Konstrukt definiert ist, desto problematischer dürfte es sein, die Fragebogenkonstruktion mit nur wenigen Items zu beginnen. Faustregeln für zu empfehlende Itemzahlen sind nur schwer zu erstellen. Da es in jedem Falle das Ziel ist, einen streng eindimensionalen Fragebogen zu konstruieren, dessen Charakteristikum es ist, daß eine Vielzahl von Items jeweils auf das gleiche Persönlichkeitsmerkmal hinweist, so hängt die zu empfehlende Zahl der im vorläufigen Item – Pool zu sammelnden Fragen oder Feststellungen meist von der Geschicklichkeit ab, mit der der Fragebogenkonstrukteur sprachlich in der Lage ist, eine Mehrzahl von dem Inhalt nach verschiedenen, im Grunde jedoch auf das gleiche psychologische Konstrukt abzielenden Sätze aufzustellen. Wie gut ihm dies gelingt, kann sich immer erst am Ende der Fragebogenkonstruktion erweisen. Man sollte daher möglichst mindestens das Dreifache der letztlich erforderlichen Itemzahl bereitstellen. Im Zweifelsfalle sollte jedoch Qualität vor Quantität gehen, da der Item – Pool selbst stets das zu messende Persönlichkeitsmerkmal mitdefiniert.

Bezieht man beispielsweise in eine Itemsammlung zur Umschreibung des Konstrukts "Strenge der Erziehung" auch eine größere Anzahl von Feststellungen ein, die sich auf Religiöses beziehen, obgleich der Komplex "Religion" vielleicht bei der frühkindlichen Erziehung bzw. der Strenge der Erziehung nur eine untergeordnete Rolle spielt, so beeinflußt man durch die getroffene Auswahl der Fragebogen – Elemente von vornherein den Geltungsbereich des entstehenden Fragebogens zur Messung von Erziehungseinstellungen in der "religiösen" Richtung. Aus einer kritischen Sicht der Fragebogen – Methode wird man das hier zutage tretende Charakteristikum der Methode, sein Konstrukt im Verlauf der Konstruktion laufend mitzudefinieren, als zirkulär bezeichnen: Man erhält in gewissem Sinne mit der Fragebogen – Methode etwas, das man zuvor selbst hineingegeben hat. Eine solche Kritik ist selbstverständlich berechtigt – der Geltungsbereich eines Fragebogens kann nicht weiter oder enger, besser oder schlechter sein als die aufgrund vorhandener oder nur

schwach vorhandener theoretischer Überlegungen bestimmte Itemsammlung. Ohne dieses Problem nun wissenschaftstheoretisch näher diskutieren zu wollen (und ohne zu ergründen, ob Entsprechendes nicht auch bei
anderen, bewährten Methoden empirischer Forschung vorliegt), läßt sich
doch sagen, daß mit dem geschilderten Vorgehen eigentlich beide, der
auf dem Primat der Theorie pochende Kritiker und der einen Fragebogen
konstruierende Empiriker zumindest teilweise zufriedengestellt sein dürfen:
Der Primat der Theorie ist in jedem Falle gewahrt, da sich jedes Item des
Fragebogens vernünftig auf das theoretische Konstrukt beziehen lassen
muß, und durch die folgenden Schritte der Fragebogen – Konstruktion soll
gewährleistet werden, daß nur solches theoretisch Abgeleitete in empirischen Untersuchungen Verwendung findet, das eine Reihe von Zuverläs-
sigkeitsprüfungen besteht.

Item – Revision

Bevor der erstellte Item – Pool nun empirischen und statistischen Prozeduren unterworfen wird, scheint eine "zweite Lesung", eine nochmalige
Revision der gesammelten Fragen oder Feststellungen, vor allem unter
sprachlichen Gesichtspunkten, angebracht. Gerade wenn es darum geht,
vermeintlich komplizierte Sachverhalte, als die ja psychologische oft gelten, sprachlich auszudrücken, kommt es oft zu verschrobenen Formulierungen, schwer verständlichen Fachausdrücken, geschachtelten und
umständlichen Sätzen und ähnlichem. Die Item – Revision soll daher vor
allem auf gute Verständlichkeit, auf die notwendige Kürze und Prägnanz
der Formulierungen, auf die Art der Fragerichtung und die Reihenfolge
der Darbietung der Items abheben.

Die notwendige *Verständlichkeit* der Fragen oder Feststellungen hängt,
sofern man von größtmöglicher Verständlichkeit als Forderung an den
Fragebogen ausgeht, von der Zielpopulation, also der Art der zu untersuchenden Personen ab. Je nach Alter und Bildungsgrad der Probanden
dürfen die Formulierungen nicht zu schwierig aufzufassen sein. Da Fragebogenkonstrukteure gewöhnlich akademisch länger ausgebildet sind als
ihre Versuchspersonen, sollte in Richtung Verständlichkeit im Zweifelsfalle
des Guten eher etwas zu viel getan werden. Es lassen sich jedoch Fälle
denken, in denen Verständlichkeit mit Absicht nicht zu hoch angesetzt
wird, um – beispielsweise in der Vorurteilsforschung – irrationale Argu-
mentationen durch sprachliche Formulierungen komplizierter Art zu ver-
schleiern; z.B. könnte man Zustimmung zu ausländerfeindlichen Feststellungen vielleicht eher aufdecken, wenn diese in gewissermaßen ge-

stelzter Verwaltungs – bzw. Behördensprache formuliert sind. Abgesehen von solchen Spezialfällen ist jedoch eine gute Verständlichkeit jedes Items ein absolutes Gebot.

Eine Reihe von allgemeinverbindlichen *Regeln* der *Formulierung* von Feststellungen in Fragebogen (ebenso wie in anderen Skalen) zur Messung von Einstellungen, die man mit gewissen Einschränkungen zumeist übernehmen kann, hat bereits A.L. Edwards vor dreißig Jahren zusammengestellt; sie lauten:

1. Man vermeide Feststellungen, die sich auf die Vergangenheit statt auf die Gegenwart beziehen

2. Man vermeide Feststellungen, die sich auf Tatsächliches beziehen oder so interpretiert werden können

3. Man vermeide Feststellungen, die sich auf mehr als eine Weise interpretieren lassen

4. Man vermeide Feststellungen, die für den zu erforschenden psychologischen Gegenstand irrelevant sind

5. Man vermeide Feststellungen, die entweder von fast jedem oder von fast niemandem bejaht werden können

6. Man wähle Feststellungen aus, die die ganze Reichweite der interessierenden Urteilsskala ausnutzen

7. Man wähle eine einfache, klare, direkte Sprache

8. Feststellungen sollten kurz sein und nur selten mehr als zwanzig Wörter enthalten

9. Jede Feststellung sollte nur einen einzigen vollständigen Gedanken enthalten

10. Feststellungen, die Allerweltsausdrücke wie "alle", "immer", "keine", "niemals" etc. enthalten, begünstigen Zweifel (Ambiguität) und sollten vermieden werden

11. Wörter wie "nur", "fast", "kaum" etc. sollten mit Vorsicht verwendet werden

12. Wenn eben möglich, sollten die Feststellungen die Form einfacher Sätze haben, nicht aber aus zusammengesetzten oder komplexen Sätzen bestehen

13. Man vermeide Wörter, die von den beantwortenden Personen nicht verstanden werden

14. Man vermeide den Gebrauch doppelter Verneinung.

Einschränkend muß hierzu gesagt werden, daß sich je nach zu erfassender psychologischer Eigenschaft natürlich durchaus Vergangenheitsformulierungen (vgl. These 1) oder Feststellungen, die sich auf Tatsächliches beziehen (These 2) anbieten. Je nachdem, ob man auf Überdauerndes oder aber womöglich nur Gelegentliches oder vollständig Situatives zielt, können bzw. müssen in Fragebogen – Elementen auch die Wörter "immer", "niemals", "fast", "kaum" etc. (Thesen 10 und 11) erscheinen. Die im Anschluß an L.L. Thurstone und andere Pioniere der Einstellungsforschung von Edwards formulierten Faustregeln beziehen sich in erster Linie auf die Statements klassischer Einstellungs – Skalen; hier ist es angeraten, nur Feststellungen zu präsentieren, die sich auf subjektive Meinungen, nicht aber auf Tatsächliches beziehen. Um beispielsweise bei der Einstellungsmessung eine ungünstige Einstellung gegenüber Frauen am Arbeitsplatz zu erfassen, ist das Item

"In Zeiten der Arbeitslosigkeit sollte man Frauen den Zugang zu Arbeitsplätzen erschweren"

sicherlich besser geeignet als das Item

"In Zeiten der Arbeitslosigkeit ist Frauen der Zugang zu Arbeitsplätzen erschwert",

denn letztere Formulierung bezieht sich auf eine empirisch erfaßte Tatsache und bringt durch ihre Bejahung somit noch nicht eine bestimmte Einstellung zur Berufstätigkeit von Frauen zum Ausdruck. Im Falle der Erfassung klassischer Persönlichkeitseigenschaften wie auch von Aspekten des Selbstkonzepts ist dagegen die Formulierung von Feststellungen, die auf "Tatsächliches" zielen, in der Regel durchaus gefragt, z.B. in Items wie

"Ich bin ein geselliger Mensch",

es muß jedoch beachtet werden, daß es auch hier unter Umständen günstig sein kann, mit eher indirekten Formulierungen zu arbeiten, z.B.

"Ich halte mich für einen geselligen Menschen" oder

"Meine Freunde halten mich für einen geselligen Menschen",

weil diese Formulierungen vielleicht die Zustimmung zu ansonsten als zu "persönlich" aufgefaßten Arten der Selbstbeschreibung erleichtern könnten.

Bei der Revision der Item – Liste ist ebenfalls auf die Art der Fragerichtung bzw. die *Richtung* der Statement – Formulierung zu achten. Es kann gute Gründe geben, sämtliche Fragen oder Statements in der gleichen Richtung zu formulieren, z.B.

"Ich bin ein geselliger Mensch"

"Mich an andere anzupassen fällt mir nicht schwer"

"Ich würde lieber eine Veranstaltung besuchen als zuhause bleiben" usw.

Hier würde jeweils die zu erfassende Eigenschaft, z.B. Extraversion, aus der Antwortrichtung "Ja, stimmt" abgeleitet. Ebenso gute, wenn nicht bessere Gründe kann es dafür geben, die Fragerichtung systematisch oder unsystematisch zu variieren, z.B.

"Ich bin ein geselliger Mensch"

"Mich an andere anzupassen fällt mir schwer" usw.

Im letzteren Falle würden Verzerrungen des Antwortverhaltens, die durch die (in Kapitel 7 noch zu besprechende) Tendenz mancher Versuchspersonen, im Zweifelsfalle eher "ja" als "nein" zu sagen, ausgeglichen. Wechselt die Fragerichtung nämlich nicht, so können sich beim Beantworten bestimmte Antworttendenzen, womöglich unterstützt durch Ermüdungserscheinungen, einstellen. Auch mag es Inhalte bzw. Sätze geben, denen man besser zustimmen kann, wenn sie in einer ganz bestimmten Richtung formuliert sind – die Ablehnung von etwas positiv Bewertetem muß nicht immer äquivalent der Zustimmung zu etwas negativ Bewertetem sein. Daher sollte man den antwortenden Personen vielleicht besser beide Möglichkeiten einräumen.

Oft wird es so sein, daß man die Fragen oder Feststellungen zunächst so formuliert, wie es dem psychologischen Konstrukt, das man erfassen möchte, unmittelbar entspricht, also in "positiver" Richtung, z.B. in Richtung Extraversion, Ablehnung der Berufstätigkeit von Frauen (also "positiv" im Sinne des "Vorurteils"), Strenge der Erziehung usw. Bei der Item – Revision kommt es dann darauf an, möglichst viele, maximal die Hälfte der Items auch in der umgekehrten Richtung zu formulieren. Dies ist nicht immer einfach, und es darf selbstverständlich nicht dazu führen, daß mit der Umkehrung der Inhaltsrichtung auch der psychologische Gehalt wesentlich verschoben wird. Als relativ unkompliziert erscheint die Umkehrung von Items, die sich auf Konstrukte beziehen, die von vornherein als gegensätzlich bzw. bipolar konzipiert sind, z.B. im Falle von Extraversion/Introversion die Item – Formen

"Ich bin ein geselliger Mensch"/"Ich bin kein geselliger Mensch"

"Mich an andere anzupassen fällt mir nicht schwer"/"...fällt mir schwer"

usw.

Bei der Besprechung sprachlicher Probleme der Fragebogen – Methode in Kapitel 7 werden wir noch sehen, daß es fast unmöglich ist, zu einer bestimmten Formulierung eine vollständig bedeutungsgleiche, nur sozusagen mit anderem Vorzeichen versehene Formulierungs – Umkehrung zu erhalten. Man sollte also möglichst nicht die Hälfte oder einen anderen Anteil der Fragen eines Fragebogens erst dann umkehren, wenn der Fragebogen bereits in einer einzigen, z.B. "positiven" Fragerichtung fertiggestellt ist, sondern man sollte bereits bei der Item – Sammlung und Item – Revision die Fragerichtung aller Items in der gewünschten Mischung festlegen.

Bei der Item – Revison sollte auch die *Reihenfolge* der Darbietung der Items festgelegt werden. Von einer Zufallsreihenfolge, wie sie oft als selbstverständlich postuliert wird, ist nicht viel zu halten, da unter echten Zufallsbedingungen zwei gleiche oder sehr ähnliche Elemente aus einer Menge von Elementen am häufigsten unmittelbar bzw. sehr dicht hintereinander auftreten werden. Es ist jedoch bei der Fragebogen – Darbietung nicht günstig, sehr ähnliche oder fast gleiche Fragen oder Feststellungen unmittelbar hintereinander zu präsentieren. Manche Versuchspersonen fühlen sich dann kontrolliert oder überwacht, da man oft die Auffassung hören kann, gleiche Items seien "Kontrollfragen", mittels derer geprüft werden solle, ob die betreffende Person auch sinnvoll antworte. Gerade bei eindimensional konzipierten Fragebogen kommt es sehr oft vor, daß Probanden meinen, ein bestimmtes Item sei schon einmal dagewesen – daher ist es besser, auf eine sorgfältig und systematisch verteilte Reihenfolge zu achten. (Solche systematisch verteilten Reihenfolgen werden im Alltagssprachgebrauch meist als "Zufallsfolgen" bezeichnet). Bei der Korrektur der Reihenfolge der Item–Darbietung geht es also vor allem um eine gleichmäßige Verteilung verschiedener Inhalte über die gesamte Item–Liste.

Handelt es sich um einen Persönlichkeits–, Einstellungs– oder Selbstkonzept–Fragebogen mit ausgesprochen brisant erscheinendem, z.B. intimem oder sehr umstrittenem Inhalt, so sollte man mit "glimpflichen" Items beginnen. In manchen Fällen kann es sogar angeraten sein, sogenannte "Eisbrecher" an den Anfang der Item–Liste zu stellen, d.h. Items, die nicht zum eigentlichen Fragebogen gehören und anschließend auch keineswegs ausgewertet werden. Solche Fragebogen–Elemente können jedoch dazu dienen, die beantwortende Person an den Beantwortungsprozeß zu gewöhnen. Verschiedentlich eingesetzte "Eisbrecher" mit ausgesprochen trivialem Inhalt (z.B. "Ich esse gerne Bananen") können jedoch der Sache eher schädlich als nützlich sein, da sich mancher Proband "auf den Arm genommen" fühlen könnte.

Die Frage, ob sich der Antwortstil der befragten Personen im Verlaufe der Beantwortung eines längeren Fragebogens verändere – was ja erhebliche Konsequenzen für die Auswahl der Reihenfolge der Darbietung einer Item–Liste haben müßte – ist Gegenstand einer Reihe eigener Untersuchungen und solcher anderer Fragebogenforscher gewesen. Geht man von der Annahme aus, daß die Probanden zunächst noch nicht den rechten Antwortstil gefunden hätten und erst im weiteren Verlauf des Beantwortungsprozesses zu stabilen, in sich konsistenten Antworten neigten, so müßte sich dies beispielsweise in einer fortschreitend abnehmenden Streuung der Urteile oder auch in zunehmend veränderten weiteren Indikatoren der Konsistenz wie Trennschärfe oder interne Konsistenz (vgl. weiter unten in diesem Kapitel) ausdrücken. Entsprechende Annahmen konnten aber bislang selten empirische Unterstützung finden. Dies mag darauf hindeuten, daß die Bedeutung der konkreten Abfolge der einzelnen Items innerhalb eines längeren Fragebogens vielleicht doch überschätzt wird.

Bei der Item–Revision könnte auch die Frage der angemessenen *Antwortform* noch einmal aufgegriffen werden. Erst wenn der gesamte Item–

Pool vorliegt, sieht man gelegentlich, daß es günstiger sein könnte, beispielsweise eine "mittlere" Antwortkategorie wegzulassen oder einzufügen oder, um z.B. zu erwartenden Unmut mancher Probanden über bestimmte Items zu lindern, mehr Antwortkategorien als eigentlich erforderlich vorzusehen, die gegebenenfalls bei der späteren Auswertungsarbeit wieder reduziert werden können. Ist zu erwarten, daß der Fragebogen recht umfangreich wird, so ist z.B. die ökonomischste Antwortform vorzuziehen, also dichotome Antworten wie "Ja/Nein", "Stimmt/Stimmt nicht" usw., deren jeweils "richtige" Antwort (entsprechend dem von vornherein festzulegenden Auswertungs–Schlüssel für jedes Item) als ein Punkt gezählt wird. Die Anzahl aller "richtig", d.h., im Sinne der Inhaltsrichtung des zu messenden Persönlichkeitskonstruktes beantworteten Items ergibt dann den vorläufigen Meßwert des Fragebogens. Diese Maßzahl wird als Skore bezeichnet.

Ist z.B. die zu messende Persönlichkeitseigenschaft "Extraversion" und lauten die ersten fünf Items in adjektivischer Kurzform

"gesellig", "anpassungsfähig", "schüchtern", "aktiv", "zurückhaltend",

so erhält eine Person, die sämtliche dieser Items mit "Ja" bzw. "Stimmt" beantwortet, insgesamt drei Punkte, also einen Skore von 3, für "Extraversion", da sie bei den Items 1, 2 und 4 "richtige", d.h., im Richtungssinne des Konstrukts "Extraversion" liegende Antworten gegeben hat; eine Versuchsperson mit der Antwortenfolge

"nein" – "ja" – "ja" – "nein" – "ja"

erhielte in diesem Falle einen Punkt für "Extraversion".

Fragebogen – Instruktion

Von äußerster Wichtigkeit bereits bei den ersten empirischen Schritten der Fragebogenkonstruktion ist die Abfassung der Antwort–Anweisung an die beantwortenden Personen, die *Instruktion*. Instruktionen können bei psychologischen und sozialwissenschaftlichen Untersuchungen gewöhnlich "Berge versetzen". Mittels Instruktion wird, ganz gleich, ob es sich um ein Experiment, eine testdiagnostische Untersuchung oder eine empirische Untersuchung zu Forschungszwecken handelt, bei der Versuchsperson eine starke Vor–Einstellung auf die zu erledigende Aufgabe hin erzeugt. Da es sich bei solchen Untersuchungen gewöhnlich um eine auch für die Teilnehmer interessante und offensichtlich wissenschaftlich sinnvolle Tätigkeit handelt, beobachtet man nur sehr selten, daß absichtlich gegen Instruktionen verstoßen wird, selbst wenn in ihnen eine schwierige, schwer zumutbare oder aber ausgesprochen langweilige Tätigkeit verlangt wird.

Die übliche Instruktion für die Beantwortung von Persönlichkeitsfragebogen weist auf folgende zu beachtende Punkte hin:

1. alle Sätze durchzulesen und mit "Stimmt/Stimmt nicht" zu beantworten

2. die Sätze nacheinander zu bearbeiten und keinen auszulassen

3. so aufrichtig wie möglich zu antworten – Anonymität o.ä. wird garantiert

4. bei dichotomer Antwortform auch dann eine Entscheidung zwischen den Antwort–Alternativen zu treffen, wenn dies einmal schwer erscheinen sollte – es soll stets angekreuzt werden, was vergleichsweise "eher" zutrifft

5. möglichst zügig zu antworten.

Da Versuchspersonen in der Regel mit psychologischen Untersuchungen den Begriff "Intelligenztest" verknüpfen, kann man in der Instruktion zu Persönlichkeits–, Einstellungs– oder Selbstkonzept–Fragebogen diesem Eindruck entgegenwirken, indem man weiter ausdrücklich darauf hinweist,

6. daß es bei dieser Art von Untersuchung keine richtigen oder falschen Antworten gebe, daß also jede persönliche Antwort "richtig" sei, da es sich nicht um einen Test zur Messung von Intelligenz, Fähigkeit oder Begabung handele, sondern um die Erfassung von persönlichen Meinungen zu bestimmten Problemen (im Falle der Einstellungsmessung) oder von persönlichen Urteilen über die eigene Person (im Falle von Persönlichkeits– und Selbstkonzeptmessung) – andere Personen würden also durchaus zu ganz anderen Antworten kommen können.

In bestimmten Fällen, in denen es als notwendig erscheint, die Probanden zusätzlich an konstruktiver Mitarbeit zu interessieren, kann es als günstig erscheinen darauf hinzuweisen,

7. daß die Untersuchung lediglich zu Forschungszwecken ausgeführt wird und nicht der Bestimmung individueller Diagnosen mit Konsequenzen für das Individuum dient, sondern daß man sich für die Durchschnittswerte einer größeren Gruppe von Personen interessiert sowie,

8. daß ausreichender Datenschutz gewährleistet ist.

Die hier besprochenen Hinweise sind gewöhnlich Bestandteil der meisten gebräuchlichen Fragebogen – Instruktionen, insbesondere bei mit Fragebogen noch wenig vertrauten Probanden – sie stellen so etwas wie die Selbstverständlichkeiten einer Instruktion dar. Darüber hinaus können natürlich in jede Instruktion spezielle Anweisungen eingearbeitet werden, so wie es unmittelbar dem besonderen Forschungsinteresse entspricht. Möchte man beispielsweise erforschen, in welcher Weise Persönlichkeitsfragebogen beantwortet werden, wenn wenig Zeit zur Verfügung steht, so könnte man in diesem Falle einfügen:

"Bitte antworten Sie unbedingt so schnell wie möglich! Je eher Sie fertig sind, desto besser ist Ihr Ergebnis!" (Instruktion in einem Experiment zur Beantwortung unter Zeitdruck oder Leistungsdruck).

Möchte man zu Forschungszwecken – allerdings nur zu diesen, denn gegen eine entsprechende Anwendung in der Praxis gibt es neben ethischen auch methodologische Bedenken ernster Art – untersuchen, wie Fragebogen – Items im Rahmen von Bewerbungsverfahren u.ä. beantwortet werden, so könnte die Zusatzinstruktion lauten:

"Bitte stellen Sie sich jetzt einmal vor, Ihre Antworten würden bei Ihrer Bewerbung um eine Stelle als ... eine wichtige Rolle spielen! Antworten Sie also so, als befänden Sie sich in dieser Bewerbungssituation!" (Instruktion in einem Experiment zur Selbstdarstellung in einer Bewerbungssituation).

Im allgemeinen kann man davon ausgehen, daß Instruktionen einen so stark richtenden Einfluß auf die Reaktionen von Versuchspersonen ausüben, daß schon geringfügige Variationen einer Fragebogen – Instruktion

genügen, um deutlich modifizierte Antworten zu erhalten. In ungezähl-
ten empirischen Untersuchungen sind Instruktionen systematisch variiert
worden und haben Verhaltensänderungen hervorgerufen, ohne daß vorhe-
rige Überprüfungen der Wirksamkeit solcher experimenteller oder quasi -
experimenteller Variation von Bedingungsvariablen (Manipulationsüberprü-
fungen) eigens erforderlich waren.

Die sorgfältige Formulierung einer Instruktion für einen Persönlichkeitsfragebogen bis ins Detail ist also stets angezeigt, doch müssen dabei
auch Gesichtspunkte der Forschungs – Ökonomie beachtet werden: Ein zu
langer Instruktionstext kann eher verwirrend wirken und führt im Extremfall
zur relativen Unwirksamkeit, weil nicht alle Instruktions – Bestandteile
beachtet oder behalten werden.

Eine gewöhnliche Fragebogen – *Instruktion* könnte etwa folgendes Aussehen haben:

"Im folgenden finden Sie eine Reihe von Feststellungen. Bitte antworten Sie, je nachdem ob Sie persönlich meinen, daß eine Feststellung eher zutrifft oder eher nicht zutrifft, mit "Ja" oder "Nein".
Sie können dabei gar nichts falsch machen, denn es gibt keine für
jede Person zutreffenden Antworten (kein Intelligenztest o.ä.). Antworten Sie bitte aufrichtig und ohne lange zu überlegen; lassen Sie
bitte keine Antworten aus. Die Untersuchung dient allein wissenschaftlichen Forschungszwecken. Datenschutz ist gewährleistet;
geben Sie bitte ihren Namen nicht an, sondern machen Sie bitte
lediglich die Angaben zur Person!"

Item – Analyse

Bei der Itemanalyse handelt es sich um ein Kernstück der Fragebogenkonstruktion. Sie besteht in einer statistischen Überprüfung jedes Items
des Fragebogens gemäß bestimmtem Kriterien, und zwar nach Anwendung und Beantwortung des Fragebogens durch eine hinreichend große
Zahl von Personen. Mit der Itemanalyse wird entschieden, welche Items
beibehalten und in die spätere, endgültige Form des Fragebogens aufgenommen werden – die übrigen Items werden eliminiert und nicht weiter
verwendet.

Traditionellerweise besteht die *Itemanalyse* aus mindestens zwei Schritten, der Prüfung des *Schwierigkeits*grades und der *Trennschärfe* jedes
Items, und konventionellerweise hat erstere der zweiten voranzugehen. Da

jedoch beide Prüfschritte statistisch nicht unabhängig voneinander sind und die gewöhnlich verwendeten EDV – Programme Schwierigkeits – und Trennschärfe – Indizes gleichzeitig berechnen, können beide Untersuchungen auch gemeinsam vorgenommen bzw. abgehandelt werden.

Zunächst wird der gesamte vorläufige Fragebogen, also der gesamte Item – Pool in seiner revidierten Form und Zusammenstellung mit der geeigneten Instruktion einer ausreichend großen Zahl von Versuchspersonen zur Beantwortung gegeben. Dabei soll die Zahl der Probanden möglichst größer als 100 sein, denn die folgenden Korrelationsberechnungen verlangen eine genügende Stichprobengröße. Je größer die Zahl der beantworteten Fragebogen für die Zwecke der Itemanalyse, desto zuverlässiger werden die zu bestimmenden Kennwerte der einzelnen Items sein. Bei den zu dieser Untersuchung herangezogenen Personen muß es sich prinzipiell um Personen ähnlicher Art (z.B. ähnliches Alter, gleicher Bildungsgrad) handeln wie bei denjenigen, an denen der endgültige Fragebogen später angewendet werden soll. Falls schon abzusehen ist, daß der Fragebogen an verschiedenen, heterogenen Stichproben von Personen angewendet wird, so sind folgerichtigerweise mehrere getrennte Itemanalysen an genügend großen Stichproben aus diesen unterschiedlichen Personen – Grundgesamtheiten vorzunehmen.

Der *Schwierigkeits – Index* eines Items ist als Prozentsatz der als "falsch" kodierten Antworten auf das Item definiert. (Der Begriff der "Schwierigkeit" stammt aus der Leistungs – Testdiagnostik und ist eigentlich irreführend.) Berechnet wird der Anteil der Antworten auf ein Item in der dem zu messenden Konstrukt ungünstigen Richtung (beim "Extraversion" – Item also die Zahl der "Nein" – Antworten auf die Feststellung "Ich bin gesellig") in Prozent sämtlicher Antworten (also der "falschen" und "richtigen" Antworten). Je größer der Schwierigkeits – Index ausfällt, desto mehr Personen haben das Item in der Gegenrichtung des zu messenden Persönlichkeitsmerkmals beantwortet. Die Bestimmung des Schwierigkeits – Index soll der negativen Auslese solcher Fragen bzw. Feststellungen dienen, die entweder von fast niemandem oder von fast allen Personen im Sinne des zu messenden Persönlichkeitsmerkmals bejaht werden, die also entweder viel zu "schwierig" oder viel zu "leicht" sind, so daß sie sehr konforme Reaktionen hervorrufen und daher letztlich zur Unterscheidung zwischen verschiedenen Individuen nicht gut brauchbar sind. Hielten sich z.B. fast sämtliche Personen für "nicht gesellig", so wäre das betreffende Item ungeeignet für einen Extraversions – Fragebogen – es wäre zu "schwierig". Hielten sich fast alle Personen für "gesellig", so würde das Item eliminiert, weil es zu "leicht" wäre.

Als optimal wird ein mittlerer Schwierigkeitsgrad p von 50% angesehen. Konventionellerweise werden Items mit einem Schwierigkeitsgrad unter p = 20% und solche mit einem Schwierigkeitsindex über p = 80% ausgeschieden. Diese Grenzen sind in jedem Falle einer Fragebogenkonstruktion vorher festzulegen – wie streng oder wie tolerant hier verfahren wird, richtet sich auch nach dem Angebot an brauchbaren Items insgesamt. Wie noch ausgeführt wird, besteht ein regelhafter Zusammenhang zwischen der Größe des Schwierigkeits – Index und derjenigen des noch zu beschreibenden Trennschärfe – Index derart, daß letzterer seine günstigsten Werte dann erreicht, wenn der Schwierigkeits – Index einen mittleren Wert aufweist. Daher sind bei der Item – Auslese aufgrund ihres Schwierigkeits – Index in jedem Falle solche Items vorzuziehen, hinsichtlich derer die befragten Personen zu ungefähr gleichen Teilen voneinander abweichender Meinung sind. Inwieweit daneben einige wenige Items toleriert werden sollen, die extrem leicht oder extrem schwierig sind, hängt davon ab, wie gut es sich der Fragebogenkonstrukteur dann noch leisten kann, Items vorzulegen, die nur in den extremen Bereichen des betreffenden Persönlichkeitsmerkmals noch zwischen Personen differenzieren werden.

Die *Trennschärfe* eines Items ist als Grad des Zusammenhanges zwischen der Bejahung dieses Items und dem Gesamtskore, der sich aus der Summe aller Item – Bejahungen ergibt, definiert. Der Trennschärfe – Index gibt daher an, wie stark jedes Item den endgültigen Fragebogen – Wert bereits vorhersagt. Je höher er ist, desto eher vermag das betreffende Item zwischen Personen mit hoher und niedriger Ausprägung des Persönlichkeitsmerkmals, um das es geht, zu trennen. Zur Bestimmung des Trennschärfe – Index wird die Korrelation zwischen jedem Item und dem Gesamtskore der vorläufigen Form des Fragebogens berechnet. (Berechnet wird gewöhnlich die punktbiserielle Korrelation, da die Item – Variable in der Regel nur dichotom, also zweistufig ist, während der Fragebogen – Gesamtwert eine kontinuierliche Variable darstellt.)

Der Trennschärfe – Index entscheidet auf der Ebene jedes einzelnen Items über die *Homogenität* des Fragebogens: Weisen alle Fragebogen – Bestandteile einen sehr hohen Trennschärfegrad auf, so gilt der Fragebogen als homogen bzw. "aus einem Guß" – jedes Item trägt dann ungefähr gleich viel zum Gesamtskore bei, und das bedeutet, daß jedes Item seinem Inhalt nach ungefähr gleich stark den Inhalt des Fragebogen – Gesamtwertes repräsentiert. Konsequenterweise sind Items mit einem relativ niedrigen Trennschärfe – Index zu eliminieren, denn das Konstruktionsziel besteht ja darin, einen eindimensionalen, möglichst nur einen einzigen, bestimmten Inhalt (das Persönlichkeitsmerkmal, die Einstellung, den Aspekt des Selbstkonzeptes) möglichst gleichsinnig zu erfassen.

Das der Trennschärfe – Bestimmung zugrundeliegende Konstruktionsziel kann mit einem anderen Begriff auch als dasjenige einer hohen *internen Konsistenz* des Fragebogens bezeichnet werden. Die interne Konsistenz eines Tests kann auch in einem einzigen Koeffizienten ausgedrückt werden, z.B. dem Koeffizienten alpha nach L.J. Cronbach. Mittels Cronbach's alpha wird auf der Ebene des Gesamt – Fragebogens über die Homogenität des Fragebogens entschieden. Der Koeffizient stellt eine besonders ökonomische Version einer ganzen Reihe von Koeffizienten zur Berechnung der internen Test – Konsistenz dar. Diese Maße beruhen teilweise darauf, daß man die Tests nach unterschiedlichen Gesichtspunkten in zwei Hälften teilt und dann Korrelationen zwischen den Gesamtwerten der beiden so entstandenen Testhälften berechnet. Man erwartet hohe Korrelationen zwischen den Testhälften als Ausdruck hoher interner Konsistenz des Gesamt – Tests. Auch die Interkorrelationen sämtlicher einzelner Items eines Fragebogens können als Maß der internen Konsistenz dienen. Sowohl Trennschärfe – Koeffizienten als auch Koeffizienten der internen Konsistenz geben damit bereits so etwas wie die *Stabilität* eines Tests bzw. – in unserem Falle – eines Fragebogens wieder, und sind somit auch als Maße der Zuverlässigkeit bzw. Reliabilität des betreffenden Verfahrens (siehe dazu weiter unten) anzusehen.

Da es bei der Itemanalyse um die Auswahl trennscharfer Items mit möglichst mittlerem Schwierigkeitsgrad geht, ist die Frage klarer Kriterien für die Auswahl der Items von großer Bedeutung. Durch eine jeweils schärfere Auswahl von Items lassen sich die Maße der internen Konsistenz eines Fragebogens gewöhnlich schrittweise verbessern. Allerdings darf die Auslese der Items nicht so weit getrieben werden, daß der Fragebogen schließlich nur noch aus sehr wenigen Items besteht – dies würde wiederum seine Zuverlässigkeit verringern.

Für eine angemessene Item – Auslese gibt es keine strikten, stets zu befolgenden *Regeln*. So wie die erwähnte Grenze von 20% bzw. 80% für die Item – Schwierigkeit nur eine Faustregel bzw. Empfehlung darstellt, muß es weitgehend von der Art der zu messenden Persönlichkeitsvariablen, der Zahl der zur Verfügung stehenden Items und selbstverständlich auch von der Anzahl der letztlich vorgesehenen oder erforderlichen Items abhängen, ein wie hoher Zusammenhang zwischen jedem Item und dem Gesamtskore und somit eine wie hohe Trennschärfe und interne Konsistenz des Fragebogens gefordert wird. Fragebogenkonstrukteure wählen in der Praxis häufig die Signifikanz des Korrelationskoeffizienten, z.B. der punktbiseriellen Item – Test – Korrelation als Auslesekriterium. Dabei sollte allerdings bedacht werden, daß die Signifikanz eines Korrelationskoeffizienten eigentlich keine sinnvolle Größenangabe darstellt, da der Signifikanzbegriff nur bei statistischen Entscheidungen über die Verwerfung der Nullhypothese sinnvoll ist und nicht einfach deskriptiv verwendet werden sollte; außerdem werden bei größeren Datenmengen auch Korrelationskoeffizienten signifikant, die nur auf eine gemeinsame Varianz beider miteinander korrelierter Merkmale von weniger als zehn Prozent hinweisen. Es ist also im wesentlichen dem Geschick des Forschers und seinem Anspruchsniveau überlassen, welches Trennschärfe – Kriterium er festlegt. In jedem Falle werden jedoch die relativ trennschärfsten Items für die weitere Fragebogenkonstruktion ausgewählt.

Aufgrund der Itemanalyse können natürlich mehrere verschiedene Formen eines Fragebogens zustande kommen, z.B., längere oder kürzere oder aus unterschiedlichen, aber ähnlich guten Items zusammengesetzte. Man kann dann die Form mit der besten internen Konsistenz bestimmen und diese für die weitere Bearbeitung auswählen.

Da schließlich bei der Itemanalyse gewöhnlich eine drastische Verringerung des Items – Pools, also der ursprünglichen Itemsammlung erfolgt ist, könnte es sein, daß der reduzierte Fragebogen nun ein derart verändertes Gesamtbild bietet, daß es sinnvoll ist, ihn an einer neuen Stichprobe von Personen nochmals einer Itemanalyse zu unterziehen – manche Items können womöglich ihre Kennwerte verändern, wenn sie in anderer Zusammensetzung dargeboten werden. Gegebenenfalls läßt sich diese erneute Itemanalyse jedoch in ein und demselben Untersuchungsgang wie die Bestimmung der Reliabilität des Fragebogens verwirklichen.

Fragebogen – Reliabilität

Mit der Erstellung eines intern konsistenten Fragebogens ist bereits weitgehend gesichert, daß eine der wichtigsten Prozeduren zur Bestimmung der *Reliabilität*, also der Meßgenauigkeit bzw. *Zuverlässigkeit* des Verfahrens, erfolgreich abgeschlossen ist. Gewöhnlich wird die Schätzung der Reliabilität eines Fragebogens jedoch durch mehrere unterschiedliche Ansätze vorgenommen, also nicht allein durch Halbierungs – (Split – half –) Verfahren zur Bestimmung von interner Konsistenz und Split – half – Reliabilität.

Als eine abgewandelte Form der Prüfung der Halbierungs-Zuverlässigkeit kann die Aufstellung zweier *Parallelformen* von Fragebogen, also zweier nach Item-Inhalten und Item-Indizes (Trennschärfe-Index etc.) äquivalenter Formen eines Fragebogens und die Ermittlung ihrer Korrelation nach Anwendung an einer genügend großen Anzahl von Personen angesehen werden. Diese Bestimmung der Paralleltest-Reliabilität ist jedoch bei Fragenbogen in der Persönlichkeits-, Einstellungs- und Selbstkonzept-Forschung bei weitem nicht so sehr üblich wie in der Leistungs-Testdiagnostik.

Dagegen wird gewöhnlich zur Bestimmung der Fragebogen-Zuverlässigkeit die *Retest*-Korrelation, also der Zusammenhang zwischen zwei wiederholten Messungen der gleichen Personen mit dem gleichen Fragebogen ermittelt und angegeben. Dabei ist nun zu beachten, daß das Verfahren der Reliabilitäts-Schätzung durch die Angabe von Retest-Koeffizienten auf der grundsätzlichen Annahme einer relativen Konstanz des erfaßten Persönlichkeitsmerkmals beruht. Es gibt im Prinzip keinen empirischen Zugang zur Entscheidung der Frage, ob sich in der Zeit zwischen den beiden Meßzeitpunkten sozusagen das Meßinstrument, also der Persönlichkeitsfragebogen verändert hat (dies wäre ein Hinweis auf die mangelnde Reliabilität des Fragebogens) oder aber das zu messende Persönlichkeitsmerkmal. Hält man Fragebogen auch für sinnvoll, um mehr oder weniger stark situationsabhängige Persönlichkeitsmerkmale wie Zustands-Angst, akute bzw. situativ bedingte Feindseligkeit usw. zu erfassen, so verliert die Retest-Reliabilitätsprüfung natürlich teilweise ihren Sinn. Ein Fragebogen, der nur retest-reliabel ist, ist nur zuverlässig im Sinne eines Meßinstrumentes für eine als stabil angesehene Eigenschaft.

Ein sehr hoher Retest-Korrelationskoeffizient verweist auf beides: auf hohe Merkmalsstabilität und auf hohe Meßreliabilität — es ist jedoch meist unklar, auf was ein niedriger Koeffizient eigentlich hinweist. Retest-Koeffizienten anzugeben ist also nur sinnvoll, wenn man sie in differenzierter Weise interpretieren kann. Beispielsweise erleichtert es die Interpretation der Reliabilität bzw. Meß-Zuverlässigkeit, wenn Hinweise dafür vorliegen, daß bei der zweiten Messung weder "innerhalb" der Personen noch in bezug auf die äußere Situation irgendwelche nennenswerten Veränderungen stattgefunden haben.

Aus dem Gesagten folgt, daß es wiederum nicht ganz einfach ist, *Kriterien* für eine zufriedenstellende Retest-Reliabilität von Fragebogen aufzustellen. Sicher scheint, daß auch bei großer Merkmalsstabilität (z.B. bei der Messung einer nur schwer veränderlichen Einstellung gegenüber einer sozialen Gruppe) gewöhnlich nicht Reliabilitätskoeffizienten in der von Leistungstests her erwarteten bzw. zu fordernden Höhe (um 0.90 und höher) zu erwarten sind. Bei angenommener großer Merkmalsstabilität können Reliabilitätskoeffizienten in der Größenordnung um 0.80 für Fragebogen bereits als gut gelten.

Fragebogen – Validität

Die Erfassung und statistische Prüfung des Ausmaßes an *Gültigkeit* oder *Validität* eines psychologischen Meßmittels wie des Persönlichkeitsfragebogens schließt sich an die Bestimmung der Reliabilität an. Sie setzt voraus, daß es empirische Hinweise auf das tatsächliche Ausmaß des Zutreffens der mit dem Verfahren gemessenen bzw. vorhergesagten psychologischen Merkmale gibt. So ist sicherlich die Validität eines Verfahrens, das Aggressivität in konkurrenzorientierten Situationen messen soll, dann empirisch gut bestimmbar, wenn es gelingt, Versuchspersonen nicht nur in der betreffenden Untersuchungssituation, sondern auch in alltäglichen, konkurrenzorientierten Situationen zu beobachten und auch dort ihr aggressives Verhalten zu erfassen. Der beste Nachweis der Gültigkeit oder Validität eines psychologischen Verfahrens besteht also darin, seine Vorhersagekraft an einem selber zweifelsfrei gültigen *Außenkriterium* zu messen, d.h., seine *externe Validität* zu bestimmen. Wir werden noch sehen, daß es daneben diffizilere Begriffe von Validität gibt und dementsprechend etwas schwierigere Versuche, die Gültigkeit von Fragebogen zu bestimmen.

Der Vergleich der Ergebnisse einer Fragebogen – Untersuchung mit *Aussenkriterien* ist nicht in jedem Falle möglich. Zuweilen kommt es vor, daß sich einfach kein angemessenes Außenkriterium für ein durch Fragebogen ermitteltes Verhalten, mit Fragebogen gemessene Einstellungen usw. finden läßt. Es kommt auch vor, daß Außenkriterien, die sich finden lassen, selbst nur eine zweifelhafte Gültigkeit besitzen oder jedenfalls wissenschaftlich weniger seriös sind als die Fragebogen – Messung selbst. Erfasse ich beispielsweise mit Hilfe eines Fragebogens das relative Ausmaß, in dem eine Person über eher "interne" oder eher "externe Kontrollüberzeugungen" verfügt (ob sie also gewöhnlich der Auffassung ist, Vorgänge selber zu kontrollieren oder aber von anderer Seite kontrolliert zu werden), so mag der von mir angewendete Kontrollüberzeugungs – Fragebogen zwar zur Vorhersage von Verhaltensweisen dieser Person in einer Reihe von psychologisch interessanten Situationen wissenschaftlich sehr nützlich sein – unter Umständen gibt es jedoch keine Verhaltens –

oder Erlebens – Stichprobe, die solche Kontrollüberzeugungen besser zutage fördert als der erwähnte Fragebogen zur Erfassung von Kontrollüberzeugungen selbst. Befragungen direkter Art, Selbstbeobachtungen oder Fremdbeobachtungen, die systematisch berichtet oder mittels Rating – Skalen beschrieben werden können, mögen in diesem Falle selbst weniger valide Messungen darstellen als der Kontrollüberzeugungs – Fragebogen.

Es kann also Fragebogen zur Erfassung psychologischer Konstrukte geben, die selbst das angemessenste Mittel zur Erfassung des betreffenden psychologischen Konzeptes darstellen und für die es dementsprechend keine besseren Außenkriterien gibt. In diesem Umstand liegt zugleich gewissermaßen die Existenzberechtigung mancher Fragebogen begründet: daß sich oft keine angemesseneren und valideren Erhebungsmethoden finden lassen, daß also bestimmte Konzepte des Verhaltens und Erlebens eben noch am besten mittels Fragebogen operationalisiert werden können.

Die oftmals auftretende Schwierigkeit, valide *Außen*kriterien zur Ermittlung der externen Validität von Fragebogen bereitzustellen, läßt sich im Falle von Persönlichkeitsmerkmalen im engeren Sinne (z.B. Extraversion, Angepaßtheit usw.) und auch im Falle sozialer Einstellungen (z.B. Einstellung zu Ausländern, zu Kernkraftwerken etc.) vermutlich noch leichter überwinden als im Falle der Selbstkonzept – Erfassung. Für Selbstkonzepte, also die Einstellungen zur eigenen Person, gibt es prinzipiell keine "Außen"kriterien, da Selbstkonzepte die vollständig subjektive Sichtweise einer Person von sich selbst wiedergeben sollen. In noch geringerem Ausmaß als bei den anderen hier besprochenen Anwendungsbereichen von Persönlichkeitsmerkmalen wird es im Falle der Selbstkonzeptmessung möglich sein zu entscheiden bzw. zu prüfen, inwieweit ein Fragebogenmaß valide, gültig, zutreffend ist. Beispielsweise kann eine stark ins Positive verzerrte Selbst – Sicht, auch wenn jeder äußere Beobachter sie als eine Verzerrung, Beschönigung usw. beurteilen würde, die subjektiv "tatsächlich gültige", subjektiv zutreffende Art und Weise, sich zu sehen und darzustellen, wiedergeben. Aus diesen Überlegungen leitet sich ab, daß Validitäts – Betrachtungen und Validitäts – Prüfungen bei Persönlichkeitsfragebogen oft tatsächlich von beschränktem Wert und Nutzen sind, denn häufig geht es ja gerade darum, nur die "subjektiv gültige" Sichtweise eines Verhaltens oder Erlebens festzustellen. Wie an vielen Stellen psychologischer Forschung muß es nicht unbedingt das Untersuchungsziel sein, "hinter" den Antworten von Versuchspersonen "die Wahrheit" aufzudecken. Zumindest in der Selbstkonzept – Forschung geht es um eine andere Art von Wahrheit bzw. tatsächlich Gegebenem, nämlich um eine ganz subjektive Sichtweise. Fragebogen eignen sich zweifellos in besonderem Maße zur Erfassung solcher subjektiver Selbstdarstellungen – wir werden uns damit insbesondere in Kapitel 10 noch näher beschäftigen.

Es gibt also eine Reihe von Forschungsfragestellungen – ein großer Teil der Probleme der Einstellungs – und Selbstkonzept – Forschung gehört dazu – für die es ausreichend ist zu ermitteln, wie eine Person zu verschiedenen Zeitpunkten oder unter bestimmten Bedingungen bestimmte Sachverhalte oder sich selbst sieht bzw. darstellt, ohne daß ermittelt werden soll, wie die Person die Dinge oder sich selbst "wirklich" sieht – *absolute* Urteile können oft durch *Vergleichs* – Urteile ersetzt werden. In diesem Sinne kann auch der Begriff der Validität bzw. Gültigkeit eines psychologischen Verfahrens wie des Fragebogens ein wenig heruntergesetzt werden. Statt der Forderung nach möglichst hoher Korrelation von Fragebogen – Skores mit ohnehin vielleicht umstrittenen Außenkriterien kann es sinnvoller sein, die Abhängigkeit der Fragebogen – Maße von bestimmten, gut definierten (z.B. in Experimenten systematisch variierten) Erfassungs – Situationen aufzuzeigen. Dieses beispielsweise in Kapitel 9 bei den Versuchen zur Kontrolle "Sozialer Erwünschtheit" angewendete Verfahren stellt wiederum so etwas wie ein indirektes Verfahren der Validierung von Fragebogen dar. Man hat es gelegentlich auch als *experimentelle Validierung* bezeichnet.

In der Fachliteratur ist eine ganze Reihe von Arten von Validität beschrieben worden, die sich als wesentlich "indirekter" als die besprochene "externe" Validität, d.h. die Validierung an einem oder mehreren Außenkriterien darstellen – bis hin zur Gleichsetzung des doch ursprünglich eher "harten" empirischen Validitäts – Konzeptes mit einem rein interpretativen Begriff. Dies geschieht z.B., wenn von *logischer Validität* gesprochen wird – damit ist so etwas wie eine triviale Gültigkeit eines Erhebungsverfahrens gemeint. Im Falle von Persönlichkeitsfragebogen wäre sogenannte logische Validität gegeben, wenn der Betrachter bei Durchsicht der Items des Fragebogens zu der Auffassung gelangt, daß alle Fragebogen – Elemente von ihrem Inhalt her zweifelsfrei das psychologische Konstrukt erfassen bzw. offensichtlich etwas damit zu tun haben. Eine solche "logische" oder "inhaltliche" Validität ist, wie man leicht sieht, nicht viel besser als das mit dem Begriff Augenschein – oder Oberflächen – Validität (*face validity*) Umschriebene nur, daß es sich bei dem Begriff "face validity" um etwas negativ Klingendes, etwas grundsätzlich zu Überwindendes, durch empirische Kontrolle zu Ersetzendes handelt.

"Logische" Validität kann daher trotz ihrer positiv klingenden Bezeichnung nicht als brauchbares Konzept der Fragebogenkonstruktion angesehen werden. Es sei auch daran erinnert, daß es sich bei einer solchen "inhaltlichen Validierung" um einen selbstverständlichen Vorgang, der bereits zu Beginn der gesamten Fragebogenkonstruktion abläuft und zur Erstellung des Item – Pools führt, handelt.

Eine weitere Art der Validierung unter Verzicht auf ein mehr oder weniger angemessenes Außenkriterium wird als *interne Validierung* bezeichnet. Ohne daß man sich auf Informationen aus Situationen anderer Art als derjenigen der Fragebogen – Untersuchung selbst bezieht, wird dabei so etwas wie die innere Struktur des Persönlichkeitsfragebogens ermittelt, um von dort aus auf die Angemessenheit des Fragebogens zur Erfassung der Eigenschaften, um die es geht, zu schließen.

Üblichstes Verfahren einer "internen" Validitätsanalyse ist die *Faktorenanalyse* der Fragebogen – Items, also die mathematische Analyse der Interkorrelationen aller Elemente des Fragebogens. Da es sich bei dem Persönlichkeits – , Einstellungs – oder Selbstkonzept – Fragebogen erklärtermaßen um ein eindimensionales Meßinstrument handelt, wird die Faktorenanalyse in der Hauptsache einen sehr starken ersten Faktor ergeben. Wenn sich ein übermächtiger Hauptfaktor ergibt, der wenig Platz für weitere interpretierbare Faktoren läßt, so bestätigt sich die Eindimensionalität des Fragebogens, und es ist möglich, die Art des mit dem Fragebogen erfaßten Konstruktes aus dem Inhalt der Items mit den höchsten Ladungen auf diesem Faktor abzuleiten; gelegentlich könnte dies zu einer leichten Revision des psychologischen Konstruktes führen. Das Verfahren der Faktorenanalyse kann daneben unter Umständen Aufschluß über weitere, zu der zu messenden Persönlichkeitseigenschaft mehr oder weniger passende, gemeinsame Merkmale einzelner Fragebogen – Items geben, die somit das ursprünglich verfolgte Inhalts – Konzept mehr oder weniger stark "intern" validieren.

Konstruiert man einen größeren Persönlichkeits – , Einstellungs – oder Selbstkonzept – Fragebogen von vornherein so, daß mehrere unterschiedliche, in sich als eindimensional konzipierbare Fragebogen aus dem Item – Pool ableitbar sind, ist also von vornherein absichtlich eine sehr heterogene Item – Sammlung gegeben, so dient die Faktorenanalyse der nachträglichen Identifizierung und damit Validierung mehrerer unterschiedlicher Fragebogen – Dimensionen. In gleichsam empiristischer Manier geht man manchmal so vor, daß man korrelationsanalytische Verfahren wie die Faktorenanalyse auf einen sehr großen Item – Pool anwendet, um erst

durch die resultierende Item – Struktur die zu erfassenden Persönlichkeits – , Einstellungs – oder Selbstkonzept – Dimensionen zu erfahren und
ihrem Inhalt nach zu definieren. Für eine entsprechende Analyse der
Item – Interkorrelationen bzw. der Abstände zwischen den einzelnen Items
bieten sich neben der klassischen Faktorenanalyse selbstverständlich
auch verschiedene Verfahren der multidimensionalen Skalierung an;
einige von ihnen gehen von den Item – Interkorrelationen, andere von den
Item – Distanzen oder den Ähnlichkeiten zwischen den Items aus. Ihr
Vorteil besteht oft darin, daß sie keine anspruchsvollen Vorannahmen
über die Häufigkeitsverteilungen der Item – Antworten machen. Oft stimmen die Ergebnisse unterschiedlicher Verfahren zur Bestimmung der
Item – Struktur recht gut miteinander überein.

Das Beispiel eines nicht besonders theoriegeleiteten Vorgehens bei der
Validierung einer oder mehrerer Fragebogen – Dimensionen mag zeigen,
daß auch eine "innere" Validierung eigentlich keine Validitätsprüfung im
Sinne des klassischen Validitätsbegriffes darstellt – danach versteht man
unter der Validität eines Tests das empirisch ermittelte Ausmaß, in dem
der Test dasjenige mißt, das er zu messen vorgibt (im Unterschied zum
Reliabilitätsbegriff, demgemäß der Test dasjenige, das er faktisch mißt,
genau messen soll). Die "innere" bzw. intere Validierung bleibt jedenfalls,
auch wenn sie mit anspruchsvollen Mitteln erfolgt, eine "inhaltliche" –
empirisch geforscht wird nur "innerhalb" des zu erstellenden Fragebogens.

Das theoretisch und methodisch zweifellos anspruchsvollste Verfahren
der Validierung erscheint für Persönlichkeitsfragebogen als das in der
Regel angemessenste: die *Konstrukt – Validierung*. Diese Art der Validitätsprüfung ist sinnvoll, wenn die Persönlichkeits – , Einstellungs – oder
Selbstkonzept – Merkmale, die man mit dem Fragebogen messen will, auf
andere Weise als durch Fragebogen – Erfassung schwer zu bestimmen
und zu messen sind. Dies wird oft deswegen so sein, weil es sich bei
Persönlichkeitsmerkmalen eben um Konstrukte, also um gedankliche Gebilde des Forschers, und nicht um etwas methodologisch leicht und direkt
Meßbares handelt – warum sonst sollte es auch notwendig sein, dem zu
erfassenden Konstrukt mit etwas so Indirektem und Umständlichem wie
einem Persönlichkeitsfragebogen näherzutreten.

Unter einem *Konstrukt* im hier verwendeten Sinne kann man auch eine
Art Netzwerk von Assoziationen und Vorschlägen zu einem psychologischen Problem verstehen, die in ihrer Gesamtheit das Problem zu um-
schreiben vermögen. Mit je mehr Gedanken und Sätzen das Konstrukt

umschrieben ist, desto näher ist es indirekt beschrieben. Cronbach & Meehl haben schon in den 50er Jahren darauf hingewiesen, daß sich aus den mit dem Konstrukt verknüpften Umschreibungen vorhersagbare Relationen ableiten lassen, und die empirische Prüfung dieser Relationen wäre dann als Konstrukt – Validierung zu verstehen.

Allgemein gesagt – ein konkretes Beispiel wird uns in Kapitel 5 beschäftigen – ist ein Konstrukt nicht nur über die Enge seiner Beziehung zu einem Außenkriterium validierbar, sondern eben auch dadurch, daß eine Vielzahl von Aussagen, die man über *Beziehungen* zwischen dem Fragebogen, der das Konstrukt erfassen soll, und allen möglichen weiteren Variablen, die mit dem Konstrukt logisch bzw. psychologisch zusammenhängen mögen, empirisch überprüft wird. Man wird daher in der Praxis der Fragebogenkonstruktion so vorgehen, daß man die mit dem Fragebogen zu messende Persönlichkeitseigenschaft, soziale Einstellung oder Selbstkonzeptvariable aufgrund theoretischer Überlegungen gedanklich mit einer möglichst reichhaltigen Zahl weiterer meßbarer Variablen verknüpft, *Hypothesen* bezüglich Art und Stärke dieser Verknüpfung formuliert und dann in empirischen Untersuchungen unterschiedlicher Art, also keineswegs nur auf Fragebogen – Niveau, sondern auch durch weitere Erhebungsverfahren und psychologische Experimente die Nullhypothese bezüglich jeder dieser Annahmen prüft. Dieses Vorgehen muß sich selbstverständlich im Einklang mit dem gesamten bisherigen Prozeß der Fragebogenkonstruktion befinden, d.h., insbesondere die formulierten Hypothesen müssen dem bereits zu Beginn der Konstruktion, bei der Item – Pool – Erstellung umschriebenen Konstrukt entsprechen. Damit ist zugleich gewährleistet, daß es sich bei der Konstrukt – Validierung nicht um etwas nachträglich Aufgesetztes, um ein nachträglich erst die zu messende Eigenschaft (um –)definierendes Vorgehen handelt.

Ebenso wie für die übrigen besprochenen Prozeduren der Fragebogen – Validierung gibt es auch für die Konstrukt – Validierung kein unverrückbares *Kriterium*, das über die Güte bzw. die Höhe der Validität entscheiden kann. Das Ausmaß einer erfolgreichen Konstrukt – Validierung hängt sicherlich auch von der Geschicklichkeit der Auswahl zu prüfender Hypothesen ab. Selbstverständlich würde man kein Konstrukt als durch einen Persönlichkeitsfragebogen validiert bezeichnen, bezüglich dessen mehr als die Hälfte der aufgestellten Hypothesen keine empirische Unterstützung gefunden hat. Allerdings kann mangelnde empirische Stützung von konstrukt – beschreibenden Hypothesen selbst mannigfache Gründe haben, nicht nur den eines mangelhaften Konstruktes. Bei der Beurteilung des Ergebnisses einer Konstrukt – Validierung, insbesondere wenn qualitativ unterschiedlich gewichtige Hypothesen nebeneinander stehen, muß also wiederum zwischen Gesichtspunkten des Inhalts und der Methodologie abgewogen werden – es kommen also auch hier gewissermaßen interpretative Züge der Fragebogen – Methode ans Licht. Die Konstrukt – Validierung erscheint somit als ein kompliziertes und sensibles Verfahren mit stark subjektiven Charakteristika – dies ist sicherlich ein großer Nachteil. Sie stellt aber auch einen Vorgang dar, der den Konstrukteur eines Fragebogens nochmals zwingt, sein zu messendes Konstrukt möglichst genau zu überdenken und gegenüber alternativen psychologischen Konzepten abzugrenzen.

Mit einem oder mehreren Versuchen der Validierung des Fragebogens ist die wichtigste Konstruktionsarbeit abgeschlossen. Es kann nun entschieden werden, ob die Gütemerkmale des Fragebogens ausreichen, ihn zur Beantwortung von Forschungsfragestellungen einzusetzen. Der seriöse Fragebogenkonstrukteur wird der Versuchung – gerade auch wenn sie von außen an ihn herangetragen wird – widerstehen, weitergehende Konstruktionsschritte zu unternehmen, die sich an dieser Stelle bei der Konstruktion eines diagnostischen Testverfahrens anschließen würden. Sie betreffen insbesondere die Standardisierung bzw. Eichung eines solchen Verfahrens, also die Bestimmung empirischer Normen für bestimmte Personengruppen; aus Durchschnittswerten und den zugehörigen Standardabweichungen würden Normtabellen angefertigt, die die Zuweisung individueller Testwerte und damit Individualdiagnosen und – prognosen ermöglichen sollen. Diese Prozeduren setzen eine Exaktheit und Gültigkeit der individuellen Persönlichkeitsmessung mit Fragebogen voraus, die gewöhnlich im Vergleich beispielsweise mit Leistungstests nicht gegeben ist. Nicht zuletzt die vorstehenden Ausführungen zur Validierung von Fragebogen mögen zu dieser Unterscheidung weiteres beigetragen haben.

Alternative und ergänzende Konstruktionsprinzipien

Die hier besprochene, klassische Art der Fragebogenkonstruktion stellt nicht die einzig mögliche Vorgehensweise dar. Es gibt eine Reihe von alternativen Modellen und darauf beruhende Techniken; hier sei nur die besonders im Bereich der Psychologie entwickelte und gelegentlich erfolgreich angewendete Methode der *Rasch – Skalierung* erwähnt.

Das Rasch – Modell erhebt den Anspruch, die eindimensionale Messung eines Konstruktes, das unabhängig von der jeweiligen Erfassung an einer bestimmten Stichprobe von Daten existiert, zu gewährleisten – es zielt also auf eine populationsunabhängige, eindimensionale Messung von Persönlichkeitsmerkmalen ab. Ausgehend von einem Item – Pool, der ähnlich wie bei der klassischen Fragebogenkonstruktion gewonnen wird, jedoch besondere Kontrollen hinsichtlich der Homogenität der Items bezüglich des betreffenden Persönlichkeitskonstruktes vorsieht, wird ein Verfahren der sukzessiven Item – Selektion anhand von (aufgrund eines Wahrscheinlichkeitsmodells erstellten) Schätzungen der Schwierigkeitswerte der Items und der Eigenschaftswerte der Versuchspersonen angewendet. Die Prozedur setzt relativ große Stichproben (über 400) voraus, die möglichst heterogen sind, um den späteren Schluß auf Populationsunabhängigkeit zu rechtfertigen. Es werden solche Items eliminiert, deren geschätzte Schwierigkeits – und Eigenschaftswerte in unterschiedlichen Teilstichproben von Personen erheblich voneinander abweichen.

Als hauptsächliche Vorteile einer Fragebogenkonstruktion nach dem Rasch – Modell werden gewöhnlich gesehen: Die Aussagen über Personen bezüglich eines psychologischen Merkmals sind unabhängig von den Items, aufgrund derer der Gesamtskore zustande gekommen ist, und Aussagen über die Beziehungen zwischen verschiedenen Items sind unabhängig von der Art der antwortenden Personen; der Gesamtskore eines Fragebogens enthält also im Grunde alle wichtigen Informationen bezüglich des Antwortverhaltens der Versuchspersonen. (Auf das Prinzip der Eindimensionalität wird bei der Besprechung der Skalen – Diskriminations – Technik in Kapitel 6 nochmals eingegangen.) Die Anhänger des Rasch – Verfahrens postulieren somit, daß das latente zu erfassende Persönlichkeitskonstrukt "tatsächlich" existiert und nicht erst im Vollzuge der Fragebogenkonstruktion gleichsam erschaffen und mittels einer Konstrukt – Validierung nachträglich bestätigt wird. Als Nachteile des Verfahrens dürften der theoretische und praktische Konstruktionsaufwand zu nennen sein.

Auch für die Ermittlung von Gütekriterien konstruierter Fragebogen gibt es eine Reihe alternativer Methoden, auf die hier nicht im Detail eingegangen wird. Erwähnt sei nur die Bestimmung der *Validität* mittels einer *Multitrait – Multimethod – Matrix*:

Untersucht man eine Reihe unterschiedlicher Merkmale (z.B. Persönlichkeitseigenschaften) mit einer Reihe unterschiedlicher Methoden (z.B. mit verschiedenen Fragebogen oder aber mit Fragebogen und weiteren Verfahren), so lassen sich die Korrelationen zwischen allen diesen Variablen in eine Multitrait – Multimethod – Matrix schreiben. Korrelieren verschiedene Maße derselben Eigenschaft hoch miteinander, so weist dies auf sogenannte *konvergente Validität* der Maße hin. Die Zusammenhänge zwischen den erhobenen Maßen sollten dabei deutlich höher sein als diejenigen zwischen zwei mittels ein und derselben Methode gemessenen unterschiedlichen Eigenschaften *(diskriminante Validität)*. Für eine Entscheidung darüber, ob konvergente bzw. diskriminante Validität besteht, gibt es eine Reihe statistischer Kriterien, deren Zutreffen empirisch geprüft werden kann.

Literaturhinweise

Die Prinzipien der klassischen Testtheorie, die der hier beschriebenen Fragebogenkonstruktion zugrundeliegen, sind für psychologische Tests bei Cronbach (1984) und Anastasi (1976) ausführlich dargestellt. Es wurde bereits darauf hingewiesen, daß nicht alle dieser Prinzipien (also nicht z.B. diejenigen der Test – Normierung) in Anspruch genommen werden müssen. Im deutschen Sprachbereich steht Lienert's (1969) Lehrbuch "Testaufbau und Testanalyse" zur Verfügung. Eine leicht verständliche deutschsprachige Einführung bietet Klapprott (1975).

Über einzelne Fragen der Fragebogenkonstruktion informieren laufend die einschlägigen Fachzeitschriften, im deutschen Sprachbereich insbesondere die "Zeitschrift für Differentielle und Diagnostische Psychologie" und "Diagnostica", im amerikanischen z.B. "Journal of Personality Assessment", "Educational and Psychological Measurement", und teilweise "Journal of Research in Personality". Untersuchungen zu mathematisch – statistischen bzw. psychometrischen Grundlagen der Fragebogenkonstruktion finden sich häufig in der Zeitschrift "Psychometrika".

Zur Frage der bei Fragebogen verwendeten Antwortkategorien, ihrer Anzahl, Zusammenstellung und Art, informiert man sich am besten sinngemäß in der Literatur zur Rating – Methode; zusammenfassende Darstellungen finden sich beispielsweise bei Langer & Schulz – v.Thun (1974) und Hennig (1975). Zur ? – Antwortkategorie vgl. Ehlers (1971) sowie Fulkerton & Willage (1980).

Eine beispielhafte Anwendung der Forced – Choice – Technik liegt in dem von Edwards (1953) konstruierten Fragebogen "Edwards Personal Preference Schedule" (EPPS) vor.

Die erwähnten, älteren Fragebogen zur Erfassung der Manifesten Angst (MAS) und des Autoritarismus (F – Scale) gehen auf Taylor (1953) bzw. Adorno, Frenkel – Brunswik, Levinson & Sanford (1950) zurück.

Die Selbst – Wirksamkeits – Theorie wurde von A. Bandura (1977) formuliert (vgl. auch die Monographie von Mielke, 1984, und die dort gegebenen Literaturhinweise).

Die Persönlichkeitsdimension "Psychotizismus" wird von Eysenck & Eysenck (1976) beschrieben; über die Entwicklung deutschsprachiger Skalen wird von Baumann & Dittrich (1975, 1976) berichtet (vgl. auch Baumann & Rösler, 1981).

Die zitierten Regeln zur Formulierung von Einstellungs – Statements hat Edwards (1957a) in seinem Buch über die Konstruktion von Einstellungsskalen aufgeführt; dabei stützte er sich auf frühere Vorschläge wie z.B. solche von Thurstone & Chave (1929).

Zur Frage der Auswirkung der Reihenfolge der Items eines Fragebogens auf Gütemerkmale des Fragebogens und die individuelle Antwortkonsistenz führte beispielsweise Boosch (1986) Untersuchungen aus. Sie gehen auf Überlegungen von Koch (1974) zurück, denen zufolge möglicherweise nicht alle Personen bei einer Einstellungsmessung die Einstellung bereits "besitzen" (Problem der "non – attitudes"; vgl. Converse, 1970) und sie erst bei der Fragebogen – Beantwortung gewissermaßen nach und nach aufbauen.

Fragebogen zu internen/externen Kontrollüberzeugungen, einer von Rotter (1966) beschriebenen Persönlichkeitsvariablen, wurden im deutschen Sprachbereich u.a. von Mielke (1979) und Krampen (1981) vorgelegt (zu den weiteren Aspekten dieses Persönlichkeitskonstruktes vgl. Mielke, 1982; Krampen, 1982).

Idee und Verfahren der Konstrukt – Validierung sind von Cronbach & Meehl (1955) beschrieben worden. Zur Validierung von Fragebogen durch experimentell hervorgerufene Veränderungen haben beispielsweise Bastine & Schmook (1971) eine Untersuchung vorgenommen. Zu Problemen der externen Validierung vgl. Hohner (1983), zur logischen bzw. Kontentvalidierung Klauer (1984).

Zu grundsätzlich unterscheidbaren Strategien der Fragebogen – Konstruktion ("external, induktiv, deduktiv") und ihre Beziehung zu wichtigen

Gütekriterien von Fragebogen (Validität, Kommunikabilität, Ökonomie) vgl. Burisch (1984).

Alternative Konstruktionsprinzipien wie die Skalierung nach dem Rasch – Modell werden z.B. von Henning (1984) in dem von Roth herausgegebenen Sammelband sozialwissenschaflicher Methoden ausführlich besprochen. Ein Vergleich von klassischer Skalierung und Rasch – Skalierung wurde beispielsweise von Stapf, Herrmann, Stapf & Stäcker (1972) in ihrem Buch über elterliche Erziehungsstile vorgenommen. Eine umfassende Darstellung der Rasch – Skalierung findet sich bei Wakenhut (1974) (vgl. auch Stene, 1968). Rasch – skalierte Fragebogen wurden beispielsweise von Wakenhut (1974) zu politischen Einstellungen, von Schwinger & Winterhoff – Spurk (1984) zur distributiven Gerechtigkeit und von Giegler (1985) zur Arbeitszufriedenheit konstruiert. In der letztgenannten Untersuchung ergab sich eine relativ gute Übereinstimmung der Kennwerte der Fragebogen – Items aufgrund der Rasch – Skalierung und aufgrund der Skalierung nach den Prinzipien der klassischen Testtheorie. Daß bei der Rasch – Skalierung beispielsweise Items mit relativ geringer Trennschärfe eliminiert werden, die bei der klassischen Testkonstruktion vielleicht noch akzeptiert worden wären, kann je nach Konstruktions – Ziel eher als Vor – oder als Nachteil des Verfahrens angesehen werden.

Die Multitrait – Multimethod – Methode geht auf Campbell & Fiske (1959) zurück und wurde mehrfach auch zur Validierung von Persönlichkeitsfragebogen herangezogen (z.B. bei Ostendorf et al., 1986; Rudinger & Dommel, 1986; Schwarzer, 1986a).

Kapitel 5

Beispiel einer Fragebogenkonstruktion

Im folgenden sollen die Schritte der Fragebogenkonstruktion, etwa so wie sie in Kapitel 4 beschrieben wurden, an einem Beispiel demonstriert werden. Wir wählen zur Erläuterung der Konstruktion eines solchen klassischen, eindimensionalen Meßmittels einen Einstellungs – Fragebogen. Ziel der Fragebogenkonstruktion ist die Erstellung eines Verfahrens zur Messung *"nationalistischer"* Einstellung.

Überlegungen zur Nützlichkeit des Fragebogens

Im Rahmen sozialpsychologischer Untersuchungen von Einstellungen und Verhaltensweisen gegenüber den Mitgliedern eigener und fremder sozialer Gruppen spielt die Kategorie "Nation" häufig eine wichtige Rolle. Mitmenschen werden unter Umständen anders wahrgenommen und beurteilt je nachdem, ob sie der eigenen oder einer anderen Nation angehören oder als solche wahrgenommen werden. Auch das tatsächliche Verhalten gegenüber Personen kann in erheblichem Ausmaß davon abhängen, ob diese in Kategorien von "Nation" beurteilt werden, und dies geht offensichtlich wiederum in erheblichem Ausmaß darauf zurück, welche Bedeutung die Kategorie "Nation" für die beurteilende oder sich verhaltende Person überhaupt besitzt.

In der sozialpsychologischen, soziologischen, politologischen und historischen Fachliteratur hat man sich vielfach mit einem teils als eher relativ "gesund" angesehenen Nationalgefühl oder Patriotismus, teils als eher gefährlich und geradezu als "krankhaft" angesehenem Nationalismus beschäftigt. Man kann wohl ohne zu beschönigen sagen, daß Entstehungsbedingungen und Auswirkungen eines extremen Nationalismus beispielsweise in Deutschland bis heute nicht vollständig wissenschaftlich erforscht sind. Während sich unter anderem Psychologen und Sozialwissenschaftler theoretisch und empirisch mit Nationalismus beschäftigen, gibt es an vielen Stellen Hinweise auf die Förderung eines "neuen" und "gesunden" Nationalgefühls. An demjenigen, das gemeinhin als Nationalgefühl bezeichnet wird, lassen sich ohne weiteres kognitive, affektive und konative Aspekte unterscheiden, also z.B. ein Wissen um die eigene Nation, eine positive Bewertung der Nation und eine Tendenz, das Vaterland zu unterstützen, zu verteidigen usw. Es erscheint daher ohne weiteres als nützlich, Nationalismus auch als soziale Einstellung anzusehen und empirisch zu erfassen. Der Fragebogen erscheint hierzu als ein sehr angemessenes Hilfsmittel, da er Antworten auf eine Vielzahl differenzierter und komplexer politischer Feststellungen erlaubt.

Überlegungen zum Konstrukt des Fragebogens

Theoretisch kann man die soziale Einstellung "Nationalismus" als einen Spezialfall von "Ethnozentrismus" auffassen, also jenes Bündels von Einstellungen, das die eigene ethnische Gruppe von anderen abgrenzt und sie über andere erhebt. Im Falle von Nationalismus wird dabei die Zugehörigkeit des Individuums zu einer Nation betroffen, d.h., es handelt sich um Ethnozentrismus auf der Grundlage der Kategorie "Nation". Die Gründe dafür, daß jemand die eigene Nation in vielfältiger Hinsicht über andere Nationen stellt, sollen hier nicht im Vordergrund der Betrachtung stehen – es sei nur kurz erwähnt, daß Autoren ganz unterschiedlicher Fachrichtungen hier durchaus sehr stark "psychologisieren".

So wird Nationalismus von manchen Autoren als eine Art Binde – und Integrationskraft aufgefaßt, die die einzelnen Mitglieder der sozialen Gruppe "Nation" gleichsam zusammenhalte und der Nation so etwas wie einen Persönlichkeitscharakter gebe. Neben der eher konstruktiven Bedeutung des Erlebens der Nation als eine Art von Person (z.B. im Sinne der Möglichkeit, das Individuum hier Selbstbestätigung, Möglichkeit der Hingabe an etwas Überindividuelles, Schutz und Sicherheit finden zu lassen etc.) heben fast alle Autoren auch die Gefahr hervor, die in dieser Art Abgrenzung von allen Nichtmitgliedern der Nation besteht und auf die hier wohl nicht weiter eingegangen werden muß. Die Theorie der sozialen Identität von Henri Tajfel postuliert, daß Individuen dann, wenn es um das Verhalten zweier Gruppen unter – bzw. gegeneinander geht, sich anders verhalten als dann, wenn sie lediglich als einzelne Individuen angesprochen sind. Es sind aber stets die einzelnen Personen, die Einstellungen oder Verhaltensweisen zeigen, und eine Einstellung wie "Nationalismus" kann zunächst immer nur an Individuen gemessen werden. Insofern könnte man vielleicht sagen, eine soziale Einstellung wie Nationalismus sei keine Persönlichkeitseigenschaft klassischer Art, da sie gerade das Gruppenmitglied anspreche, und nicht die Einzelperson. Zutreffender ist vielleicht die Feststellung, daß wir es bei einer mehr oder weniger "nationalistischen" Einstellung mit einer echten sozialpsychologischen Eigenschaft zu tun haben – einer sozialen Einstellung, die ein klassisches Persönlichkeitsmerkmal und zugleich mehr als dies ist. Bei der späteren Validierung des Konstruktes Nationalismus sollte berücksichtigt werden, daß Nationalgefühl und Nationalismus häufig als so etwas wie eine Hingabe des Individuums an etwas Überindividuelles aufgefaßt wird und daß dieses Konzept in oft aggressiver Weise verfochten wird.

Zur Charakterisierung des Konstruktes ist schließlich der Hinweis auf empirische Befunde wichtig, daß patriotische bzw. nationalistische Einstellungen schon in der frühen Kindheit mit dem Lernen positiver Reaktionen auf den Namen und die Symbole des eigenen Landes wie Nationalflagge, Nationalhymne etc. geformt werden. Es kann wohl allgemein davon ausgegangen werden, daß Nationalismus eine gelernte, oft schon recht früh erworbene Einstellung ist. Die erheblichen Unterschiede im Ausmaß dieser Einstellung bei Erwachsenen deuten u.a. darauf hin, daß es hier recht unterschiedliche individuelle Lerngeschichten gibt. Wie stets bei sozialen Einstellungen dürfte es sich jedenfalls um ein Persönlichkeitsmerkmal handeln, das zum ganz überwiegenden Teil lernbar und dementsprechend prinzipiell auch veränderbar ist.

Form des Fragebogens

Als Fragebogen, der teilweise brisante politische Themen anspricht, sollte der zu konstruierende Nationalismus – Fragebogen nicht auf an die Person gerichteten, direkten Fragen basieren, sondern die unpersönlichere Form der Darbietung von neutral formulierten Feststellungen besitzen. Aus forschungsökonomischen Gründen wird ferner die Beantwortung der Statements mit "Stimmt" bzw. "Stimmt nicht" gewählt. Auf eine mittlere Antwortkategorie wird bewußt verzichtet.

Erstellung des Item – Pools

Grundlage der Item – Sammlung war ein weitläufiges Studium der *Literatur* verschiedener betroffener Fachgebiete (Geschichtswissenschaft, Politikwissenschaft, Sozialwissenschaften, Psychologie) und verschiedener Zeitschriften und politischer Magazine zum Thema Nationalismus. Dies führte zunächst zur Formulierung von fünfzig allgemein formulierten Sätzen bzw. *Thesen* über "Nationalismus", die sich je nach ihrem Inhalt in Aussagen "historischer", "soziologischer", "psychologischer", "ökonomischer", "biologischer", "allgemein – politischer" und "aktuell – politischer" Art gliedern und zusammenfassen ließen. Alle diese Thesen haben noch einen relativ großen Allgemeinheitsgrad, wie sich etwa an folgenden Beispielen ersehen läßt:

"Ein gesundes Nationalgefühl ist eine menschlich – psychologische Notwendigkeit"

"Wirtschaftskrisen fördern Nationalismus"

"Kriege um der nationalen Einheit willen sind gerecht"

"Föderalismus und Dezentralisierung behindern Nationalismus"

usw.

Auf der Grundlage der 50 Thesen wurden insgesamt 134 Feststellungen formuliert, die jeweils etwas konkretere bzw. speziellere Aussagen enthalten und nun als Items den *Item – Pool* bilden, z.B.:

"Das Nationalgefühl ist eine sittliche Kraft, die den einzelnen Menschen über sich hinaushebt"

"Auch in einer Demokratie ist ein gesundes Nationalgefühl unerläßlich"

"Parteienzersplitterung, wie sie die Demokratie mit sich bringt, ist für das deutsche Volk schädlich"

"Die Zerteilung Deutschlands in einzelne Länder schadet der nationalen Einheit".

Dabei ist etwa ein Drittel der Items in negativer bzw. nicht – nationalistischer Richtung formuliert, z.B.

"Jede Wirtschaftsgemeinschaft mit anderen Ländern ist besser als eine nationale Wirtschaftsordnung".

Alle 134 Feststellungen wurden zunächst nach Zufall und anschließend derart in eine Reihenfolge gebracht, daß möglichst wenige Itemgruppen mit zu großer Ähnlichkeit von Inhalten entstanden.

92

Instruktion

Folgende *Instruktion* wurde formuliert:

"In dem folgenden Meinungsfragebogen finden Sie eine Reihe von Sätzen, von denen jeder mit einer laufenden Nummer versehen ist.

Jeder Satz stellt eine Meinung dar, über die man durchaus verschiedener Ansicht sein kann. Jeder Mensch wird einigen dieser Meinungen zustimmen und andere ablehnen.

Wir möchten Sie nun bitten, auf dem Antwortblatt hinter jeder Nummer anzukreuzen, ob der betreffende Satz eher stimmt, d.h., eher Ihre Zustimmung findet, oder eher nicht stimmt.

Sie können dabei gar nichts falsch oder richtig machen, denn dies ist keine Prüfung Ihres Wissens oder ein sonstiger Test, sondern eine Meinungsbefragung, die statistisch ausgewertet wird.

Noch ein wichtiger Hinweis: Arbeiten Sie bitte zügig und schnell, so wie es Ihnen nach dem Durchlesen in den Sinn kommt, also ohne bei jedem Satz lange zu überlegen. Achten Sie bitte darauf, keine Antworten auszulassen!"

Erste Anwendung des Fragebogens und Item – Analyse

Der *vorläufige* Fragebogen, bestehend aus 134 Items, wurde bei drei verschiedenen Personengruppen angewendet. Überlegungen darüber, daß sich bei Angehörigen unterschiedlicher Personen – bzw. Berufsgruppen vielleicht unterschiedliche, charakteristische Ausprägungsgrade nationalistischer Einstellung zeigen würden, führten zur Auswahl von Studenten, Beamten und Offizieren der Streitkräfte. Es wurden jeweils 100 Personen untersucht. Bei den Studenten handelte es sich um Studierende verschiedener Fachrichtungen außer Psychologie, deren Verteilung auf verschiedene Studienfächer etwa der Aufteilung der Universität auf die einzelnen Fakultäten entsprach. Die Beamtengruppe setzte sich aus Angehörigen von Ministerien (außer Verteidigungsministerium) zusammen; das Durchschnittsalter der Beamten war mit 48 Jahren erheblich höher als das der Studenten. Unter den Offizieren waren alle Dienstgrade von Truppenoffizieren, Aufsichtsoffizieren einer Offiziersschule und einigen Offizieren im Verteidigungsministerium vertreten; ihr Durchschnittsalter war 38 Jahre.

Alle 300 Personen füllten den vorläufigen Fragebogen mit der oben aufgeführten Instruktion einzeln aus.

Die *Itemanalyse* führte zur positiven Auslese aller Items, deren Schwierigkeitsgrad zwischen 20 und 80 Prozent lag und deren Item – Test – Korrelation (Trennschärfe – Index) mindestens 0.30 betrug. Gemäß diesen Kriterien blieben bei den Studenten 63 Items (mit einer mittleren Trennschärfe von 0.44), bei den Beamten 62 Items (mittlere Trennschärfe 0.50) und bei den Offizieren 32 Items (mittlere Trennschärfe 0.39) übrig.

Damit lassen sich drei *endgültige* Formen des Nationalismus – Fragebogens aufstellen, zusätzlich eine aus 21 Items bestehende Universal – Form, die aus den trennscharfen Items für alle drei hier untersuchten Personengruppen gemeinsam besteht.

In der folgenden Übersichtstabelle sind sämtliche ausgewählten, trennscharfen Items unter Angabe des Schlüssels (Sch) aufgeführt. Ein Pluszeichen zeigt eine "nationalistische" Formulierungsrichtung des Items an – eine Beantwortung eines solchen Items mit "Stimmt" ergibt daher einen Punkt für "Nationalismus". Ein Minuszeichen weist auf eine umgekehrte Formulierung hin, eine "Stimmt nicht" – Antwort wird hier als Punkt für "Nationalismus" gezählt. Es werden nur diese jeweils "richtigen" Antworten gezählt, die entsprechenden "Falsch" – Antworten, also diejenigen im Gegensinne von "Nationalismus" bleiben unberücksichtigt. Die Liste enthält ferner die laufenden Item – Nummern für die drei verschiedenen Personengruppen Studenten (S), Beamte (B) und Offiziere (O). Items, die eine laufende Nummer für alle drei Personengruppen aufweisen, gehören automatisch zu der 21 – Item – Universalform des Fragebogens.

Sch	(S)	(B)	(O)	*"Nationalismus" – Items*
–	1			Nationalbewußtsein entsteht im Grunde nur bei Bedrohung von außen
–	2	1		Nach allen Erfahrungen des deutschen Volkes ist es absurd, ein "gesundes" Nationalgefühl zu fordern
+	3	2		Nur wenn das eigene Land mächtig ist, kann es dem Bürger kulturell und wirtschaftlich gut gehen

+	3		Viele Nationen verdanken ihre heutige Stärke nur der Mitwirkung deutscher Wissenschaftler
−	4		Es ist für mich unwichtig, in welchem Land ich lebe, wenn meine persönliche Freiheit und meine Rechte gesichert sind
+	4	1	Die größte Gefahr droht uns vom Kommunismus
+		2	Deutschland ist noch nicht reif für eine demokratische Staatsform
+	5 5	3	Das Nationalgefühl ist eine sittliche Kraft, die den einzelnen Menschen über sich hinaushebt
−	6		Nach der jüngsten deutschen Vergangenheit sollten vermeintliche Werte wie "Vaterlandsliebe" keine Rolle mehr spielen
−	7 6		Die Anwesenheit von ausländischen Arbeitern, Studenten und Soldaten ist ein Gewinn für das deutsche Volk
+	8 7		Die Zerteilung Deutschlands in einzelne Länder schadet der nationalen Einheit
−	9 8		Die persönliche Freiheit des Individuums wird in Deutschland zu wenig berücksichtigt
+	9	4	Die Aufrechterhaltung von nationalen Gemeinschaften und Begrenzungen ist unbedingt erstrebenswert
+	10		Der Nationalstaat ist die ideale Gestalt der politischen Ordnung
−	10		Anzeichen einer Wirtschaftskrise machen das Volk für den Nationalgedanken anfällig
+	11 11	5	Ein Engagement in übernationalen Organisationen darf in keiner Weise unsere nationale Unabhängigkeit gefährden

−		12	Liebe zur Heimat ist etwas natürlich Gewachsenes, Liebe zur Nation etwas Anerzogenes
+	12	13	Menschen ohne gesundes Nationalgefühl sind ideologisch anfällig
−	13		Die wirtschaftlichen, politischen und sozialen Probleme sind im nationalen Rahmen nicht mehr zu bewältigen
+		14	Die akademische Jugend muß im Sinne des Wehrwillens und der Wehrbereitschaft erzogen werden
+	14	15	6 "Lieber rechts ab zum Vaterland als links ab nach Moskau" soll die Devise eines jeden Deutschen von echtem Schrot und Korn sein
+	15	16	Die Kräfte des Blutes haben sich immer noch als stärker erwiesen als alle Ideologien der Welt
−	16	17	Es ist gut, daß in der Bundesrepublik die staatliche Macht auf Länder verteilt ist
−	17	18	7 Es ist höchst fraglich, ob es sich lohnt, für das Vaterland sein Leben zu lassen
+	18	19	Die beste Garantie für unsere nationale Sicherheit ist eine starke militärische Macht
−	19	20	Das Verbot der KP sollte aufgehoben werden
+		21	8 Dem Staate zu dienen ist eine der höchsten Tugenden der Volksgemeinschaft
+	20	22	9 Die Geschichte zeigt, daß die Stabilität eines Staatsgefüges wesentlich größer ist, wenn die Bevölkerung national eingestellt ist
−	21	23	Feste Bindungen gegenüber dem Vaterland sind nicht notwendig
−	22	24	10 Der Nationalismus untergräbt die individuelle Freiheit und individuelles Glück

+ 23	25	11	Viele Menschen sehen mit Recht den Sinn des Lebens im Dienst am Vaterland
− 24	26		Die Rechtsradikalen sind für Deutschland eine viel größere Gefahr als die Kommunisten
+ 25	27		Das Vaterland zu verteidigen ist eine notwendige und ehrenvolle Pflicht
+	28		Das Bewußtsein einer gemeinsamen geschichtlichen Vergangenheit ist für das Nationalbewußtsein unerläßlich
+ 26		12	Man sollte die Ergebenheit gegenüber der deutschen Regierung einer eventuellen Weltregierung nicht unterordnen
− 27			Der Staat muß für das Individuum da sein, nicht umgekehrt
+ 28			Die ständige Kritik an unserem Staat und die Meinungsverschiedenheiten der regierenden Parteien schaffen nur immer neue Probleme und Verwirrungen
− 29	29	13	Nationalismus und Sittlichkeit haben nichts miteinander gemein
+	30	14	Das Nationalgefühl befähigt das Individuum zu Selbstverleugnung und Heroismus
+ 30	31		Gemeinsame Sprache und Abstammung sind Eckpfeiler eines Staates
− 31	32	15	Persönliche Bindungen (zu Freunden, Verwandten) sind wichtiger als Bindungen zum Vaterland
+ 32			Nach dem totalen Zusammenbruch (1945) hätte kein anderes Volk an unserer Stelle in so kurzer Zeit ein vergleichbares Wohlstandsniveau erreichen können
+	33		Parteienzersplitterung, wie sie die Demokratie mit sich bringt, ist für das deutsche Volk schädlich

+	33	34		Vaterlandsliebe ist ein absoluter Wert
+	34	35	16	Wahre Kultur setzt Sicherheit und Stärke der Nationen voraus
–	35	36		Gehorsam und Vaterlandsliebe sind gefährliche Tugenden
+	36	37	14	Der Mensch braucht Werte, für die es sich lohnt, sein Leben einzusetzen, ein solcher Wert ist die Nation
+		38		Der Staatsbürger ist zur unbedingten Loyalität dem Staat gegenüber verpflichtet
–	37	39		Die Menschheit kann erst dann in Frieden leben, wenn nationale Gefühle und Grenzen überwunden sind
+	38			Wer sich seiner nationalen Haltung bewußt ist, weiß meistens genau, warum
+	39	40	18	Heimatgefühl und Nationalgefühl sollten Hand in Hand gehen
–	40	41	19	Der Nationalismus ist der Totengräber Europas
+	41	42	20	Die Volkswirtschaft sollte dazu dienen, die Unabhängigkeit und Macht unseres Staates zu vergrößern
–	42			Geistige und weltanschauliche Gemeinsamkeiten schaffen eine stärkere Verbindung als die reine Blutsverwandtschaft
+	43			Wir Deutschen sollten endlich wieder den Mut haben, uns zu unserem Vaterland zu bekennen
–	44		21	Die populärste Methode der Menschen zur Selbstvernichtung ist der Nationalismus
+		43		Die Ursache für die Haltlosigkeit der deutschen Jugend ist die fehlende Bindung an das Vaterland

−	45			Die nationale Einstellung ist nichts anderes als ein simples Überheblichkeitsgefühl
−		44		Alle Menschen sind gleich, gleichgültig welche Nationalität sie haben
+	46	45	23	Es gibt keine stärkere Bindung als die Bindung durch die gemeinsame Abstammung
+	47			Jedes Volk sollte seine nationalen Besonderheiten pflegen
−		46		Ordnungsliebe und Sauberkeit als deutsche Wesensmerkmale existieren nur in der Einbildung überheblicher Mitmenschen
+	48			Unsere Lehrer sollten ihre Aufgabe auch darin sehen, in der Jugend die Liebe zu Deutschland zu erwecken
+	49	47	24	Die Zugehörigkeit zu einer nationalen Gemeinschaft erzeugt das Gefühl der Geborgenheit
+	50	48		Die fortwährende Selbstbezichtigung unseres Volkes wegen seiner jüngsten Vergangenheit sollte endgültig aufhören
+		49		Die Nation sollte eine Quelle wirtschaftlichen Wohlstandes sein
−		50	25	Unsere deutsche Geschichte zeigt, daß ein starkes Nationalbewußtsein sehr gefährlich ist
+	51	51		Das von innen herkommende, freie, tatkräftige Engagement für das Vaterland ist für das heutige Deutschland besonders wichtig
−	52	52		Diejenigen, die sich ein starkes und mächtiges Deutschland wünschen, sind nur vom eigenen Machtstreben geleitet
+	53		26	Mit Recht spricht der Amerikaner von seinem "Country right or wrong" (Richtig oder falsch − mein Vaterland)

−	54		Vom gesunden Nationalgefühl bis zum Fanatismus ist es nur ein kleiner Schritt
+	55	53 27	Die deutsche Frau muß vor dem Zugriff von Ausländern geschützt werden
−		54	Es gibt bessere politische Gebilde als den Nationalstaat
−	56	55 28	Die Gefahr für Deutschland liegt in dem Versuch, das deutsche Nationalbewußtsein von neuem hochzuzüchten
+	57	56 29	Ein Mensch ohne Vaterlandsliebe ist letztlich heimatlos
−		57 30	Ein Krieg läßt sich durch nichts rechtfertigen
+	58		Gemeinsame Sprache, Rasse und Vergangenheit binden
−	59	58 31	Der Einzelne hat mehr Freiheiten, wenn nationale Begrenzungen weggefallen sind
+	60	59	Es ist nur natürlich, daß man das eigene Land gegenüber anderen hervorhebt
−	61	60	Jede Wirtschaftsgemeinschaft mit anderen Ländern ist besser als eine nationale Wirtschaftsordnung
+		61	Wo ein starkes Nationalgefühl fehlt, entstehen leicht Nihilismus und Abartigkeit
−	62	62 32	Die Schlagwörter "Blut" und "Rasse" sind biologisch und ethnologisch völlig unhaltbar
+	63		Wer seine Individualität zu stark betont, entzieht sich seinen Verpflichtungen der Gesellschaft gegenüber

Entsprechend der relativen Höhe der − hier nicht im einzelnen aufgeführten − Item − Test − Korrelationen (Trennschärfe − Koeffizienten) lassen sich auch *Kurzformen* von Nationalismus – Fragebogen für die Gruppen der Studenten und Beamten bilden, da hier sehr viele trennscharfe Items vorliegen. Sie können aus forschungsökonomischen Gründen oder in Fällen, wo es nicht geraten ist, die Versuchspersonen mit allzu vielen einschlägigen Feststellungen zu irritieren, angezeigt sein. Solche Kurzformen aus den trennschärfsten Items, bestehend aus 20 Feststellungen, wären:

für Studenten (Studenten – Numerierung der Items):

1,5,6,10,11,12,13,15,21,24,30,34,35,36,39,48,50,51,57,58

für Beamte (Beamten – Numerierung der Items):

3,4,9,12,13,14,21,23,27,31,34,36,37,40,42,43,47,48,50,55.

Eine z.B. ebenfalls mögliche 30 – Item – Kurzform des Fragebogens müßte aus der um die folgenden zehn Items erweiterten 20 – Item – Kurzform bestehen:

für Studenten (Studenten – Numerierung der Items):

17,33,42,44,46,47,52,56,60,62

für Beamte (Beamten – Numerierung der Items):

2,5,10,15,22,52,53,54,56,57.

Reliabilität

Aufgrund von Anwendungen des vorliegenden Nationalismus – Frage – bogens an weiteren Studenten und Beamten konnten die folgenden *Reliabilitäts* – Schätzungen vorgenommen werden – angewendet wurden sowohl die Split – half – Methode (Korrelation zweier Fragebogen – Hälften aus den jeweils mit geraden und ungeraden laufenden Nummern bezeichneten Items) als auch die Retest – Methode (Wiederholung der Fragebogen – Untersuchung mit einer Woche Zeitabstand und Korrelation zwischen den beiden Messungen).

Die *Split – half* – Reliabilitätsschätzung der Studenten – Form des Nationalismus – Fragebogens betrug bei 124 Studienanfängern der Psychologie

0.87, diejenige der Beamtenform bei 111 Beamten und Angestellten 0.91 (jeweils korrigiert nach Spearman – Brown).

Die *Retest* – Reliabilitätsschätzung der Studentenform des Fragebogens war bei 64 Nicht – Psychologiestudenten 0.90. Bei den 111 untersuchten Beamten und Angestellten aus verschiedenen Behörden wie Finanzamt, Stadtverwaltung, Post, Polizei, Berufsgenossenschaft betrug die Wiederholungs – Reliabilität 0.92. Die Mittelwerte und Standardabweichungen aller Stichproben waren bei den wiederholten Messungen nur zufällig voneinander verschieden; in keinem Falle wichen die Verteilungen der Nationalismus – Skores überzufällig von der Normalverteilung ab.

Um eine Schätzung zu erhalten, inwieweit sich ein Einfluß der Formulierungs – bzw. Verschlüsselungs – Richtung der Feststellungen bemerkbar macht, der z.B. so etwas wie eine allgemeine Jasage – oder *Zustimmungstendenz* begünstigen könnte (vgl. hierzu Kapitel 7), wurden bei den erwähnten 124 Studenten getrennt zwei Nationalismus – Werte bestimmt: einer aufgrund der 35 "positiv", und einer aufgrund der 28 "negativ" verschlüsselten Items der Studenten – Form des Fragebogens. Es ergab sich eine – nach Spearman – Brown korrigierte – Korrelation beider Maße von 0.78. Interpretiert man die Differenz zwischen diesem Maß und der Halbierungs – Zuverlässigkeit nach Zufall (Retest – Reliabilität) von 0.87 als Ausdruck einer Tendenz der Versuchspersonen, in Abhängigkeit von der Formulierungsrichtung der Items zu antworten, so ergibt sich nur ein sehr geringer Betrag: Die Differenz der Determinationskoeffizienten, die den beiden Korrelationskoeffizienten entsprechen, verweist auf einen Betrag von rund 15 Prozent, der auf die Formulierungsrichtung der Items zurückgeht.

Insgesamt läßt sich aufgrund der vorliegenden Ergebnisse feststellen, daß der konstruierte Nationalismus – Fragebogen eine zufriedenstellende, recht hohe Zuverlässigkeit aufzuweisen scheint.

Validität

Ein erster Hinweis auf die psychologische Gültigkeit bzw. Validität des Fragebogens nationalistischer Einstellung erfolgte, indem wir von der lediglich auf Alltagserfahrung gestützten Überlegung ausgingen, Offiziere, Beamte und Studenten müßten – in dieser Reihenfolge – unterschiedliche Grade an "Nationalismus" äußern. Diese Vermutung steht auch im Einklang mit der Tatsache einer unterschiedlichen Art beruflicher Sozialisation der drei hier zu vergleichenden Personengruppen. Sie wird weiter durch die Feststellung unterstützt, daß die Studenten wesentlich jünger als die beiden anderen Personengruppen sind. Studierende sind nicht nur aufgrund ihres Aufenthaltes in einem "Freiraum" in bezug auf soziale Einstellungen, sondern auch aufgrund ihres geringeren Lebensalters gewöhnlich wesentlich weniger "konservativ" als sonstige Bevölkerungsgruppen. Da Nationalismus als soziale Einstellung zweifellos zu einem "konservativen Syndrom" gehört, ist diese Gruppe dazu prädestiniert, die am wenigsten nationalistischen Einstellungen zu liefern. Hierfür sprechen auch empirische Belege aus Längsschnitt – Untersuchungen, die deutlich zeigen, daß beispielsweise Lehrer – Studenten während ihrer Studienzeit wesentlich weniger konservativ antworten als in der Zeit vor Beginn und nach Ende ihrer Studienzeit. Der hier für einen ersten Validitätshinweis vorgenommene Vergleich der drei Personengruppen (aus technischen Gründen auf der Basis der Fragebogenskores aufgrund der Antworten bei der Itemanalyse – Untersuchung) kann also womöglich so etwas wie ein Versuch zur *logischen* Validierung des Nationalismus – Fragebogens darstellen.

Es ergaben sich die folgenden Mittelwerte, Standardabweichungen und Variationsweiten der Nationalismus – Skores (berechnet aus den 134 unterschiedlich trennscharfen Items der vorläufigen Fragenbogen – Form):

	Arithmetisches Mittel	Standardab – weichung	Variations – weite
Offiziere (n = 100)	63.0	13.1	27 – 114
Beamte (n = 100)	58.0	25.1	11 – 100
Studenten (n = 100)	49.0	17.9	13 – 125

Demnach ergeben sich auffallende Unterschiede der zentralen Tendenzen in der zu erwartenden Richtung: Die höchste Tendenz, "nationalistisch" zu antworten, weisen bei gleichzeitig niedrigster Streuung, also relativ größter Uniformität, die Offiziere, die niedrigste durchschnittliche Nationalismus – Tendenz die Studenten auf. Die Varianzen der vorläufigen Nationalismus – Skores sind heterogen – die größte Streuung weisen die Beamten auf. Die Mittelwertsunterschiede zwischen den Gruppen der Studenten und Beamten (t = 2.87) sowie zwischen den Studenten und

Offizieren (t = 8.28) sind auf dem 1% – Niveau statistisch signifikant, nicht dagegen diejenigen zwischen Beamten und Offizieren (t = 1.75).

Eine *externe* Validierung des Fragebogens wäre vermutlich am ehesten möglich, wenn man die Mitgliedschaft in Parteien mit unterschiedlich nationalistischer Tendenz, und zwar bis hin zu extrem nationalistisch eingestellten Gruppierungen, als zweifelsfrei gültiges Außenkriterium heranziehen könnte: Mitglieder oder Anhänger solcher Parteien oder Gruppen müßten sich dann von solchen, die Nationalismus explizit ablehnen, in der Reaktion auf den Fragebogen deutlich unterscheiden. Unter anderem aus Gründen des Datenschutzes wurde jedoch auf eine entsprechende empirische Untersuchung verzichtet.

Stattdessen wurde ein relativ umfassender Versuch einer *Konstruktvalidierung* vorgenommen. Hierzu wurden 54 Beamte und 64 Studenten in längeren Einzelversuchen untersucht. Es wurde angenommen, daß eine nationalistische Einstellung ein Bestandteil eines konservativen und ethnozentrischen Vorurteils – Syndroms ist, wie es Adorno und seine Mitarbeiter in den 40er Jahren unter dem zusammenfassenden Schlagwort der "autoritären Persönlichkeit" beschrieben haben. Zum Umkreis eines solchen "autoritären Syndroms" zählen nicht nur Merkmale der aggressiven Ablehnung anderer Gruppen, sondern u.a. auch die Betonung von Strenge bei der Kindererziehung. Es hat sich auch immer wieder gezeigt, daß Aspekte des erwähnten Einstellungskomplexes bildungs – und schichtabhängig sind: Personen mit geringer Schulbildung und niedrigem sozio – ökonomischem Status sind gewöhnlich eher bereit, autoritäre und faschistoide Feststellungen zu bejahen. Es wurden auch Zusammenhänge zwischen dem Grad an Religiosität und der Tendenz zu Vorurteilen, Dogmatismus und Nationalismus berichtet. Ferner ließen sich Zusammenhänge zwischen einer relativen Unzufriedenheit im Beruf, häufigem Arbeitsplatzwechsel und dem Lebensalter mit einer zu Vorurteilen neigenden Persönlichkeit, deren "fester Hafen" die Nation darstellt, empirisch aufzeigen. Die überwiegend in den Vereinigten Staaten von Amerika ermittelten Forschungsergebnisse haben sich teilweise auch bei Nachuntersuchungen in Europa bestätigen lassen.

Unter Berücksichtigung einiger vorhandener Persönlichkeitsfragebogen zu weiteren Merkmalen des genannten, autoritären Syndroms und gemäß Überlegungen zu einer möglichst ökonomischen Erfassung weiterer, das Konstrukt "nationalistische Einstellung" umschreibender Merkmale wurden an den Versuchspersonen außer dem zu validierenden Nationalismus – Fragebogen die folgenden Verfahren angewendet bzw. Variablen erhoben:

– Persönlichkeits – bzw. Einstellungs – Fragebogen:

"Ethnozentrismus" und "Autoritarismus", zwei itemanalysierte und reliable, unveröffentlichte Fragebogen zur Messung der beiden gleichnamigen Merkmale; die Ethnozentrismus – Skala enthält 22 Items, z.B.

"Nordische Völker sind meistens sauberer als südländische";

die Autoritarismus – Skala enthält 18 Items, z.B.

"Demokratische Methoden sind zwecklos, um Dickköpfe zur Vernunft zu bringen";

"Dogmatismus" und "Intoleranz gegen Ambiguität", zwei von Brengelmann konstruierte Fragebogen aus dem Umfeld des Autoritarismus; beide enthalten je 14 Items, z.B.

"Manchmal muß man Gewalt anwenden, um ein Ideal, an das man restlos glaubt, zu fördern" (Dogmatismus)

"Es beunruhigt mich, daß heutzutage alles so unsicher und wechselhaft ist; man weiß nie, was man zu erwarten hat" (Intoleranz gegen Ambiguität);

"Nonkonformismus" (nach Fürntratt) und ein eigener Fragebogen der "Zustimmungstendenz"; dabei handelt es sich um zwei Fragebogen, die das Ausmaß an Konformität bzw. Tendenz zum Jasagen erfassen sollen; erstere verwendet 11 Items, z.B.

"Der erste Eindruck von einem Menschen ist in der Regel der richtige";

schließlich der Fragebogen der Zustimmungstendenz (vgl. Kapitel 7); er verwendet als Maß sozialer Konformität die Zustimmung zu insgesamt 50 Sprichwörtern, z.B.

"Lehrjahre sind keine Herrenjahre".

– Präferenzwahl – Aufgaben:

Es wurden drei kleine Aufgaben gestellt und ausgeführt,

"Beurteilung von Nationalflaggen" (auf einer Tafel wurden 16 farbig abgebildete Nationalflaggen vorgelegt, die die Versuchspersonen in eine Rangreihe nach "persönlicher Sympathie" bringen sollten; als kritisches Maß diente der Rangplatz der eigenen Nationalflagge);

"Beurteilung von Ländern" (aus einer alphabetisch geordneten Liste von 50 Ländernamen – Äthiopien bis Venezuela – sollte die Versuchsperson diejenigen unterstreichen, die ihr "sympathisch" sind, und diejenigen durchstreichen, die ihr "unsympathisch" sind; als Maßzahl diente der Quotient aus den Anzahlen durchgestrichener und überhaupt angestrichener Ländernamen);

"Beurteilung von Völkern" (in entsprechender Weise waren die Namen von 32 ethnischen Gruppen – Afrikaner bis Wallonen – angeordnet und unter- bzw. durchzustreichen; Maßzahl war auch hier der Quotient aus der Anzahl durchgestrichener und überhaupt angestrichener Namen).

– *Selbstbeurteilungen mit Rating–Skalen:*

Mit Hilfe graphischer Rating–Skalen beurteilte jede Person sich selbst

– zur Frage, wie man Kinder erziehen solle (weich – hart)
– zur Frage, wie man selbst erzogen worden sei (weich – hart)
– zur eigenen politischen Haltung (links – rechts)
– zur eigenen Religiosität (nicht religiös – religiös).

Nur bei der Gruppe der Studenten wurde beurteilt:

– der Grad der Unzufriedenheit mit der Studiensituation.

Nur bei der Gruppe der Beamten wurde beurteilt:

– der Grad der Unzufriedenheit mit der Berufssituation
– die Länge des Schulbesuches in Jahren
– die Häufigkeit des Arbeitsplatzwechsels
– die Höhe des Monatseinkommens
– das Lebensalter.

Für jede der zum Zwecke der Konstruktvalidierung gemessenen Variablen wurde eine *Hypothese* formuliert, d.h., es wurde postuliert, daß ein interpretierbarer Zusammenhang der Variablen mit dem Skore des Natio-

106

nalismus – Fragebogens entweder in positiver oder negativer Richtung bestehe. Der Art des Verfahrens der Konstruktvalidierung und dem niedrigen Skalenniveau der meisten herangezogenen Variablen entsprechend sollten die korrelativen Ergebnisse lediglich in einer tabellarischen Übersicht präsentiert und verglichen werden.

In der folgenden Übersicht wird zu jeder Variablen die erwartete Richtung der Korrelation mit "Nationalismus", die Art des berechneten Korrelationskoeffizienten (Produkt – Moment – Korrelation r, Kontingenzkorrelation C, punktbiserielle Korrelation rpb) und die Höhe der Korrelation bei der Beamtenstichprobe (n = 54) und der Studentenstichprobe (n = 64) angegeben. Ferner ist aufgeführt, ob die Höhe der Korrelationskoeffizienten auf dem 5% – oder 1% – Niveau von Null abweicht oder ob man (bei Koeffizienten größer als 0.20) von einem "tendenziellen" Zusammenhang (tend) sprechen kann:

Variable	Hypothese	Korr. Koeff.	Korr. – Höhe Beamt./Stud.		Korr. – Interp. Beamt./Stud.	
Ethnozentrismus	+	r	+.75	+.76	1%	1%
Autoritarismus	+	r	+.62	+.56	1%	1%
Dogmatismus	+	r	+.15	+.05		
Intol.geg.Ambiguität	+	r	+.45	+.23	1%	Tend.
Nonkonformismus	–	r	–.47	–.63	1%	1%
Zustimmungstendenz	+	r	+.44	+.52	1%	1%
Flaggenbeurteilung	+	C	+.19	+.35		Tend.
Länderbeurteilung	+	C	+.42	+.23	Tend.	Tend.
Völkerbeurteilung	+	C	+.36	+.26	Tend.	Tend.
Kinder erziehen (hart)	+	C	+.21	+.57	Tend.	1%
Selbst erzogen (hart)	+	C	+.31	+.18	Tend.	
Polit.Haltung (rechts)	+	C	+.69	+.48	1%	5%
Religiosität (hoch)	+	C	+.49	+.37	5%	Tend.
Unzufriedenheit (hoch)	+	C	+.08	–.30		
Schulbildung (hoch)	–	C	+.45	–		–
Arbeitswechsel (oft)	+	C	–.44	–	–	–
Einkommen (hoch)	–	rpb	+.19	–		–
Lebensalter (hoch)	+	C	+.54	–	5%	–

Somit zeigen sich überwiegend interpretierbare Zusammenhänge in Richtung der ausgesprochenen Erwartungen, und zwar bei der Gruppe der Beamten in 12 von 18 Fällen und bei den Studenten in 11 von 14 Fällen, sofern man "tendenzielle" Zusammenhänge mitberücksichtigt.

Dabei scheint es so, als würden die Konstrukt – Hypothesen umso eher empirisch unterstützt, je zuverlässiger und gültiger die erfaßten Variablen gemessen werden. Sicherlich kann man dies von den Fragebogenvariablen des sogenannten autoritären Syndroms sagen. Dabei erscheint auch die Nullkorrelation zwischen Nationalismus und Dogmatismus als sinnvoll, denn Rokeach, auf dessen Überlegungen die hier angewendete Dogmatismus – Skala zurückgeht, wollte mit "Dogmatismus" ursprünglich ein möglichst von Rechts – oder Links – Tendenzen freies psychologisches Konstrukt erfassen.

Ein Gutteil der gemeinsamen Varianz zwischen Nationalismus und den hier zur Validierung herangezogenen Fragebogen – Variablen könnte vielleicht darauf zurückgeführt werden, daß es sich dabei jeweils um der Form nach ähnliche Erhebungsverfahren handelt. Die mit Selbst – Rating – Verfahren erhobenen Merkmale weisen jedoch ebenfalls recht zufriedenstellende Zusammenhänge mit der kritischen Variablen auf. Bemerkenswert ist, daß entgegen der schematischen Erwartung eines positiven Zusammenhanges zwischen Unzufriedenheit und nationalistischer Einstellung bei den Studenten ein eher negativer Zusammenhang zwischen den beiden Variablen (nämlich zwischen Unzufriedenheit mit der Studiensituation und Nationalismus) besteht. Von den Merkmalen, die Bildung, Einkommen und Lebensalter bei den Beamten betreffen, weist lediglich das Lebensalter den erwartet positiven Zusammenhang mit der nationalistischen Einstellung auf.

Bei manchen Vorbehalten gegenüber dem Meßniveau einiger verwendeter Verfahren kann zusammenfassend festgestellt werden, daß die Konstruktvalidierung des Fragebogens nationalistischer Einstellung zu einem Erfolg geführt hat, da in der großen Mehrzahl der Fälle interpretierbare Zusammenhänge zwischen dem Nationalismus – Skore und weiteren, mit dem Nationalismus – Konstrukt theoretisch verknüpften Meßwerten aufgetreten sind. Der konstruierte Fragebogen scheint also zufriedenstellende Reliabilität und Validität aufzuweisen.

Literaturhinweise

Angaben zu der Fachliteratur, die Prinzipien und Methoden der Fragebogenkonstruktion behandelt, finden sich bereits am Schluß von Kapitel 4.

Zum Gegenstand bzw. Thema derjenigen sozialen Einstellung, die uns als Beispiel für eine Fragebogenkonstruktion üblicher Art gedient hat, also des Nationalismus bzw. der nationalistischen Einstellung, gibt es eine umfangreiche Literatur aus Politik – und Geschichtswissenschaft, auf die hier nicht näher eingegangen werden soll. Stellvertretend seien lediglich das Buch von Lemberg (1964) und – aus stärker psychologischer Sicht – die Analyse des Nationalismus von Doob (1964) erwähnt.

Als Theorie, die sich für die sozialpsychologische Betrachtung nationalistischer Einstellungen als sehr geeignet erweist, wurde auf die Theorie der sozialen Identität von Henri Tajfel hingewiesen; hierzu lese man beispielsweise Tajfel (1968) und Tajfel & Turner (1979) sowie die zusammenfassende deutschsprachige Darstellung von A. Mummendey (1985).

Bei der empirischen Untersuchung weiterer Einstellungen aus dem psychologischen Umfeld der gewählten Beispiel – Variablen spielte das sogenannte autoritäre Syndrom eine wichtige Rolle; Merkmale wie Autoritarismus und Ethnozentrismus wurden zuerst von Adorno, Frenkel – Brunswik, Levinson & Sanford (1950) beschrieben und zu messen versucht. Zur Messung von Autoritarismus bzw. (In –)Toleranz gegenüber Ambiguität vgl. z.B. Heaven (1985) bzw. Kirton (1981). Berichte über Zusammenhänge der Merkmale des autoritären Syndroms mit weiteren psychologischen und sozial – demographischen Variablen ebenso wie Probleme der Messung insbesondere mit der F – Skala (Faschismus – Skala) von Adorno et al. (1950) führten zu ausgedehnten Diskussionen, die gelegentlich zusammengefaßt wurden (z.B. von Christie & Jahoda, 1954, und von Christie & Cook, 1958).

Die zur Konstruktvalidierung der Beispiel – Variablen herangezogenen weiteren Skalen wurden von Brengelmann & Brengelmann (1960b), Fürntratt (1968) und Schmidt (1969) veröffentlicht. Eine theoretische und empirische Grundlage einiger der angewendeten Einstellungsfragebogen stellt auch das Buch "The open and the closed mind" von Rokeach (1960) dar (vgl. auch Rokeach, 1973). Weitere deutschsprachige Fragebogen liegen zum Dogmatismus von Roghmann (1966), zum Ethnozentrismus von Liebhart & Liebhart (1971) vor.

Kapitel 6

Weitere Fragebogen – Konstruktionen: Unterschiedlich ökonomische Formen der Persönlichkeits –, Einstellungs – und Selbstkonzept – Erfassung

Wurde im vorigen Kapitel die gängigste Art und Weise, einen Fragebogen zu konstruieren, am Beispiel der Entwicklung eines Einstellungs – Fragebogens erläutert, so sollen die im vorliegenden Kapitel gebrachten weiteren Beispiele auf eine Reihe unterschiedlicher Spielarten der Fragebogenkonstruktion hinweisen. Es handelt sich nur um eine Auswahl möglicher Varianten, die bei weitem nicht umfassend ist. Aus den vom Verfasser zusammen mit verschiedenen Mitarbeitern entwickelten Fragebogen werden solche Konstruktionen ausgewählt und erläutert, die entweder teilweise andersartige Formen der Item – bzw. Fragebogen – Darbietung darstellen oder die sich teilweise statt auf klassische Persönlichkeits – und Einstellungs – Merkmale auf eine direkte Selbstkonzept – Erfassung richten. Zum Teil wird dabei die herkömmliche Form der Items eines Fragebogens – Fragen oder Feststellungen – zugunsten ökonomischerer Darbietungsformen, wie sie von Rating – Verfahren her bekannt sind, aufgegeben.

Im *ersten* Falle wird ein Fragebogen, der die Einstellung zur Gleichberechtigung der Frau erfassen soll, nach den Prinzipien der *Skalen – Diskriminationsanalyse* entwickelt; die einzelnen Schritte der Fragebogenkonstruktion sind hier aufwendiger und komplizierter als im zuvor geschilderten Falle. *Zweitens* wird über die Konstruktion eines Konservatismus – Fragebogens berichtet, dessen Besonderheit darin besteht, daß die Beurteilungsobjekte in jedem Item auf einen einzigen Begriff reduziert werden; es werden also *Ein – Wort – Items* verwendet. Im *dritten* Falle wird gezeigt, wie sich ein klassischer Fragebogen zur Messung fundamentaler Persönlichkeits – Dimensionen ökonomisieren und auf das Format von *Selbst – Rating – Skalen* reduzieren läßt. Im *vierten* Falle schließlich wird die Neukonstruktion eines Verfahrens der *Selbstkonzept – Erfassung* besprochen, das, schrittweise aus einem konventionellen Persönlichkeitsfragebogen abgeleitet, ebenfalls unter Verzicht auf die sprachliche Form eines üblichen Fragebogens arbeitet und in ein Selbst – Rating – Verfahren zur Selbstkonzeptmessung übergeht.

Am Schluß dieses Kapitels wird auf eine Reihe von im deutschen Sprachbereich vorliegenden und veröffentlichten Persönlichkeitsfragebogen hingewiesen sowie auf Quellen, denen Hinweise auf die verschiedenen konstruierten Fragebogen zu entnehmen sind.

Skalen – Diskriminations – Technik: Erfassung von Misogynie

In der von Edwards & Kilpatrick vorgeschlagenen Skalen – Diskriminations – Technik verbinden sich Merkmale bzw. Vorzüge von Skalierungsverfahren aus der Tradition der Psychophysik mit solchen aus der klassischen Testtheorie. Die im folgenden beschriebene Fragebogen – Konstruktion besteht im Kern aus drei sukzessiv angewendeten Skalierungsverfahren von Items, (1) einer Skalierung nach der *Methode der gleicherscheinenden Intervalle* (nach Thurstone & Chave), (2) einer Skalierung nach der *Methode der summierten Schätzungen* (nach Likert) und (3) einer *Skalogramm – Analyse* (nach Guttman); es schließen sich Prüfungen der Zuverlässigkeit (Reliabilität) und Gültigkeit (Validität) an.

Bei der empirischen Erforschung der Bedingungen von Einstellungen, die gegen die Gleichberechtigung der Frau gerichtet sind, wurde (unter Mitarbeit von Astrid Krameyer) ein Fragebogen zur Messung von *"Misogynie"* (Frauenfeindlichkeit) entwickelt. Das zugrundeliegende Konstrukt war summarisch als "Ablehnung von Gleichberechtigung auf verschiedensten Gebieten" bestimmt. Bei der Fragebogenkonstruktion konnte von einer Vielzahl heterogener schriftlicher Quellen, von philosophischer und schöner Literatur über Zeitschriften und Zeitungsbeiträge bis hin zu feministischen Traktaten ausgegangen werden.

Es wurden ca. 2000 Textstellen gesammelt und nach den in Kapitel 4 besprochenen Prinzipien in ca. 1400 Feststellungen überführt. Versuchte man die so entstandenen Statements zu systematisieren, so ließen sie sich sieben Sammelkategorien zuordnen: Misogynie in Öffentlichkeit (Beruf, Politik etc.), Ehe/Partnerschaft, Sexualmoral/ – verhalten, Begabung/ Fähigkeit/Leistung, Nicht – leistungsbezogene Persönlichkeitseigenschaften, Direkte Äußerungen zur Gleichberechtigung, Spezielle Zuweisung von Aufgaben und Pflichten. Als Beispiele für diese sieben Arten von misogynen Feststellungen seien genannt:

"Es ist ein Verstoß gegen den guten Ton, wenn eine Frau in einem Lokal für ihren Begleiter zahlt" (Öffentlichkeit)

112

"Eine gute Frau muß ihren Mann trotz aller Fehler lieben und achten" (Ehe etc.)

"Gerade dumme Frauen sind oft besonders reizvolle Sexualobjekte" (Sexualmoral etc.)

"Frauen, die sich mit intellektuellen Dingen beschäftigen, werden früher oder später neurotisch" (Begabung etc.)

"Frauen sind hauptsächlich vom Gefühl beherrscht" (Persönlichkeitseigenschaften)

"Alle Emanzipationsbestrebungen entfremden die Frau ihrer eigentlichen Bestimmung" (Gleichberechtigung)

"Frauen sind von Natur aus dazu bestimmt, in anderen Lebensbereichen tätig zu sein als Männer" (Aufgaben und Pflichten).

In der Absicht, sieben verschiedene Fragebogen – entsprechend den genannten sieben Sammel – Kategorien – zu konstruieren, wurden zu jeder Kategorie 50 Items, insgesamt also 350 Items ausgewählt, und zwar so, daß sich misogyne und nicht – misogyne Aussagen pro Kategorie ungefähr die Waage hielten und daß direkt und allzu indirekt erscheinende Äußerungen eliminiert wurden.

Der erste Schritt der Skalen – Diskriminations – Technik bestand nun in der Anwendung der Skalierungsmethode der *gleicherscheinenden Intervalle*. 34 Beurteiler beiderlei Geschlechts sollten die nach Zufall gemischten 350 Feststellungen jeweils einer von sieben, im gleichen Abstand voneinander vorzustellenden Urteilskategorien A bis G zuordnen: A bedeutete dabei "extrem wenig frauenfeindlich", G dagegen "extrem frauenfeindlich". Mittels der von Thurstone & Chave beschriebenen Prozedur wurden daraufhin für jedes Item Maße der zentralen Tendenz (Mediane) und der Streuung (Quartilabstände) bestimmt, und zwar nach einer Umwandlung der Urteilskategorien A bis G in eine Urteilsskala von 1 bis 7. Daraufhin wurden – für jede der sieben nun entstehenden, unterschiedlichen Skalen von Misogynie getrennt – jeweils 30 Items ausgewählt, die den folgenden Kriterien genügten:

Die Items mußten unterschiedliche Punkte auf dem Urteils – Kontinuum in ungefähr gleichen Abständen repräsentieren – sie sollten also die gesamte Breite der Skalen (von extrem wenig misogyn bis zu extrem

misogyn) darstellen; die Items durften eine Urteils – Streuung von höchstens 1,5 Quartilabstand aufweisen – bezüglich ihres Grades an Misogynie sollte also jeweils große Beurteiler – Übereinstimmung herrschen;
schließlich sollten annähernd gleich viele positiv und negativ formulierte
Feststellungen vorliegen – misogyne und nicht – misogyne Items sollten
sich also möglichst die Waage halten. Als Ergebnis dieser Anwendung der
Methode der gleicherscheinenden Intervalle stand somit eine Auswahl von
sieben mal 30 Items für die weitere Analyse fest, über deren unterschiedlichen Grad an Misogynie zu verschiedenen Inhalts – Bereichen eine
größere Anzahl unabhängiger Beurteiler in hohem Maße übereinstimmte.

Der zweite Schritt der Skalen – Diskriminations – Technik bestand in der
Anwendung der Methode der *summierten Schätzungen* oder auch der *Likert – Skalierung* auf die 210 verbliebenen Misogynie – Items. Sie wurden
wiederum nach Zufall gemischt und 102 Personen beiderlei Geschlechts
vorgelegt. Anders als bei der Methode der gleicherscheinenden Intervalle
gaben die Beurteiler nicht an, wie "frauenfeindlich" die einzelnen *Items*
seien, sondern sie hatten zu beurteilen, in welchem Maße *sie selbst* den
einzelnen Items zustimmten. Diese persönlichen Urteile wurden nicht in
dichotomer Weise, sondern – wie beim Likert – Verfahren typisch –
differenziert zu fünf abgestuften Antwortkategorien abgegeben (Ratings
von "sehr dagegen" bis "sehr dafür"). Durch Summierung dieser Schätzungen ließ sich für jede der urteilenden Personen ein vorläufiger Misogynie – Wert für jeden der sieben Fragebogen ermitteln.

Anschließend wurde für jeden der sieben Fragebogen getrennt eine
Trennschärfeanalyse, ähnlich der in den Kapiteln 4 und 5 beschriebenen, vorgenommen. Da es beim Likert – Verfahren üblich ist, statt mit
Item – Test – Korrelationen mit der Ermittlung von Unterschieden zwischen
Extremgruppen von Personen zu arbeiten, wurde das folgende Verfahren
angewendet: Um festzustellen, welche Items am besten zwischen Versuchspersonen mit sehr hohen und sehr niedrigen Misogynie – Skores zu
trennen vermögen, wurden für jede der sieben Fragebogen Extremgruppen aus den jeweils 25 Personen mit den höchsten und niedrigsten Misogynie – Skores bestimmt. Ausgewählt bzw. für die weitere Fragebogenkonstruktion beibehalten wurden dann solche Items, zu denen diese beiden
Extremgruppen möglichst unterschiedliche Antworten geliefert hatten.
Aufgrund dieser Trennschärfebestimmung gemäß Mittelwertsdifferenzen
zwischen Extremgruppen verblieben in jedem der sieben Teil – Fragebogen noch zehn Items. Dabei zeigte sich, daß die nicht – misogyn
formulierten Items in den meisten Fällen in der Überzahl waren. Als Ergebnis der Anwendung der Methode der summierten Schätzungen ergab

114

sich somit eine Auswahl von sieben mal zehn Items, die zwischen Personengruppen mit extrem unterschiedlich frauenfeindlichen Urteilen maximal zu trennen vermögen.

Der dritte Schritt der Skalen – Diskriminations – Technik, die *Skalogramm – Analyse* nach Guttman, diente der Prüfung, in welchem Ausmaß mit den sieben unterschiedlichen Fragebogen misogyner Einstellungen jeweils ein einziges Merkmal erfaßt wird; dieser Schritt dient also der Feststellung der strikten *Eindimensionalität* der Fragebogen – Skalen. Unsere Analyse folgte der Goodenough – Technik, mit der sich für jede Skala ein Reproduzierbarkeitskoeffizient bestimmen läßt; dieser gibt an, mit welcher Genauigkeit man die einzelnen Antworten auf die Items allein aus der Kenntnis der Gesamt – Skores ableiten kann – je größer der Reproduzierbarkeitskoeffizient, desto eindeutiger ist die Hierarchie der einzelnen, unterschiedlich stark frauenfeindlichen Feststellungen und desto präziser gibt der Gesamtwert des Fragebogens an, welche Items mit "stimmt" bzw. "stimmt nicht" beantwortet worden sein müssen. Der Reproduzierbarkeitskoeffizient ist damit logischerweise ein direktes Maß der Eindimensionalität einer aus mehreren Items bestehenden Skala – bei Skalen zur Messung sozialer Einstellungen wird sein Maximalwert von 1.0 allerdings nur selten erreicht. Die Reproduzierbarkeitskoeffizienten für unsere sieben Misogynie – Skalen erreichten empirische Werte zwischen 0.78 und 0.82 und liegen damit nur leicht unter dem von Guttman geforderten Kriterium für strenge Eindimensionalität.

Von den sieben endgültigen Fragebogen *misogyner Einstellung* werden hier exemplarisch die beiden ersten (I. Öffentlichkeit, II. Ehe/Partnerschaft) wiedergegeben (Plus – und Minuszeichen geben die Richtung der Antwortkodierung jedes Items an):

I. Misogynie in der Öffentlichkeit

1. (+)   Dauernde Berufstätigkeit macht die Frau nur zum Mannweib

2. (–)   Es ist eine Schande, daß Frauen für gleiche Arbeit weniger Lohn bekommen als Männer

3. (–)   Es ist ein bedenklicher Irrtum, von "männlichen" und "weiblichen" Berufen zu sprechen

4. (+)   Berufsarbeit zerstört die biologischen Fähigkeiten der Frau

5. (–)   Es ist unerhört, daß in manchen Staaten den Frauen bis heute das Wahlrecht vorenthalten wird

6. (–)   Es ist völlig falsch zu behaupten, Frauen seien für öffentliche Ämter nicht geeignet

7. (–)   Frauen sollten in immer mehr Berufe vordringen und dadurch ihr Selbstbewußtsein stärken

8. (+)   Keine wirkliche Frau käme auf den Gedanken, politische Gleichberechtigung zu fordern

9. (+)   Frauen sollten sich mit der Betätigung in weiblichen Berufen zufriedengeben

10. (–)   Man sollte Frauen in höherem Maße als bisher auch leitende Stellungen zugänglich machen

II. Misogynie in der Ehe/Partnerschaft

1. (–)   Es ist empörend, wie viele Männer die Frau als ihren persönlichen Besitz betrachten

2. (+)   Eine gute Frau muß ihren Mann trotz aller Fehler lieben und achten

3. (+)   Es ist die Pflicht einer jeden Frau, für eine gute Ehe ihre Selbständigkeit aufzugeben

4. (–)   Die Frau sollte sich endlich von ihrer Hörigkeit dem Mann gegenüber befreien

5. (+)   Frauen können nur indirekt etwas leisten, nämlich indem sie ihre Männer lieben

6. (–)   Die Eheschließung sollte für die Frau keine Einschränkung irgendwelcher Rechte zur Folge haben

7. (–)   Es ist Unsinn zu behaupten, daß das Glück der Frauen im Manne liegt

8. (–) Frauen können sich sehr gut auch ohne die Ergänzung durch einen Mann entfalten

9. (–) Frauen sollten endlich aufhören, Männer aufgrund eingebildeter Überlegenheit zu bewundern

10. (–) Man darf von keiner Frau verlangen, daß sie sich nur ihrem Mann und ihrer Familie widmet.

Bei einem so umfangreichen Fragebogen wie dem hier konstruierten vollständigen, aus sieben Teilskalen bestehenden Misogynie – Fragebogen (entsprechendes gilt auch für den Beispiel – Fragebogen aus Kapitel 5) empfiehlt es sich selbstverständlich nicht, sämtliche Items den antwortenden Personen sozusagen in "geballter Ladung" darzubieten. Bei der Anwendung solcher Fragebogen wird man entweder nur mit einem einzigen oder wenigen Teil – Fragebogen arbeiten oder man wird die dem Inhalt nach sehr homogenen Items in geschickter bzw. gefälligerer Weise unter Items mit anderem Inhalt mischen.

Bei der Anwendung der Misogynie – Fragebogen an verschiedenen Gruppen von Personen ergaben sich regelmäßig linksschiefe Häufigkeitsverteilungen der Skores, d.h., es zeigte sich regelhaft eine mehr oder weniger allgemeingültige Tendenz zur Beantwortung im nicht – misogynen Sinne. Mit anderen Worten scheint eine Norm zu existieren, auf Misogynie – Fragebogen im eher nicht – frauenfeindlichen Sinne zu antworten.

Die Interkorrelationen zwischen den einzelnen Fragebogen – Skores waren stets in der mittelhoch – positiven Größenordnung zwischen 0.50 und 0.60. Die Korrelationen jeder einzelnen Skala mit einem aus allen sieben Teilskalen additiv gebildeten Gesamtwert für Misogynie waren ebenfalls stets positiv, und zwar in der Größenordnung zwischen 0.60 und 0.70. Damit scheint sich zu zeigen, daß alle sieben Fragebogen sowohl allgemeinere als auch speziellere Aspekte von Misogynie erfassen. Daß sich die sieben von uns unterschiedenen Aspekte von Misogynie in faktorenanalytischen Untersuchungen aller 70 Items nachträglich nicht reproduzieren ließen, spricht dafür, daß es doch ein eher breites, allgemeineres Konzept von Misogynie ist, das mit den Items erfaßt wird. Eine Konsequenz daraus könnte sein, bei der Messung misogyner Einstellungen einen aus allen bzw. einer angemessenen Anzahl von Items ermittelten Misogynie – Gesamtwert zu bestimmen.

Die Ergebnisse der Skalen – Diskriminations – Analyse lassen bereits auf eine zufriedenstellende Reliabilität des Misogynie – Fragebogens schließen. Sieht man einmal von der ohne Frage gegebenen "trivialen" Gültigkeit des Fragebogens ab, so lassen sich Hinweise auf die Validität im Sinne von Konstrukt – Validität einer empirischen Untersuchung entnehmen, bei der eine Kurzform des Gesamt – Fragebogens (bestehend aus je drei Items jeder Subskala, also insgesamt 27 Items) zusammen mit einer Reihe weiterer Variablen des oben besprochenen "autoritären Syndroms" an 241 Personen angewendet wurde. Dabei ergaben sich durchgehend positive Zusammenhänge zwischen Misogynie und Autoritarismus, Ethnozentrismus, Dogmatismus und Konformität. Bei einer Faktorenanalyse bildeten alle diese Variablen einschließlich Misogynie einen gemeinsamen Faktor des "autoritären Syndroms".

Ein wichtiger Hinweis auf die Validität des Fragebogens ergab sich schließlich dadurch, daß sich bei der untersuchten Personengruppe die Teilgruppen der Männer und der nicht – berufstätigen Frauen untereinander hinsichtlich des Ausmaßes an misogyner Einstellung nicht wesentlich unterscheiden, daß sich jedoch beide Gruppen deutlich von der Gruppe der berufstätigen Frauen abheben. Betrachtet man die berufstätigen Frauen als diejenigen, die eine eher positive Einstellung zur Gleichberechtigung aufweisen, so verweist der klare Unterschied zwischen ihnen und den restlichen Personengruppen auf eine Validität des Fragebogens. Unterscheidet man die Gesamtgruppe der Personen nach ihrem sozialen Status, so ergab sich ebenfalls ein deutlich niedrigeres Maß an Misogynie, je höher der soziale Status der betreffenden Gruppe war. Berufstätige Frauen mit niedrigem sozialem Status weisen jedoch relativ niedrige Misogynie – Skores auf, so daß bei der Gruppe der berufstätigen weiblichen Personen die in bezug auf Variablen des "autoritären Syndroms" üblichen Unterschiede zwischen Gruppen mit ungleichem sozialem Status im Falle der misogynen Einstellung nicht zutage traten. Auch dieses Resultat unterstützt die Feststellung der Fragebogenvalidität. Da es im vorgegebenen Zusammenhang jedoch nicht um Probleme der hier gemessenen sozialen Einstellungen, sondern um Eigenarten bestimmter Konstruktionsformen von Fragebogen geht, soll die Diskussion hier nicht weiter vertieft werden.

Ein – Wort – Items in Einstellungsfragebogen: Erfassung von Konservatismus

Sowohl im englischen als auch im deutschen Sprachgebiet hat sich eine von Wilson & Patterson vorgeschlagene Form, eine Einstellung mittels eines Persönlichkeitsfragebogens zu erfassen, bewährt, bei der statt komplexer Satzkonstruktionen als Items lediglich die schlichte Angabe der Urteilsobjekte in *substantivischer* Form erfolgt. Die Wilson – Patterson – Skala dient der Messung von Konservatismus als Einstellung. Im folgenden soll über eine (unter Mitarbeit von Bernd Schiebel und Rainer Riemann vorgenommene) Konstruktion einer aktualisierten deutschsprachigen Form eines solchen *Konservatismus* – Fragebogens berichtet werden.

Als Items wurden zunächst die von den Autoren der englischen Form sowie die bei einer deutschen Nachuntersuchung verwendeten Substantive (je nach Autor handelte es sich um 40 bzw. 50 Begriffe wie z.B. "Todesstrafe", "Mischehen", "Moderne Kunst" etc.) herangezogen. Diese Liste von konservatismus – sensiblen Begriffen wurde nun nach Gesichtspunkten von Zeitgemäßheit, Allgemeinverständlichkeit und Kulturspezifität (z.B. Elimination des Begriffes "Pyjama – Parties" in der deutschen Form) revidiert; es wurden einige Items entfernt und einige neu hinzugefügt. Die so entstandene Liste enthielt 30 Items, von denen 16 bei Ablehnung und 14 bei Zustimmung als Indikatoren konservativer Einstellung betrachtet wurden. Sie wurde 73 Studierenden und 80 Auszubildenden zur Beantwortung vorgelegt. Abweichend von der üblichen dichotomen Antwortform sollten die Probanden den Grad ihrer Zustimmung zu den vorgelegten Begriffen in Prozent angeben, denn in Vorversuchen hatte sich gezeigt, daß die Versuchspersonen differenziertere Antwortmöglichkeiten bei den teilweise recht plakativ erscheinenden Begriffen bevorzugten.

Die Item – Test – Korrelationen der Konservatismus – Liste variierten zwischen 0.62 (für "Einbürgerung von Gastarbeitern") und 0.13 (für "Retortenbabies"); der mittlere Wert (Median) der Trennschärfekoeffizienten lag bei 0.46 (Studenten) bzw. bei nur 0.29 (Auszubildende). Die gemittelten Interkorrelationen der Items betrugen bei den Studenten 0.21, bei den Auszubildenden nur 0.10. Cronbach's Konsistenzkoeffizient alpha war für die Gruppe der Studenten 0.88, für diejenige der Auszubildenden 0.76. Eine Faktorenanalyse ergab für die Studentenstichprobe fünf interpretierbare Faktoren, die zusammen 50% der Varianz erfaßten. Bei einer auf fünf Faktoren begrenzten Lösung entfielen dabei auf den ersten Faktor allein 57% der Varianz. Die Faktoren wurden vorläufig wie folgt bezeichnet:

(I)   Betonung nationalistischer Werte und repressive Haltung gegenüber Minderheiten

(II)   Ablehnung der Emanzipation der Frau und negative Haltung gegenüber Ausländern

(III)   Befürwortung christlicher Moralvorstellungen

(IV)   Ablehnung von Freizügigkeit im sexuellen Bereich und mangelnde Aufgeschlossenheit gegenüber Neuem

(V)   Rechtsgerichtetes Gedankengut und Ablehnung politisch links – gerichteter Vorstellungen.

Eine entsprechende Faktorenanalyse der Daten der Auszubildenden ergab eine unbefriedigende Faktorenstruktur, so daß auf deren Darstellung hier verzichtet wird. Die Ergebnisse dieser ersten, vorläufigen Fragebogenkonstruktion bestätigen die Resultate anderer Autoren, wonach es als schwierig erscheint, ein Konservatismus – oder Liberalismus – Syndrom bei nicht – akademischen Personengruppen mit der hier angewendeten Methode zu identifizieren.

Die geschilderte Untersuchung diente daher als Voruntersuchung zu einer weiteren Konstruktion einer Konservatismus – Skala. Das Konzept des Konservatismus wurde dahingehend präzisiert, daß vor allem die den Faktoren I, II, IV und V der Studenten – Faktorenlösung entsprechenden Bereiche konservativer Einstellung vertreten sein sollten, ergänzt um den Bereich "Bevorzugung autoritärer, strenger Verhaltensweisen". Aus der vorläufigen 30 – Item – Skala wurden 15 Items übernommen, 27 wurden neu gebildet. Der Konsistenzkoeffizient alpha der nun bei 75 Studenten angewendeten 42 – Item – Form des Konservatismus – Fragebogens betrug 0.90, und der mittlere Wert (Median) der Item – Test – Koeffizienten betrug 0.43.

Zur Analyse der Struktur der Konservatismus – Liste wurden wiederum Faktorenanalysen berechnet; zur Interpretation konnte eine fünffaktorielle Lösung herangezogen werden, in der sich die vorab postulierten Inhaltsbereiche des Konservatismus, wenn auch in teilweise leicht veränderter Zusammensetzung, gut wiederfanden. Aus ihnen wurden – unter der Voraussetzung, daß jede Subskala eine ausreichende Zahl von Items enthalten soll – insgesamt vier *Subskalen* gebildet:

(I)   Bevorzugung autoritärer Erziehung und politischer Konservatismus (15 Items; alpha = 0.83)

(II)   Ablehnung der Emanzipation von Frauen (8 Items; alpha = 0.77)

120

(III)   Ablehnung von Ausländern (8 Items; alpha = 0.77)

(IV)   Sexuelle Freizügigkeit (6 Items; alpha = 0.67).

Fünf Items gehören keiner der Subskalen an, tragen jedoch zum Konservatismus – Gesamtwert der 42 – Item – Skala bei.

Im folgenden sind die 42 Items der *Konservatismus – Gesamtskala* unter Berücksichtigung ihrer Kodierung bzw. Antwortrichtung und der Zugehörigkeit der Items zu einer der vier oben bezeichneten Subskalen I bis IV wiedergegeben:

1.	(–)	III	Aufnahme von Asylsuchenden
2.	(–)	I	Ungebundenes Leben
3.	(+)		Nur – Hausfrauen
4.	(+)	I	Schläge als Erziehungsmittel
5.	(–)		Punks
6.	(+)	III	Getrennte Wohnviertel für Ausländer
7.	(+)	IV	Sexuelle Treue
8.	(–)	II	Frauen als Vorgesetzte
9.	(+)	I	Bild – Zeitung
10.	(+)	I	Vaterlandsliebe
11.	(–)	IV	Homosexualität
12.	(–)	III	Einbürgerung von Gastarbeitern
13.	(+)	II	Bevorzugung von Männern bei der Arbeitssuche
14.	(–)	I	Gesamtschule
15.	(–)	I	Wehrdienstverweigerung
16.	(–)	I	Abschaffung von Jugendstrafen
17.	(–)		Gewerkschaften
18.	(–)	II	Berufstätige Mütter
19.	(+)		Keuschheit
20.	(+)	III	Eigene Klassen für Ausländerkinder
21.	(+)	I	Verfassungsschutz
22.	(+)	I	Militärischer Drill
23.	(–)	II	Frauen als Richter
24.	(–)		Sexuelle Freizügigkeit
25.	(+)	III	Bevorzugung von Deutschen bei der Arbeitssuche
26.	(+)	IV	Jungfräulichkeit vor der Ehe
27.	(–)	III	Wahlrecht für Ausländer

28.	(+)	II	Unterordnung der Frau
29.	(+)	I	Härtere Strafen
30.	(−)	I	Alternativbewegung
31.	(−)	II	Männer im Haushalt
32.	(−)	III	Ehen mit Ausländern
33.	(−)	IV	Schwangerschaftsabbruch
34.	(−)	II	Totale Gleichberechtigung der Frau
35.	(−)	IV	Freikörperkultur
36.	(−)	I	Kinderladen
37.	(+)	I	Patriotismus
38.	(+)	III	Verringerung des Ausländeranteils
39.	(+)	IV	Lebenslange Ehe
40.	(+)	II	Führungsrolle des Mannes
41.	(+)	I	Erziehung zu Sauberkeit und Ordnung
42.	(+)	I	Starkes Deutschland

Die so konstruierte Konservatismus – Skala wurde an unterschiedlichen Personengruppen erfolgreich erprobt. So zeigte sich in einer mehrjährigen Längsschnittuntersuchung bei Wehrpflichtigen ein nach Antritt des Wehrdienstes anfangs starker und nach einem vorübergehenden Abfall nach der Grundausbildung weiterhin kontinuierlicher Anstieg des Konservatismus – Gesamtskores. Als einziger Subskore, der sich über die gesamte Wehrdienstzeit hinweg deutlich und beständig erhöhte, erwies sich dabei der Subskore II (Ablehnung der Emanzipation von Frauen). In einer Studie an Frauen, die ihr erstes Kind bekamen, zeigte sich teilweise ein tendenzieller Anstieg konservativer Einstellung kurz vor der Geburt des Kindes, der am ehesten den Subskore III (Ablehnung von Ausländern) betraf. Es hat den Anschein, daß der konstruierte Fragebogen aus Ein – Wort – Items (zusammen mit der Prozent – Antwort – Form) ein nicht nur sehr ökonomisches, sondern auch sensibles Instrument der Einstellungsmessung darstellt.

Eigenschafts – Stichworte: Ökonomisierung der Persönlichkeitsmessung von Extraversion, Neurotizismus und Psychotizismus

Nicht nur bei der Messung sozialer Einstellungen, sondern auch bei der Erfassung fundamentaler Persönlichkeitseigenschaften wünscht man sich häufig eine kürzere und sprachlich weniger aufwendige Form der Items.

Verwendet man beispielsweise Persönlichkeitsfragebogen im Rahmen experimenteller Untersuchungen und möchte die Items der Fragebogen z.B. in einer standardisierten apparativen Darbietungsweise präsentieren (z.B. im Sichtfenster eines Gerätes vom Typ einer Lern – oder Gedächtnistrommel), so erweisen sich die herkömmlichen Fragen oder Feststellungen als viel zu lang. Im folgenden soll daher über die Konstruktion einer ökonomischen Form eines Persönlichkeitsfragebogens zur Erfassung fundamentaler Persönlichkeits – Dimensionen berichtet werden, der lediglich aus selbstbeschreibenden *Eigenschafts – Stichwörtern* besteht.

Unter den faktorenanalytisch überprüften Persönlichkeitsfragebogen zur Messung von im Rahmen einer Persönlichkeitstheorie als grundlegend angesehenen Merkmalssyndromen finden die Fragebogen der *"Extraversion"*, des *"Neurotizismus"* und – etwas seltener auch – des *"Psychotizismus"* von H.J. Eysenck und seinen Mitarbeitern häufige Anwendung. Alle drei Persönlichkeitsfaktoren werden, obgleich die sie konstituierenden Persönlichkeitsvariablen auch durch vielfältige nicht – sprachliche Reaktionen bestimmbar sind, konventionellerweise durch Fragebogen erfaßt.

Die Persönlichkeitsdimension *Extraversion* (vs. Introversion) spielt in den meisten bekannten Persönlichkeitstheorien eine wichtige Rolle. In der Eysenck'schen Theorie hängt der Grad der Extraversion einer Person mit gewissen neuropsychologischen Merkmalen eines Individuums, insbesondere der Art des Zusammenspiels von Erregung und Hemmung im Zentralnervensystem zusammen. Phänomenal äußert sich erhöhte Extraversion in einer Tendenz zu Geselligkeit, Kontaktfähigkeit etc. Die Persönlichkeitsdimension des *Neurotizismus*, als deren Gegenbegriff man "Psychische Stabilität" setzen kann, zeigt in der Eysenck'schen Theorie eine Beziehung zu Eigenarten des vegetativen Nervensystems; hoch – neurotizistische Personen sind vegetativ eher instabil, sie erweisen sich auf der phänomenalen Ebene als eher empfindlich, störbar und ängstlich etc. Die Persönlichkeitsdimension des *Psychotizismus* soll in Beziehung zum Hormonhaushalt des Individuums stehen; Personen mit relativ hohem Grad an Psychotizismus werden als eher gefühlskalt, feindselig, egozentrisch und risikofreudig beschrieben. Die drei der Theorie nach voneinander statistisch unabhängigen Persönlichkeitsdimensionen lassen sich aufgrund der Beschreibungen von Eysenck und Mitarbeitern wie folgt zusammenfassend charakterisieren:

Extraversion:

gesellig, kontaktbetont – ungesellig
aktiv – passiv, ruhig
aus sich herausgehend, wagemutig – zurückhaltend, distanziert
gesprächig – schweigsam
optimistisch – pessimistisch
impulsiv – reserviert
spontan, sorglos – nachdenklich, planend
fröhlich – ernsthaft
leichtmütig – geordnet

Neurotizismus:

unruhig, reizbar – ruhig
unzuverlässig – zuverlässig
unkontrolliert – beherrscht, kontrolliert
ängstlich – tonangebend
bedrückt, nachdenklich – sorglos
launisch, wechselhaft – ausgeglichen
aggressiv – friedlich
empfindlich – robust

Psychotizismus:

eigenständig, sich nicht um andere kümmernd
störend, lästig, nicht anpassungsbereit, schlechte Manieren
unemotional, gefühlsarm, unempfindlich
feindselig, aggressiv, grausam, inhuman
risikofreudig, Gefahren nicht beachtend
Erregung suchend, Freude am Ungewöhnlichen und Bizarren
nicht mitfühlend, nicht hilfsbereit
Neigung, andere aufzuregen oder in Verlegenheit zu bringen.

Deutschsprachige Fragebogen der Extraversion und des Neurotizismus liegen in mehrfacher Form vor, z.B. im Eysenck – Persönlichkeits – Inventar (EPI); eine deutschsprachige Psychotizismusskala wurde von Baumann & Dittrich konstruiert. Die genannten Fragebogen enthalten für E und N jeweils 24 Items, für P 14 Items. Die E – und N – Items sind als Fragen, die P – Items als Feststellungen formuliert, z.B.

124

für E:

"Haben Sie oft Lust, etwas Aufregendes zu erleben?"
"Können Sie im allgemeinen in einer fröhlichen Gesellschaft richtig mitmachen und sich gut amüsieren?"

für N:

"Brauchen Sie oft verständnisvolle Freunde zur Aufmunterung?"
"Wenn Sie etwas Wichtiges getan haben, haben Sie dann oft das Gefühl, daß Sie es eigentlich hätten besser machen können?"

für P:

"Ich wäre erfolgreicher, wenn mir nicht Schwierigkeiten gemacht worden wären"
"Scherze, die anderen manchmal wirklich weh tun können, machen mir Spaß".

Zur Erstellung einer für experimentelle Zwecke erforderlichen handlicheren Version der drei Fragebogen wurden sämtliche Items (im Falle des EPI diejenigen der Form A dieser Fragebogen) in *Stichwort*–Form übertragen; vier Beurteiler stimmten sich dabei über die angemessenste Formulierung ab. Die Stichwort–Form enthält zumeist nur wenige Wörter, im kürzesten Falle zwei ("habe Feinde"), im längsten Falle sechs ("bin mit eigener Leistung oft unzufrieden").

Um zu prüfen, ob die Stichwort–Form zur Selbstbeschreibung hinsichtlich Extraversion, Neurotizismus und Psychotizismus in hinreichendem Maße das gleiche leistet wie die Original–Fragebogen, wurden beide Fassungen (jeweils insgesamt 62 Items) von 100 Personen ausgefüllt. Die Reihenfolge der Items war in beiden Fassungen identisch; es wurde jedoch systematisch variiert, in welcher Abfolge die antwortenden Personen die Fragebogen bearbeiteten (zuerst die Langform und dann die Kurzform, oder umgekehrt). Während die Items der Fragebogen–Originalform (Langform) mit "Ja/Nein" zu beantworten waren, erhielt die Stichwort–Form (Kurzform) eine siebenstufige Antwortform (-3, -2, -1, 0, 1, 2, 3); selbstverständlich wäre auch hier eine Minimal–Antwortform möglich.

Im folgenden wird die Stichwort–Form des Fragebogens zur Messung der drei Persönlichkeitsdimensionen Extraversion (E), Neurotizismus (N) und Psychotizismus (P) wiedergegeben; Plus – und Minuszeichen geben die Kodierung bzw. Antwortrichtung im Sinne der Persönlichkeitskonstrukte an. Aufgeführt sind ferner die Korrelationen zwischen der Original – Form und der Stichwort – Form jedes einzelnen Items:

1.	(E+)	bin abenteuerlustig	.48
2.	(N+)	brauche verständnisvolle Freunde	.32
3.	(E+)	bin sorgenfrei	.50
4.	(N+)	kann kein "Nein" ertragen	.39
5.	(E−)	denke nach, bevor ich handle	.48
6.	(P+)	habe Feinde	.36
7.	(N+)	bin stimmungsschwankend	.57
8.	(E+)	bin schnell entschlossen	.13
9.	(N+)	habe manchmal "miserables" Gefühl	.42
10.	(E+)	bin leicht herausforderbar	.62
11.	(N+)	bin schüchtern	.36
12.	(P+)	habe häufig Schwierigkeiten	.38
13.	(E+)	bin spontan	.38
14.	(N+)	bin grüblerisch	.30
15.	(E−)	lese lieber als Kontakte zu haben	.61
16.	(P+)	bin vom Pech verfolgt	.41
17.	(N+)	bin leicht verletzlich	.60
18.	(E+)	gehe viel aus	.73
19.	(P+)	manche Leute meiden mich	.31
20.	(N+)	bin wechselhaft, schwankend	.29
21.	(E−)	bevorzuge intensive Freundschaften	.22
22.	(N+)	habe oft Tagträume	.75
23.	(E+)	schreie zurück	.54
24.	(N+)	habe oft Schuldgefühle	.61
25.	(P+)	bin von Träumen beeinflußbar	.56
26.	(E+)	bin gesellig, amüsierfähig	.60
27.	(N+)	bin innerlich gespannt, empfindlich	.59
28.	(P+)	man nimmt mir viel übel	.30
29.	(E+)	bin sehr lebhaft	.57
30.	(N+)	bin mit eigener Leistung oft unzufrieden	.28
31.	(E−)	bin in Gegenwart anderer zurückhaltend	.60
32.	(P+)	man ärgert mich oft	.27
33.	(N+)	neige zu Schlaflosigkeit	.48
34.	(E−)	befrage lieber Bücher als Leute	.65
35.	(N+)	neige zu Herzklopfen und Herzjagen	.68
36.	(P+)	man macht mir oft Schwierigkeiten	.40

37.	(E–)	neige zu konzentriertem Arbeiten	.45
38.	(N+)	bin oft zittrig	.32
39.	(P+)	mir schmeckt alles gleich	.23
40.	(E–)	bin ungern unter frozzelnden Leuten	.46
41.	(N+)	gerate leicht aus der Fassung	.60
42.	(E+)	handle gern schnell	.51
43.	(N+)	bin besorgt um schreckliche Ereignisse	.59
44.	(E–)	bewege mich langsam und bedächtig	.55
45.	(P+)	anderen wehtun macht mir Spaß	.21
46.	(N+)	habe häufig Alpträume	.54
47.	(E+)	nutze jede Gesprächsgelegenheit	.36
48.	(P+)	möchte anderen gerne Angst einflößen	.20
49.	(N+)	bin leidend, schmerzgeplagt	.48
50.	(E+)	bin kontaktbedürftig, gesellig	.42
51.	(N+)	halte mich für "nervös"	.68
52.	(P+)	mag verletzende Scherze	.51
53.	(E+)	bin selbstbewußt	.60
54.	(N+)	bin leicht gekränkt, kritikempfindlich	.55
55.	(E–)	kann schlecht aus mir herausgehen	.38
56.	(P+)	Freundschaften scheitern ohne meine Schuld	.12
57.	(N+)	habe Minderwertigkeitsgefühle	.70
58.	(E+)	kann Party in Schwung bringen	.59
59.	(P+)	finde Ehe altmodisch	.69
60.	(N+)	bin um meine Gesundheit besorgt	.64
61.	(E+)	spiele anderen gerne Streiche	.69
62.	(N+)	leide an Schlaflosigkeit	.43

Die einzelnen Items der ursprünglichen Fragebogen – Version und der Stichwort – Version sind einander offensichtlich in unterschiedlichem Maße äquivalent. Die Korrelationen zwischen den *Skores* für Extraversion, Neurotizismus und Psychotizismus der Original – Fragebogen – Form und der Stichwort – Form betragen

für Extraversion	r = .87	tau = .71
für Neurotizismus	r = .84	tau = .68
für Psychotizismus	r = .61	tau = .50

(Für E und N ist Pearson's r – Koeffizient interpretierbar, für die nicht – normal verteilte P – Variable Kendall's tau – Koeffizient.)

Die Reihenfolge der Darbietung der Fragebogen – Formen (erst Langform und dann Stichwort – Form, oder umgekehrt) spielte keine einfluß-
reiche Rolle – die Korrelationen zwischen den Skores beider Formen
bewegten sich in beiden Fällen ungefähr in gleicher Höhe und entspra-
chen den oben aufgeführten.

Damit hat sich gezeigt, daß die Stichwort – Form der Fragebogen zur
Messung der drei Eysenck'schen Persönlichkeitsfaktoren als gültiges
Äquivalent zur Originalform nur für zwei der drei Fragebogen angesehen
werden kann. Auch in der berichteten Untersuchung scheint also die
etwas problematische Rolle des Psychotizismus als Persönlichkeitsdimension, zumindest jedoch diejenige seiner Erfaßbarkeit mit Fragebogen,
deutlich zu werden – ein Thema, das hier nicht vertieft werden soll.

Betrachtet man die Cronbach'schen alpha – Konsistenzkoeffizienten für
die herkömmliche Fragebogen – und die Stichwort – Version, so zeigt sich
einmal eine geringfügige Überlegenheit der Stichwort – Form, zum anderen aber auch für Psychotizismus eine größere interne Konsistenz des
Stichwort – Verfahrens gegenüber der langen Fragebogen – Fassung. Es
ist also möglich, daß die gezeigte mangelnde Übereinstimmung zwischen
beiden Psychotizismus – Skalen vor allem auf Mängel der Langform des
Psychotizismus – Fragebogens zurückgeführt werden kann. Jedenfalls stehen nun in zufriedenstellendem Ausmaß konstante Stichwort – Formen zur
Erfassung der drei Persönlichkeitsdimensionen zur Verfügung.

Vom Persönlichkeitsfragebogen zur Selbst – Rating – Methode: Selbstkonzept – Erfassung

Auch an der Konstruktion eines Verfahrens zur direkten Selbstkonzept – Erfassung soll demonstriert werden, daß es sinnvoll sein kann,
Fragebogen in eine direkte Selbsteinschätzung mittels Selbst – Rating zu
überführen. Im folgenden geht es dabei um die Entwicklung eines *mehrdimensionalen Selbstkonzept – Meßmittels* (d.h., eines Verfahrens, das aus
mehreren eindimensionalen Skalen besteht) auf der Grundlage eines
herkömmlichen Persönlichkeitsfragebogens.

Mit dem California Psychological Inventory (CPI) legte Gough einen
üblichen und in der Folgezeit viel angewendeten, faktoriell gewonnenen
Persönlichkeitsfragebogen vor, der 18 Subskalen, entsprechend 18 unterscheidbaren Faktoren enthält. Aus überwiegend forschungsökonomischen Gründen entwickelten in Deutschland John & Keil auf der Basis

dieser 18 Persönlichkeitsfaktoren ein System von 18 Rating–Skalen. Um den sehr umfangreichen CPI für die Probanden und die Anwender handlicher zu gestalten, sollte jede der CPI–Dimensionen durch ein einziges Gegensatzpaar ausgedrückt werden, z.B.

"im Umgang mit anderen ausgeglichen – im Umgang mit anderen nicht ausgeglichen",

d.h., statt eine ganze Reihe von Fragebogen–Items zum Thema "Ausgeglichenheit im Umgang" (Social Presence) zu beantworten, aufgrund derer sodann ein Skore zu berechnen war, sollte jede Versuchsperson ihr persönliches Ausmaß an "Ausgeglichenheit" auf einer Rating–Skala direkt schätzen. Die beiden jeweiligen Gegensatzpaare wurden zu ihrer besseren Umschreibung und Erläuterung durch eine Reihe von Adjektiven ergänzt, z.B.

"im Umgang mit anderen   "im Umgang mit anderen
ausgeglichen   vs.   nicht ausgeglichen
(lebhaft, selbstsicher,   (höflich, unsicher,
natürlich, gescheit)"   gezwungen, überlegt)".

Die erklärenden Adjektive besaßen die Funktion, das vorausgehende Urteil zu präzisieren und zu modifizieren, und zwar sollte die Vorstellung der Versuchspersonen auf das hingelenkt werden, was die CPI–Dimensionen eigentlich intendieren, ohne daß es in den Aussagesätzen des Persönlichkeitsfragebogens immer ganz deutlich zum Ausdruck kommt.

Die 18 Selbst–Rating–Skalen bezogen sich auf die folgenden 18 CPI–Dimensionen:

(1) Dominance (2) Capacity for Status (3) Sociability (4) Social Presence (5) Self–Acceptance (6) Sense of Well–Being (7) Responsibility (8) Socialization (9) Self–Control (10) Tolerance (11) Good Impression (12) Communality (13) Achievement via Conformance (14) Achievement via Independence (15) Intellectual Efficiency (16) Psychological–Mindedness (17) Flexibility (18) Femininity.

In einer Reihe von Faktorenanalysen an größeren Zahlen von Personen unterschiedlicher Art sowie einer globalen Faktorenanalyse an einer 1500 Personen umfassenden heterogenen Stichprobe fanden wir immer wieder drei Faktoren als den oben aufgeführten 18 Persönlichkeitsvariablen zugrundeliegend: Faktor I bildete vor allem die CPI–Dimensionen 1, 2, 5,

14, 15 – er wurde als *"Allgemeines, positives, leistungsbezogenes Selbstkonzept"* bezeichnet; Faktor II war vor allem durch die CPI – Dimensionen 3, 4, 11, 17 definiert und wurde *"Soziale Kontaktfähigkeit"* genannt; Faktor III war in erster Linie durch die Variablen 7, 8, 9, 12 gekennzeichnet und wurde als *"Anpassung an soziale Normen"* bezeichnet.

Das Selbst – Rating – Verfahren von John & Keil hat sich in einer größeren Zahl eigener Untersuchungen sehr gut bewährt. Es zeigte sich jedoch gelegentlich, daß die 18 siebenstufigen, bipolar verankerten Rating – Skalen mit den zugehörigen Gruppen erläuternder Adjektive immer noch als recht unhandlich erschienen. Bei manchen Probanden wurden offensichtlich Unstimmigkeiten dadurch erzeugt, daß eine direkte Entsprechung zwischen den erklärenden Eigenschaftswörtern auf der linken und der rechten Seite der Rating – Skalen vermißt wurde. Es gelang oft nicht, sich von den umschreibenden Adjektiven gleichsam nur auf den zweiten Blick anmuten zu lassen, sondern die oft vorliegenden Nicht – Entsprechungen zwischen der linken und rechten Skalenhälfte überlagerten gelegentlich die Konzentration auf die eigentliche Aufgabe der Versuchspersonen, nämlich die Hauptbedeutung der jeweiligen Persönlichkeitsdimension direkt zu erfassen und sich danach zu beurteilen. Aus diesen Gründen wurde (unter Mitarbeit von Rainer Riemann und Bernd Schiebel) versucht, auf der Grundlage der vorliegenden Verfahren das Selbst – Rating – System weiterzuentwickeln.

Anhand der adjektivischen Beschreibungen der 18 Persönlichkeitsdimensionen des CPI in ihrer bisherigen deutschen Rating – Version und aufgrund neu angestellter Überlegungen zum Inhalt der jeweiligen Persönlichkeitsmerkmale wurden zu jeder der 18 Rating – Skalen sechs Gegensatzpaare in adjektivischer Form gebildet, z.B.

> "kompliziert – gradlinig"
> "zuvorkommend – reserviert".

Es handelte sich nicht immer um Gegensätze im strengen Sinne, etwa wie

> "umgänglich – nicht umgänglich",

sondern es wurde in erster Linie darauf geachtet, daß die Eigenschaftsbezeichnungen wichtige Aspekte der CPI – Skalen möglichst wortgetreu wiedergaben. Dabei war es nicht immer möglich, direkte Gegensätze zu formulieren, sondern auch solche wie z.B.

"zufrieden – mißgestimmt"
"selbstvertrauend – vorsichtig".

Die so entstandenen 18 Gruppen von polar angeordneten Adjektiven wurden zusammen mit der jeweils ursprünglichen Bezeichnung bzw. Über-schrift in englischer Sprache (z.B. "Dominance"), ihrer deutschen Über-tragung (z.B. "Führungsrolle"), den Beschreibungen der Eigenschafts – Polaritäten in der bisherigen Fassung des Selbst – Rating – Verfahrens sowie dem englischen Originaltext, der die betreffende CPI – Dimension verbal näher umschreibt, in einer Liste zusammengestellt. Diese Liste wurde zum Zwecke einer Experten – Beurteilung 33 Beurteilern (Psycholo-gen und fortgeschrittenen Psychologiestudenten) mit der Aufforderung vorgelegt, die jeweils sechs Eigenschaftspaare danach in eine Rangreihe zu bringen, in welchem Maße jedes Eigenschaftspaar den Gehalt des betreffenden Persönlichkeitsmerkmals trifft. Diejenigen drei (bei Rang-platzgleichheit gelegentlich auch vier) Eigenschaftspaare mit der im Durchschnitt größten Nähe zu dem jeweiligen Persönlichkeitskonstrukt wurden ausgewählt.

Von den ursprünglich 108 Gegensatzpaaren verblieben für die endgül-tige Fassung des Selbst – Rating – Verfahrens 56 Eigenschafts – Polaritä-ten. Die Liste dieser 56 Eigenschaftspaare, versehen mit siebenstufigen Antwortskalen zur Selbstbeurteilung, hat folgendes Aussehen:

1.	kompliziert	3 2 1 0 1 2 3	gradlinig
2.	umgänglich	3 2 1 0 1 2 3	nicht umgänglich
3.	ichbezogen	3 2 1 0 1 2 3	sozial
4.	zuvorkommend	3 2 1 0 1 2 3	reserviert
5.	locker	3 2 1 0 1 2 3	pflichtbewußt
6.	gezwungen	3 2 1 0 1 2 3	natürlich
7.	pessimistisch	3 2 1 0 1 2 3	zielbewußt
8.	zuverlässig	3 2 1 0 1 2 3	unzuverlässig
9.	verständig	3 2 1 0 1 2 3	unbeteiligt
10.	nüchtern	3 2 1 0 1 2 3	verständnisvoll
11.	flexibel	3 2 1 0 1 2 3	starr
12.	teilnahmslos	3 2 1 0 1 2 3	mitfühlend
13.	frei	3 2 1 0 1 2 3	abhängig
14.	unveränderlich	3 2 1 0 1 2 3	erfinderisch
15.	nicht verantw.bewußt	3 2 1 0 1 2 3	verantwortungsbewußt
16.	ausdauernd	3 2 1 0 1 2 3	nicht leistungsstark
17.	duldsam	3 2 1 0 1 2 3	ablehnend

18.	unbeschwert	3 2 1 0 1 2 3	tiefsinnig
19.	entscheidungsschwach	3 2 1 0 1 2 3	führungsfähig
20.	konform	3 2 1 0 1 2 3	individuell
21.	nicht tolerant	3 2 1 0 1 2 3	tolerant
22.	einseitig	3 2 1 0 1 2 3	kreativ
23.	sanft	3 2 1 0 1 2 3	stark
24.	tatkräftig	3 2 1 0 1 2 3	langsam
25.	begrenzt	3 2 1 0 1 2 3	fähig
26.	zielstrebig	3 2 1 0 1 2 3	unschlüssig
27.	abgesondert	3 2 1 0 1 2 3	aufgeschlossen
28.	verläßlich	3 2 1 0 1 2 3	nicht berechenbar
29.	unsicher	3 2 1 0 1 2 3	sicher
30.	still	3 2 1 0 1 2 3	gesprächig
31.	überlegen	3 2 1 0 1 2 3	anspruchslos
32.	selbstbeherrscht	3 2 1 0 1 2 3	impulsiv
33.	eigenständig	3 2 1 0 1 2 3	abhängig
34.	stur	3 2 1 0 1 2 3	kooperativ
35.	ehrgeizig	3 2 1 0 1 2 3	nachgiebig
36.	anpassungsfähig	3 2 1 0 1 2 3	eigensinnig
37.	schlicht	3 2 1 0 1 2 3	intelligent
38.	beweglich	3 2 1 0 1 2 3	nicht beweglich
39.	skeptisch	3 2 1 0 1 2 3	aufgeschlossen
40.	unsozial	3 2 1 0 1 2 3	sozial
41.	irritierbar	3 2 1 0 1 2 3	selbstbewußt
42.	diszipliniert	3 2 1 0 1 2 3	nicht diszipliniert
43.	ungehemmt	3 2 1 0 1 2 3	zurückhaltend
44.	nervös	3 2 1 0 1 2 3	ruhig
45.	passiv	3 2 1 0 1 2 3	aktiv
46.	zufrieden	3 2 1 0 1 2 3	mißgestimmt
47.	ausgefallen	3 2 1 0 1 2 3	durchschnittlich
48.	kühl	3 2 1 0 1 2 3	freundlich
49.	willensstark	3 2 1 0 1 2 3	fügsam
50.	zurückgezogen	3 2 1 0 1 2 3	gesellig
51.	unkritisch	3 2 1 0 1 2 3	bewußt
52.	nicht selbstsicher	3 2 1 0 1 2 3	selbstsicher
53.	abweisend	3 2 1 0 1 2 3	charmant
54.	besorgt	3 2 1 0 1 2 3	sorgenfrei
55.	nicht anpassungsf.	3 2 1 0 1 2 3	anpassungsfähig
56.	selbstvertrauend	3 2 1 0 1 2 3	vorsichtig

Die Liste der 56 Eigenschaftspaare wurde 243 Personen zur Selbstein-schätzung vorgelegt. Zur Überprüfung der Frage, ob die Faktorenstruk-tur der Selbstbeurteilungen auf den 18 CPI – Ratingskalen sich nun auch bei Anwendung der Selbst – Ratings der neu entwickelten 56 Gegensatz-paare zeigen würden, wurden 18 Skores entsprechend den 18 ursprüngli-chen CPI – Dimensionen gebildet und einer Faktorenanalyse unterzogen. Dabei wurden drei Faktoren extrahiert, die die oben bereits berichtete Struktur aus den Faktoren I, II und III ziemlich exakt replizieren. Als Grundlage für ein Selbst – Rating – System zur Selbstkonzept – Erfassung erschien jedoch eine Drei – Faktoren – Struktur als ein wenig zu undiffe-renziert.

Wollte man die 56 Selbst – Ratings wieder zu 18 Selbsteinschätzungs – Skalen zusammenfassen, so müßte man eine hinreichend große interne Konsistenz aller dieser Skalen verlangen; es zeigte sich jedoch, daß nur drei der 18 möglichen Skalen alpha – Koeffizienten von über 0.70 aufwei-sen. Da dies vermutlich nicht nur an der sehr kleinen Itemzahl pro Skala liegt, wurde die Idee, für die Selbstkonzept – Erfassung weiterhin an der Faktorenstruktur des California Psychological Inventory festzuhalten, auf-gegeben.

Stattdessen wurde als Alternative zur Bestimmung der Struktur des vorliegenden, 56 – teiligen Selbst – Rating – Systems ein Verfahren der Anwendung nonmetrischer multidimensionaler Skalierung in Verbindung mit facetten – theoretischen Überlegungen gewählt. Die sogenannte Fa-cetten – Theorie kann nützlich sein, wenn es gilt, ein Universum von Beobachtungen (in unserem Falle Items) mit Hilfe von Sätzen (sog. Map-ping – Sentences) zu strukturieren und Hypothesen bezüglich der Struktur der Beobachtungen aufzustellen und zu untersuchen. Es wurde ange-nommen, daß die Selbstbeurteilungen auf den 56 Eigenschafts – Skalen einerseits unterschiedliche *Bereiche* des Selbstkonzeptes (z.B. die Be-reiche der Leistung, der sozialen Kontaktfähigkeit usw.) erfassen, und daß andererseits *allgemeine* und *speziellere* Aspekte dieser Bereiche unter-schieden werden. Wegen der teilweisen Ähnlichkeit mancher der ur-sprünglichen CPI – Beschreibungsdimensionen wurde erwartet, daß wichti-ge Selbstkonzept – Bereiche sich in mehreren dieser ursprünglichen Dimensionen wiederfinden.

Damit, so wurde angenommen, müßte die Struktur der Selbsteinschät-zungen durch zwei Facetten beschreibbar sein: Facette A "Bereiche des Selbstkonzeptes" und Facette B "Allgemeine versus spezielle Aspekte des Selbstkonzeptes". Zur Struktur der Facetten wurde angenommen, daß die Bereiche des Selbstkonzeptes ungeordnet sind, d.h., daß Facette A eine sogenannte polare Struktur aufweist (daß bei zweidimensionaler Darstellung die verschiedenen Selbstkonzept – Bereiche von einem gemeinsamen Ursprung aus in unterschiedliche Richtungen angeordnet sind); für Facette B wurde dagegen eine kontinuierliche Ordnung von "allgemein" bis "speziell" angenommen, d.h., die allgemeineren Selbsteinschätzungen sollten eher zentral gelegen und die spezielleren eher am Rand der zweidimensionalen Repräsentation angeordnet sein (modulare Struktur). Insgesamt wurde somit angenommen, daß die Selbst – Ratings eine sogenannte Radex – Struktur bilden, die man sich durch ein Aufeinanderlegen der polaren und modularen Struktur vorstellen kann.

Betrachtete man nun die Interkorrelationen aller Selbst – Ratings und unterzog sie einer multidimensionalen Skalierung mit dem Minissa – Programm, so ließ sich die angenommene Radex – Struktur der Selbsteinschätzungen für sechs Selbstkonzept – Bereiche bestätigen, die wie folgt benannt wurden:

> Leistung
> Selbstsicherheit
> Flexibilität
> Soziale Kontaktfähigkeit
> Toleranz
> Disziplin.

In einer schematisierten Darstellung der zweidimensionalen Repräsentation der Eigenschaften (jeweils nur eines Pols der Eigenschaftspaare) lassen sich die sechs Selbstkonzept – Bereiche gleichsam als Sektoren abgrenzen; die eingezeichneten Trennungslinien sollen jedoch nicht auf scharf abgrenzbare Bereiche hindeuten – vielmehr sind die Übergänge kontinuierlich. Im Zentrum der Repräsentation liegen Selbsteinschätzungen, die zur Erfassung eines *allgemeinen* positiven Selbstkonzeptes dienen können (wie z.B. zielbewußt, tatkräftig, sicher, aktiv, zufrieden, aufgeschlossen). Am Rande liegen Selbst – Ratings, die *spezielle* Aspekte der einzelnen Selbstkonzept – Bereiche repräsentieren (z.B. ausgefallen, bewußt, teilnahmslos, duldsam, anpassungsfähig, pflichtbewußt). Die folgende Darstellung läßt nur aus Gründen der Lesbarkeit einige wenige Eigenschaften aus; die Distanzen zwischen den Eigenschaftsbegriffen sind so gewählt, daß sie im großen und ganzen die Selbstkonzept – Struktur angemessen wiedergeben:

134

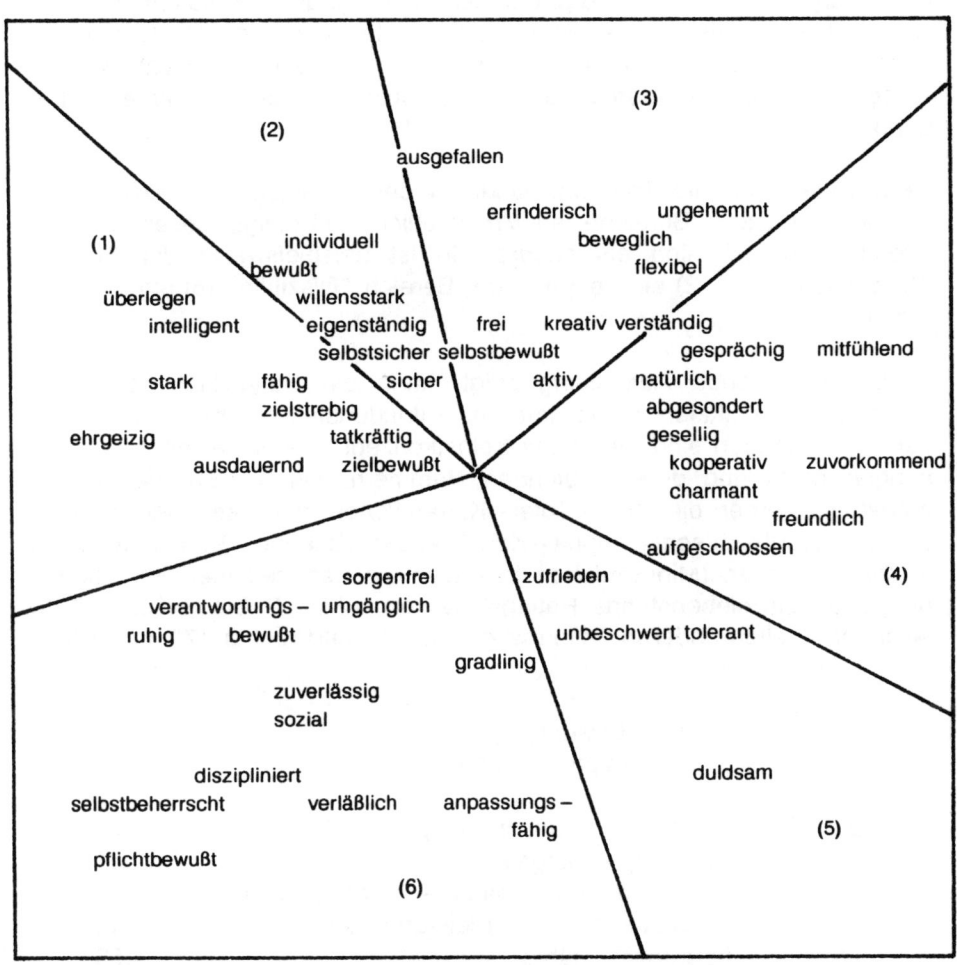

135

Entsprechend den sechs unterschiedenen Bereichen des Selbstkonzeptes, die in der schematischen Übersicht mit den Ziffern (1) bis (6) gekennzeichnet sind, wurden nun sechs Skalen gebildet, die jeweils die Items eines Selbstkonzept–Bereiches zusammenfassen. Es wurden Itemanalysen vorgenommen und aufgrund der Item–Total–Korrelationen einige wenige Items entfernt, die die Konsistenz der jeweiligen Skala deutlich vermindern. (Dennoch werden weiterhin alle 56 Items zur Beantwortung vorgegeben, da alle Items zum Selbstkonzept–Gesamt–Skore beitragen.)

Betrachtet man die Trennungslinien in der schematischen Darstellung der Selbstkonzept–Bereiche, so wird deutlich, daß einige dieser Bereiche offenbar "enger" sind als andere. So ist beispielsweise der Bereich "Selbstsicherheit" (2) ein "enger", der Bereich "Disziplin" (6) ein "weiter" Bereich.

Wie die folgende Aufstellung zeigt, kann die Reliabilität der sechs Selbstkonzept–Skalen insgesamt als zufriedenstellend bezeichnet werden. Im folgenden sind die sechs Selbstkonzept–Bereiche mit den zugehörigen Items und deren laufenden Nummern aus der 56–Item–Liste aufgeführt, ferner die Item–Total–Korrelationen der Items jeder Skala und die Cronbach'schen alpha–Konsistenzkoeffizienten, berechnet bei n = 243 Personen (Minuszeichen in Klammern kennzeichnen jene Items, bei denen die siebenstufige Ratingskala von links "7" bis rechts "1" zu lesen ist; in allen anderen Fällen wird links "1" und rechts "7" kodiert):

(1)   Leistung
(alpha = 0.82)

26.	(–)	zielstrebig – unschlüssig	.71
24.	(–)	tatkräftig – langsam	.61
19.		entscheidungsschwach – führungsfähig	.60
16.	(–)	ausdauernd – nicht leistungsstark	.55
25.		begrenzt – fähig	.53
7.		pessimistisch – zielbewußt	.51
23.		sanft – stark	.44
35.	(–)	ehrgeizig – nachgiebig	.36
37.		schlicht – intelligent	.35

(2) Selbstsicherheit
(alpha = 0.81)

52.		nicht selbstsicher – sicher	.72
41.		irritierbar – selbstbewußt	.69
29.		unsicher – sicher	.61
56.	(–)	selbstvertrauend – vorsichtig	.61
33.	(–)	eigenständig – abhängig	.50
20.		konform – individuell	.37
51.		unkritisch – bewußt	.34

(3) Flexibilität
(alpha = 0.75)

45.		passiv – aktiv	.55
22.		einseitig – kreativ	.55
11.	(–)	flexibel – starr	.49
14.		unveränderlich – erfinderisch	.46
13.	(–)	frei – abhängig	.43
38.	(–)	beweglich – nicht beweglich	.41
43.	(–)	ungehemmt – zurückhaltend	.40
47.	(–)	ausgefallen – durchschnittlich	.37

(4) Soziale Kontaktfähigkeit
(alpha = 0.82)

50.		zurückgezogen – gesellig	.66
27.		abgesondert – aufgeschlossen	.65
53.		abweisend – charmant	.58
6.		gezwungen – natürlich	.58
40.		unsozial – sozial	.49
34.		stur – kooperativ	.47
30.		still – gesprächig	.46
39.		skeptisch – aufgeschlossen	.43
4.	(–)	zuvorkommend – reserviert	.42
12.		teilnahmslos – mitfühlend	.36
9.	(–)	verständig – unbeteiligt	.35

(5) Toleranz
(alpha = 0.73)

46.	(−)	zufrieden − mißgestimmt	.49
40.		unsozial − sozial	.46
3.		ichbezogen − sozial	.44
2.	(−)	umgänglich − nicht umgänglich	.42
1.		kompliziert − gradlinig	.41
18.	(−)	unbeschwert − tiefsinnig	.41
17.	(−)	duldsam − ablehnend	.37
21.		nicht tolerant − tolerant	.37

(6) Disziplin
(alpha = 0.71)

42.	(−)	diszipliniert − nicht diszipliniert	.53
55.		nicht anpassungsfähig − anpassungsfähig	.48
28.	(−)	verläßlich − nicht berechenbar	.47
36.	(−)	anpassungsfähig − eigensinnig	.42
15.		nicht verantwortungsbewußt − verantwortungsbewußt	.40
5.		locker − pflichtbewußt	.34
1.		kompliziert − gradlinig	.31
8.	(−)	zuverlässig − unzuverlässig	.28

Die Interkorrelationen der sechs Teilskalen zur Erfassung der unterschiedlichen Selbstkonzept−Bereiche stellen sich, wiederum bei 243 Personen, wie folgt dar:

	Leistung	Selbsts.	Flexib.	Soz.Kon.	Tol.
Selbstsicherheit	.71				
Flexibilität	.56	.66			
Soz.Kontaktfähigk.	.32	.46	.57		
Toleranz	.28	.31	.36	.69	
Disziplin	.39	.23	.05	.25	.42

Die Tabelle der Interkorrelationen zeigt, daß neben erheblichen spezifischen Anteilen jede Selbstkonzept – Skala auch Aspekte eines *globalen, allgemeinen Selbstkonzeptes* erfaßt. Ein *Skore* für ein solches Overall – Selbstkonzept – als Ausdruck des Maßes der allgemeinen, positiven Selbsteinschätzung, mit anderen Worten des *Self – Esteem*, kann gewonnen werden, wenn sämtliche 56 in "positiver" Richtung gepolten Selbsteinschätzungen addiert werden. Während die folgenden Items (in der Numerierung von 1 bis 56) bereits "positiv" verschlüsselt sind:

1, 3, 5, 6, 7, 10, 12, 14, 15, 19, 20, 21, 22, 23, 25, 27, 29, 30, 31, 34, 37, 39, 40, 41, 44, 45, 48, 50, 51, 52, 53, 54, 55,

müssen die restlichen, hier nicht mit laufenden Nummern aufgeführten Items in umgekehrter Richtung verschlüsselt ausgewertet werden.

Das so konstruierte, aus einem mehrfaktoriellen Persönlichkeitsfragebogen abgeleitete Selbstkonzept – Ratingverfahren hat sich in einer Reihe von empirischen Untersuchungen bewährt. Beispielsweise wurde in einer Längsschnittstudie an Wehrpflichtigen gezeigt, daß sich vom Antritt des Wehrdienstes bis zu seinem Ende ein sehr deutlicher u – förmiger Verlauf des Selbstkonzept – Gesamtwertes und gleichfalls der meisten Selbstkonzept – Subskalenwerte zeigt: Das Selbstbild der Rekruten sinkt im Mittel nach Wehrdienstbeginn stark ab und erreicht seinen Tiefpunkt unmittelbar nach dem Ende der Grundausbildung; anschließend erholt es sich wieder, ohne jedoch sein Ausgangsniveau zu erreichen. Da sich diese Befunde durch eine Reihe andersartig erhobener Daten stützen lassen, erweist sich in solchen Ergebnissen die Sensibilität und die Gültigkeit der Selbstkonzeptmessung.

Hinweise auf weitere Fragebogen

Gegenwärtig ist eine nur schwer überschaubare Anzahl und Vielfalt von Fragebogen zur Erfassung von Aspekten der Persönlichkeit im weitesten Sinne in Gebrauch. Können schon die bekanntgewordenen Fragebogen hier nicht sämtlich aufgeführt werden, so erst recht nicht die vielen unveröffentlichten.

Von Zeit zu Zeit bemühen sich Autoren, Kompendien von Fragebogen oder von Testverfahren, unter denen sich eine große Zahl von Fragebogen befindet, zusammenzustellen, seien es unveröffentlichte (vgl. z.B. Sauer, 1976) oder veröffentlichte Verfahren (vgl. z.B. Wehner & Durchholz, 1980; Zuma – Handbuch sozialwissenschaftlicher Skalen, 1983). Als amerikanische Sammelbände, die eine größere Zahl von Einstellungs – Fragebogen enthalten, wurden bereits Shaw & Wright (1967) sowie Robinson & Shaver (1975) erwähnt. Handbücher, die eine Beschreibung und Besprechung englischsprachiger Persönlichkeitsfragebogen enthalten, sind die von Buros (1978) und anschließend von Mitchell Jr. (1985) herausgegebenen "Mental Measurement Yearbooks", ferner ein weiteres von Buros (1975) herausgegebenes Kompendium. Sehr informativ sind gewöhnlich auch Übersichten zu in einem bestimmten Arbeits – bzw. Forschungsbereich entwickelten Fragebogen (vgl. z.B. Schwarzer, 1986b) oder Dokumentationen über Fragebogen, die in bestimmten Institutsbibliotheken gesammelt sind (vgl. z.B. Staudenmayer & Jäger, 1983). Bei der Durchsicht solcher Übersichten und der Inspektion einiger dort aufgeführter Fragebogen wird man weitere Besonderheiten der Konstruktion der – zumeist durchaus nach den hier besprochenen Prinzipien konstruierten – Fragebogen finden, die in der vorliegenden Schrift nicht berücksichtigt worden sind.

Als deutschsprachige Persönlichkeitsfragebogen, deren Verfasser gewöhnlich den Anspruch stellen, gewissermaßen die gesamte Persönlichkeit mittels eines möglichst umfangreichen, aus mehreren Teilskalen bestehenden Inventars zu erfassen, seien hier nur der 16 – Persönlichkeits – Faktoren – Test (die deutsche Version des Cattell'schen 16 PF – Tests; Schneewind, Schröder & Cattell, 1986), der MMPI – Saarbrücken (die deutsche Version des Minnesota Multiphasic Personality Inventory; Spreen & Sundberg, 1973), die deutsche Personality Research Form (PRF von Jackson; Stumpf et al., 1985; vgl. auch Keil et al., 1977) und das Freiburger Persönlichkeits – Inventar (FPI; Fahrenberg, Hampel & Selg, 1984, 1985) erwähnt.

Mehrere Autoren haben Selbstkonzept – Fragebogen vorgelegt, deren Besonderheit gegenüber den erwähnten Persönlichkeitsfragebogen hauptsächlich darin besteht, daß sie bewußt als Selbstkonzeptskalen entwickelt wurden und nicht der Tradition der Selbstbeschreibungsbogen der Differentiellen Psychologie und Persönlichkeitsforschung entstammen (vgl. z.B. Fend et al., 1984; Deusinger, 1986). Außerdem orientiert sich die Auswahl der erfaßten Variablen solcher Fragebogen (z.B. Selbstkonzepte der Leistungsfähigkeit, des Selbstvertrauens etc.) stärker an einzelnen Begriffen der Selbstkonzept – Literatur als an umfassenden Persönlichkeitstheorien.

Literaturhinweise

Die Skalen – Diskriminations – Analyse wurde von Edwards & Kilpatrick (1948) entwickelt und ist beispielhaft bei Edwards (1957a) dargestellt; dort finden sich auch nähere Hinweise auf die klassischen Skalierungsverfahren von Thurstone & Chave, Likert und Guttman.

Die mit Ein – Wort – Items arbeitende englische Konservatismus – Skala wurde von Wilson & Patterson (1986) vorgelegt; deutschsprachige Formen lieferten beispielsweise Schneider und Minkmar (1972) sowie Siddiqi, Haara & Schnabel (1973). Zu einem weiteren Konservatismus – Fragebogen vgl. Cloetta (1972) und Effler (1983).

Die Arbeiten zur Persönlichkeitstheorie Eysenck's und insbesondere zu den Dimensionen Extraversion, Neurotizismus und Psychotizismus wurden bereits in den Literaturhinweisen zu Kapitel 1, diejenigen von Baumann & Dittrich zur deutschen Psychotizismus – Skala in den Hinweisen zu Kapitel 4 zitiert. Kritisch mit der Psychotizismus – Variablen setzen sich Baumann & Rösler (1981) auseinander. Die deutschen Extraversion – und Neurotizismus – Skalen entstammen dem Eysenck – Persönlichkeits – Inventar von Eggert (1983).

Das California Psychological Inventory (CPI) wurde von Gough (1969) vorgelegt, die daran anschließenden Rating – Skalen von John & Keil (1972) sowie Mummendey, Mielke, Maus & Hesener (1977). Eine Beschreibung der Faktorenstruktur der vereinfachten Skalen dieses Rating – Systems findet sich auch in dem Bericht über eine Längsschnittuntersuchung von Mummendey & Sturm (1982).

Zu den Grundlagen der Facettentheorie lese man die ursprünglichen Arbeiten von Guttman (1954) und Lewy (1981) sowie die deutschsprachige Darstellung von Borg (1986). Das Minissa – Programm zur nonmetrischen multidimensionalen Skalierung von Urteilsgegenständen stammt von Lingoes (1973).

Burisch (1984) hat darauf hingewiesen, daß die Gütekriterien (z.B. die Validität) von direkten Ratings einer Eigenschaft nicht unbedingt schlechter sein müssen als diejenigen eines ganzen Fragebogens. Eine Diskussion darüber führten Paunonen & Jackson (1985a,b) mit Burisch (1985).

Kapitel 7

Fragebogen und Sprache

Die Sprache als spezifisch menschliches und überaus komplexes Phänomen spielt seit je bei der Beurteilung der Eigenart von Personen eine gewichtige Rolle. Fragenbogen jeder Art erhalten ja als methodisches Hilfsmittel zur Beschreibung menschlicher Eigenschaften überhaupt erst dadurch ihre Rechtfertigung und Bedeutung, daß es als grundsätzlich möglich angesehen wird, neben beispielsweise der Beobachtung des offen zutage tretenden Verhaltens, Persönlichkeitseigenschaften auf dem Wege über eine *sprachliche* Kundgabe seitens der zu beurteilenden Personen zu erfassen.

Im vorliegenden Kapitel soll es nun nicht nur darum gehen aufzuzeigen, wie sprachliche Eigenschaften von Personen für die Erfassung ihrer Persönlichkeit genutzt werden, sondern es soll auch um sprachliche Eigenarten und Probleme des Erfassungsinstrumentes selbst, also des Fragebogens, gehen. Wer einen Fragebogen zum Zwecke der Persönlichkeits –, Einstellungs – oder Selbstkonzepterfassung konstruiert und anwendet, wird schnell die Erfahrung machen, daß bereits sprachliche Nuancen, kleinste Veränderungen an der Formulierung der Items, der Fragen oder Feststellungen des Fragebogens große Bedeutung erlangen können. Z.B. haben sich manche Autoren mit *Häufigkeits* – Formulierungen wie "selten", "manchmal", "oft" usw. beschäftigt, und sie gingen der Frage nach, an welche womöglich konkreten Zahlen Probanden wohl denken, wenn sie solche Häufigkeitsangaben lesen oder bejahen ("Wie oft ist 'oft'?"). In einigen Studien zeigte sich eine große Variationsweite der Bedeutung von Häufigkeitsbezeichnungen, mit Ausnahme der Bezeichnungen "immer" und "niemals" ("Manchmal bedeutet 'häufig' 'selten'!"). Die konkrete Bedeutung ein und derselben sprachlichen Formulierung erwies sich als vom sprachlichen und situativen *Kontext* bestimmt ("Wo fragt man?"), ferner von der Art und Weise zu fragen ("Wie fragt man?") und schließlich von der Person des Antwortenden ("Wen fragt man?"). Die große Bedeutung von sprachlichen Nuancen weist auf eine prinzipiell große Sensibilität der Fragebogen – Methode hin. Ferner gibt es Hinweise darauf, daß sich die Sprache, und somit auch die Sprache von Fragebogen, mit der *Zeit* ändert: Die zur Zeit der Konstruktion eines Fragebogens aktuellen Sprachgewohnheiten, denen bestimmte Bedeutungen entsprechen, können im Verlaufe der Zeit an Aktualität verlieren, so daß es zu unkontrollierten Bedeutungsänderungen kommen kann. Überlegungen dieser Art, die Sprache von Fragebogen bzw. Items betreffend, ließen sich mehren.

Das Problem der Reversibilität von Items

Fragebogen – Forscher erkannten beispielsweise bald, daß es für die Messung von Einstellungen einen Unterschied macht, ob man einen Sachverhalt positiv ausdrückt (so daß er von einer zu dem Sachverhalt *positiv* eingestellten Person *bejaht* wird) oder ob man den gleichen Sachverhalt *negativ* ausdrückt (so daß er von der zu dem Sachverhalt positiv eingestellten Person *verneint* werden müßte). Es scheint aber keineswegs immer so zu sein, daß Personen in dieser Hinsicht ganz konsistent reagieren, daß sie also z.B. ein und denselben Meinungsgegenstand positiv beurteilen, wenn das Fragebogen – Item positiv formuliert ist, z.B.

"Ich neige dazu, die Dinge leicht zu nehmen",

und dementsprechend ein negatives Urteil abgeben, wenn der Meinungsgegenstand negativ formuliert ist, z.B.

"Ich neige nicht dazu, die Dinge leicht zu nehmen".

Allerdings zeigt bereits dieses Beispiel, daß es unter Umständen gar nicht so einfach ist, einen Item – Inhalt von einer positiven in eine negative Formulierung zu überführen, ohne gleichzeitig den Inhalt mehr oder weniger zu verändern. Es lassen sich nämlich mehrere Arten von Umkehrungen des Satzes "Ich neige dazu, die Dinge leicht zu nehmen" denken. Einmal kann eine solche Item – Umkehr durch die einfache Einführung des Wortes "nicht" in den Hauptsatz geschehen:

"Ich neige nicht dazu, die Dinge leicht zu nehmen".

Zum anderen kann man die Verneinung in den Nebensatz einfügen – damit wird das Objekt des eigenen Tuns, das beschrieben wird, ins Umgekehrte gewendet:

"Ich neige dazu, die Dinge nicht leicht zu nehmen".

144

Dieses Ergebnis der Itemreversion ist *fast* (aber eben nur fast) bedeutungsgleich mit der Formulierung:

"Ich neige dazu, die Dinge schwer zu nehmen",

die Itemreversion kann also auch durch Umkehrung eines wichtigen Adverbs geschehen. In jedem Falle resultieren jedoch Formulierungen, von denen man behaupten kann, daß sie einander nicht vollständig bedeutungsgleich sind.

Es müßte also stets sorgfältig erforscht werden, in welchem Maße syntaktisch – grammatischen Umkehrungen von Inhalten semantische Umkehrungen, also subjektiv als Umkehrung erlebte Inhalte entsprechen. Interessiert den Forscher eine Item – Umkehrung im semantisch – psychologischen Sinne, soll also die erlebte *Bedeutung* eines Satzes gleichsam umgekehrt werden, so müßte stets erst empirisch geklärt werden, welche Formulierungen es genau sind, die bei den antwortenden Personen zu möglichst "gegenteiligen" Erlebnisweisen im Vergleich zum Erleben der ursprünglichen Item – Formulierung führen.

Je mehr man sich mit den Fragen der Item – Syntaktik und – Semantik beschäftigt, desto eher kommt man zu dem Schluß, daß es fast unmöglich, zumindest aber sehr aufwendig ist, selbst scheinbar einfache sprachliche Formulierungen in einer gewünschten Weise präzise zu verändern. Immerhin hat man mit der Methode der Item – Umkehrung gewisse Erkenntnisse gewonnen. So untersuchten einige Autoren beispielsweise die zur Erfassung "autoritärer" Einstellungen bzw. Persönlichkeitsmerkmale dienende F – Skala der Autorengruppe um T.W. Adorno hinsichtlich ihrer Reversibilität, nachdem sich in einigen empirischen Untersuchungen mit "umgekehrten" Versionen dieses Fragebogens keine perfekt negativen Korrelationen zwischen dem ursprünglichen Fragebogen und seiner umgekehrten Version eingestellt hatten. Man stellte zunächst psychologische Mängel bei der Umkehrung der Item – Inhalte fest. Es zeigte sich auch, daß die Neigung, mehr oder weniger Konsistenz zwischen der "positiven" und der "negativen" Form einer Item – Liste zu erzielen, davon abhängig war, ob die antwortende Person selbst ein High – Skorer war (also einen hohen Grad an Autoritarismus aufwies) oder ein Low – Skorer war (also eine nur mäßig autoritäre Einstellung zeigte). Erst nach mehreren Itemanalysen mit "umgekehrten" Items gelang es eine Skala zu konstruieren, die einigermaßen hoch mit der Ausgangsskala korrelierte. Die immer noch nicht perfekte Korrelation lieferte in der Folge den Kritikern des Fragebogens Argumente für die offensichtliche Abhängigkeit des Fragebogens von bestimmten Formulierungsrichtungen, bestand doch die ursprüngliche F–Skala ausschließlich aus "positiv" formulierten Items und korrelierte sie nun doch in nur unvollkommener Weise mit einer "negativen" Form. Diese Kritik ist sicherlich grundsätzlich berechtigt; es muß jedoch darauf hingewiesen werden, daß eine perfekte Korrelation zwischen zwei Anwendungen ein und desselben Fragebogens, wie man sie bei der Feststellung des Zusammenhanges zwischen einem Fragebogen und seiner "umgekehrten" Version vermißt, ohnehin niemals zu erwarten ist; auch die Korrelation eines Fragebogen–Maßes mit sich selbst, beispielsweise bei der Meßwiederholung zum Zwecke der Ermittlung der Retest–Reliabilität des Fragebogens, erreicht niemals die Höhe von 1.0, sondern optimalerweise Werte in der Größenordnung zwischen 0.80 und 0.90.

Antwortstile und Antworttendenzen: Das Problem des Jasagens

Die Methode der *Itemreversion* sollte ursprünglich weniger der Aufdekkung sprachlicher Sensibilität von bzw. gegenüber Fragebogen dienen. Sie sollte vielmehr zeigen, daß es Personen gibt, die einen bestimmten *Antwort–Stil*, nämlich das *Jasagen*, bevorzugen, und es sollte darauf hingewiesen werden, daß ein solcher Antwortstil bei Persönlichkeitsfragebogen mit der Antwort auf den eigentlichen Inhalt des Fragebogens vermischt ist – durch eine Methode wie diejenige der Itemumkehrung wäre es dann eventuell möglich, Inhalt und Stil voneinander zu trennen.

Man versuchte in der Diskussion um solche sprachlichen Probleme des Reagierens auf Fragebogen grundsätzlich drei verschiedene Arten des Antwortens zu unterscheiden: *Inhalt* (content), *Reaktionstendenz* (set) und *Reaktions–Stil* (style).

Antworten auf Fragebogen oder Teile solcher Antworten können sich einmal auf den *Inhalt* des Items beziehen, also vollständig *sachbezogen* sein und damit die Persönlichkeitsvariable, um die es geht, in gültiger, vollständig valider Weise treffen. Daneben können Antworten aber auch auf die *formale* Beschaffenheit des sprachlichen Urteilsobjektes zurückzuführen sein. Z.B. mögen Antworten eher positiv ausfallen aus dem Grunde, daß die Fragebogen–Items ausschließlich positive und negative Reaktionen zulassen, und zwar bei gleichzeitig recht schwierig formuliertem und eher schwer durchschaubarem Inhalt der Items. In einem solchen Falle könnte die Versuchsperson als Reaktion auf diese Art von Fragebogen die kurzzeitige Einstellung *(set)* entwickeln, eher mit Bejahung als mit Verneinung zu reagieren. Drittens mag es sein, daß Antworten auf

Fragebogen auf bestimmte, ziemlich generell beobachtbare Eigenarten bzw. *persönliche Stile* der antwortenden Personen zurückgehen, z.B. grundsätzlich bzw. im Zweifelsfalle eher so zu antworten, wie man meint, daß es einen guten Eindruck mache (und dann aus diesem Grunde eher "ja" als "nein" zu sagen), oder grundsätzlich im Zweifelsfalle mit Ablehnung zu reagieren usw. Fragebogen, die den zu erfassenden Inhalt lediglich auf eine ganz bestimmte Art und Weise, z.B. durch *Zustimmung* zu messen erlauben, begünstigen zweifellos das Auftreten von Reaktionen, die sich auf Set — bzw. Style — Aspekte zurückführen lassen. Die klassische F — Skala bot hier, wie schon erwähnt, Ansatzpunkte für Kritik an der Fragebogen — Methode, da sie vollständig einsinnig formuliert war — jede Zustimmung wurde als ein Punkt in Richtung auf Autoritarismus gewertet.

L.J.Cronbach führte zur Bezeichnung einer möglicherweise nur kurzzeitig wirksamen Antwort — Einstellung, eher zuzustimmen bzw. "Ja" zu sagen, den Begriff *"Acquiescence Response Set"* ein, den man mit *"Jasagetendenz"* oder *"Zustimmungstendenz"* übersetzte. Das Argument, in Fragebogen zur Messung von Persönlichkeitsvariablen wie Autoritarismus oder Dogmatismus werde eher die Jasagetendenz als der Autoritarismus oder Dogmatismus gemessen, wurde von einigen Autoren mit der Entgegnung beantwortet, so etwas wie die Jasagetendenz könne schließlich auch ein zum Inhalt gehöriger Bestandteil jener autoritär — dogmatischen Einstellungen sein, um die es bei der Messung der Skaleninhalte geht (also eher "Stil" als "Set"). Was also ein mit dem Inhalt fehlerhaft vermischter Effekt der Form des Fragebogens zu sein scheint, könne gleichwohl Ausdruck einer submissiv — autoritären, sozial — konformen, unkritischen Einstellung gegenüber Autoritäten einer sozialen Gruppe — hier repräsentiert durch den Untersucher und sein Meßinstrument — sein.

Manche Autoren nahmen das unterschiedliche Antwortverhalten von Probanden hinsichtlich der Bevorzugung des Ja — (oder auch des Nein —) Sagens zum Anlaß, *"Jasager"* von *"Neinsagern"* zu unterscheiden (*"yeasayers"* vs. *"naysayers"*). Erstere erwiesen sich beispielsweise in einer entsprechenden Studie als impulsiver und weniger kontrolliert, letztere als kontrollierter und fähiger, Impulse zu unterdrücken. Insgesamt wurden aber nicht sehr deutliche bzw. durchgängig interpretierbare Zusammenhänge zwischen der Jasagetendenz in Fragebogen und allgemeinen Persönlichkeitsmerkmalen gefunden. Gegner der Jasager — Typologie unterstellten, daß man mit der Betrachtung der Zustimmungstendenz als einer neuen Persönlichkeitsvariablen nur "aus der Not eine Tugend mache", indem man einen eigentlichen Mangel von Persönlichkeitsfragebogen, der in sprachlichen Problemen begründet liege, in den Rang eines interessanten Persönlichkeitsmerkmals erhebe.

In einer größeren Anzahl von empirischen Untersuchungen ließ sich, zusammenfassend betrachtet, kein durchgängig erkennbarer Zusammenhang zwischen der *Jasagetendenz* bei der Beantwortung von Persönlichkeitsfragebogen und Maßen der *sozialen Konformität* aufzeigen, zumindest dann nicht, wenn Konformität mit anderen als Fragebogen – Verfahren gemessen wurde. Handelte es sich dagegen um Fragebogen – Maße konformen Verhaltens oder konformer Einstellungen, so waren diese Zusammenhänge schon höher. Auch unterschiedliche Maße bzw. Meßmethoden der Jasagetendenz selbst korrelierten positiv miteinander.

Ein Beispiel für die – wiederum mittels Fragebogen vorgenommene – Messung von Zustimmungstendenzen im sozial – konformen Sinne stellt die folgende vom Verfasser konstruierte Liste dar. Sie beruht auf der Grundidee der Social Acquiescence Scale von Bass und besteht ausschließlich aus gängigen Sprichwörtern – das Zustimmen zu den Aussagen von Sprichwörtern wird als Ausdruck sozialer Konformität angesehen. Der Fragebogen der *Zustimmungstendenz* liegt in zwei Parallelformen A und B vor, die auf getrennten Itemanalysen für Personen mit Abitur (Form A) und Personen ohne Abitur (Form B) beruhen. Die korrigierte Split – half – Reliabilität der beiden Formen beträgt 0.89 (n = 128) bzw. 0.91 (n = 138), die Retest – Reliabilitäten betragen bei einer Woche Abstand 0.80 und 0.90:

Zustimmungstendenz – Fragebogen (Form A)

1. Alte Bäume soll man nicht verpflanzen
2. Auf einen groben Klotz gehört ein grober Keil
3. Den letzten beißen die Hunde
4. Der Krug geht so lange zum Brunnen, bis er bricht
5. Der Lauscher an der Wand hört seine eig'ne Schand
6. Des Menschen Wille ist sein Himmelreich
7. Die Axt im Haus erspart den Zimmermann
8. Dummheit und Stolz wachsen auf einem Holz
9. Eig'ner Herd ist Goldes wert
10. Ein gutes Gewissen ist ein sanftes Ruhekissen
11. Ende gut, alles gut
12. Früh krümmt sich, was ein Häkchen werden will
13. Gut Ding will Weile haben

14. Hunde, die bellen, beißen nicht
15. In der Kürze liegt die Würze
16. Keine Rose ohne Dorn
17. Kindermund tut Wahrheit kund
18. Kinder und Narren sagen die Wahrheit
19. Lehrjahre sind keine Herrenjahre
20. Lügen haben kurze Beine
21. Morgenstund' hat Gold im Mund
22. Müßiggang ist aller Laster Anfang
23. Nach getaner Arbeit ist gut ruh'n
24. Nichts ist kostbarer als ein guter Rat
25. Nichts wird so heiß gegessen, wie es gekocht wird
26. Niemand kann zwei Herren dienen
27. Neue Besen kehren gut
28. Ohne Fleiß kein Preis
29. Ordnung hilft haushalten
30. Reden ist Silber, Schweigen ist Gold
31. Sage mir, mit wem Du umgehst, und ich sage Dir, wer Du bist
32. Übermut tut selten gut
33. Undank ist der Welten Lohn
34. Unkraut vergeht nicht
35. Viele Köche verderben den Brei
36. Wenn's dem Esel zu wohl ist, geht er auf's Eis
37. Wenn zwei sich streiten, freut sich der dritte
38. Wer zuletzt lacht, lacht am besten
39. Wer andern eine Grube gräbt, fällt selbst hinein
40. Wer zuerst kommt, mahlt zuerst
41. Wer rastet, der rostet
42. Wer den Pfennig nicht ehrt, ist des Talers nicht wert
43. Wer nicht hören will, muß fühlen
44. Wer zwei Hasen nachjagt, wird keinen fangen
45. Wer Wind sät, wird Sturm ernten
46. Wes Brot ich eß', des Lied ich sing'
47. Wie man sich bettet, so liegt man
48. Wie gewonnen, so zerronnen
49. Wie man in den Wald hineinruft, so schallt es heraus
50. Wo Tauben sind, da fliegen Tauben hin

Zustimmungstendenz – Fragebogen (Form B)

1. Aller Anfang ist schwer
2. Alles verstehen heißt alles verzeihen

3. Alte Liebe rostet nicht
4. Der Apfel fällt nicht weit vom Stamm
5. Der Lauscher an der Wand hört seine eig'ne Schand'
6. Der Zweck heiligt die Mittel
7. Ein blindes Huhn findet auch einmal ein Korn
8. Ein Unglück kommt selten allein
9. Ein voller Bauch studiert nicht gern
10. Einem geschenkten Gaul schaut man nicht ins Maul
11. Glück und Glas – wie leicht bricht das
12. Gut Ding will Weile haben
13. In der Not frißt der Teufel Fliegen
14. Kindermund tut Wahrheit kund
15. Kinder und Narren sagen die Wahrheit
16. Lügen haben kurze Beine
17. Morgenstund' hat Gold im Mund
18. Mühe ist der Arbeit Lohn
19. Müßiggang ist aller Laster Anfang
20. Nachts sind alle Katzen grau
21. Nichts ist so fein gesponnen, es kommt doch ans Licht der Sonnen
22. Niemand kann zwei Herren dienen
23. Neue Besen kehren gut
24. Not kennt kein Gebot
25. Ordnung ist das halbe Leben
26. Ruhe ist die erste Bürgerpflicht
27. Stille Wasser gründen tief
28. Übermut tut selten gut
29. Undank ist der Welten Lohn
30. Unkraut vergeht nicht
31. Unrecht Gut gedeiht nicht
32. Was Hänschen nicht lernt, lernt Hans nimmermehr
33. Was man nicht im Kopf hat, muß man in den Beinen haben
34. Was Du tun willst, tu es gleich
35. Wenn's dem Esel zu wohl ist, geht er auf's Eis
36. Wenn zwei sich streiten, freut sich der dritte
37. Wer zuletzt lacht, lacht am besten
38. Wer andern eine Grube gräbt, fällt selbst hinein
39. Wer sich in Gefahr begibt, kommt darin um
40. Wer zuerst kommt, mahlt zuerst
41. Wer Pech angreift, besudelt sich
42. Wer rastet, der rostet
43. Wer einmal lügt, dem glaubt man nicht

44. Wer angibt, hat mehr vom Leben
45. Wer viel fragt, bekommt viele Antworten
46. Wer Wind sät, wird Sturm ernten
47. Wer "A" sagt, muß auch "B" sagen
48. Wie die Alten sungen, so zwitschern auch die Jungen
49. Wie man in den Wald hineinruft, so schallt es heraus
50. Zeit ist Geld

Der Zustimmungstendenz – Fragebogen weist die typischen Merkmale von Fragebogen zur Erfassung des "Sozialen Zustimmens" (social acquiescence) auf – er korreliert positiv mit der reinen Jasagetendenz, also der Reaktionstendenz (set) des Jasagens, er korreliert ebenfalls positiv mit Fragebogen – Variablen des sozial – konformen Verhaltens, und er korreliert nur geringfügig mit Konformitätsvariablen, die *nicht* mit Fragebogen gemessen werden:

Die Korrelation zwischen Form A des Zustimmungstendenz – Fragebogens und der Jasagetendenz von 100 studentischen Versuchspersonen (berechnet aus der Häufigkeit des Ankreuzens der Kategorie "Ja/Stimmt" in 11 diversen Persönlichkeits – und Einstellungsfragebogen) beträgt 0.49. Korrelationen zwischen dem Zustimmungstendenz – Fragebogen und verschiedenen Konformitäts – Fragebogen wurden bei jeweils 100 männlichen Studierenden (Form A) und weiblichen Personen aus sozialen Berufen (Form B) ermittelt – sie liegen sämtlich in der mäßig bis mittelhoch – positiven Größenordnung um 0.40. Bei den gleichen Personengruppen wurden auch die Zusammenhänge zwischen der Zustimmungstendenz und mehreren experimentell gewonnenen Maßen der sozialen Beeinflußbarkeit bestimmt – diese Korrelationen liegen zwischen Null und 0.10. Fragt man zusammenfassend nach Gründen für diese Unterschiede, so wird man nicht umhin kommen, sie in der grundsätzlich gegebenen Vermischung von Inhalt und Jasagetendenz bei der Fragebogen – Methode zu suchen. Da auf das Jasagen nicht verzichtet werden kann, bleibt zumeist ungeklärt, ein wie großer Anteil des Jasagens im Sinne einer sprachlichen Reaktionstendenz im Zustimmen zu sozial – konformen Inhalten enthalten ist.

Differenzierung von Antwortstilen

In systematischer Form hat W. Keil mit der Methode der Itemreversion versucht, verschiedene Arten von Reaktionseinstellungen bzw. Antwortstilen beim Urteilsverhalten zu Persönlichkeitsfragebogen voneinander zu trennen. Wie bereits erwähnt, finden in den Items von Fragebogen seit je Häufigkeitsbegriffe wie "manchmal", "oft", "immer" usw. zur Abstufung der "Intensität" einer Aussage Verwendung. Hiervon ausgehend legte der Autor Jugendlichen Fragebogen – Aussagen vor, die in abgestufter Weise derart verändert wurden, daß daraus eine sukzessive Übergangsreihe von positiver zu negativer Formulierung ein und desselben Inhaltes der Aussage resultieren sollte. (Selbstverständlich ist dies nur in Annäherung möglich, da sich, wie schon besprochen, Inhalte in Abhängigkeit von der Art der Formulierung wandeln können.) Die *sukzessive Itemreversion* wurde durch die folgenden Steigerungsreihen realisiert:

"immer/gewöhnlich/häufig/manchmal/kaum jemals/nie",
"sehr oft/oft/ziemlich oft/gelegentlich/selten/sehr selten".

Diese Häufigkeits – Formulierungen wurden bei den folgenden sechs Aussagen an die Stelle der Klammern eingesetzt:

"Ich versuche (...), die Gefühle der anderen Kinder zu verstehen"
"Ich versuche (...), andere von meiner Meinung zu überzeugen"
"Wenn ich schlechter Laune bin, ärgere ich (...) andere Kinder"
"Ich habe mir (...) gewünscht, daß ich später einmal berühmt werde"
"Ich denke (...), daß es sehr schön wäre, wenn ich viele Freunde oder Freundinnen hätte"
"Vor einer Klassenarbeit habe ich (...) Angst".

Aufgrund der Beantwortung aller 36 Formulierungsweisen durch eine größere Personengruppe skalierte Keil die verwendeten Häufigkeitsstufen, die sechs Feststellungen und die sieben verwendeten Antwortkategorien (von "ganz richtig" bis "ganz falsch"). Aus den individuellen Antwortmatrizen der Versuchspersonen ließen sich dann verschiedene Arten von Reaktionsstilen ableiten, die man als unterschiedliche Modalitäten des Urteilsverhaltens von Versuchspersonen bei der Reaktion auf Fragebogen ansehen kann: *"Zustimmungstendenz"*, *"Annahmetendenz"*, *"Urteilsextremität"* und *"Urteilsnuanciertheit"*.

Während *Zustimmungstendenz* und *Annahmetendenz* als unterschiedliche Spielarten des Jasagens bzw. Zustimmens angesehen werden können, beziehen sich *Urteilsextremität* und *Urteilsnuanciertheit* auf Art und Grad der Differenziertheit des Urteilens bzw. Antwortens – psychologische Merkmale, auf die bereits Theo Herrmann aufmerksam gemacht hatte. *Zustimmungstendenz* im hier gemeinten Sinne wäre die Tendenz, gehäuft unabhängig vom Inhalt und unabhängig von der Art der Richtung der Formulierung eines Items zuzustimmen, während *Annahmetendenz* im Jasagen zu positiv formulierten Aussagen (z.B. "Ich neige dazu, Dinge schwer zu nehmen") und im Ablehnen negativ formulierter Aussagen ("Ich neige nicht dazu, Dinge schwer zu nehmen") bestünde. Diese von Messick eingeführte und hier wieder bestätigte Unterscheidung bereichert die Diskussion um die sprachlichen Probleme von Fragebogen – Items um eine weitere Binnendifferenzierung. Das Problem einer Trennung des Zustimmens als formales, stilistisches Sprachverhalten einerseits, und als auf Inhalte der sozialen Konformität zurückführbares verbales Verhalten andererseits, wird durch die erwähnte Untersuchung allerdings letztlich nicht gelöst. So hat man sich heute doch weitgehend damit abgefunden, daß eine saubere Trennung von "formaler" und "sozialer" Zustimmung schlecht möglich ist und behandelt das Problem des Jasagens lieber gemeinsam mit dem Komplex der "Sozialen Erwünschtheit", der in Kapitel 8 und 9 behandelt wird.

Weitere Untersuchungen zur sprachlichen Formulierung

In weniger experimentell kontrollierter Weise als bei den bisher berichteten Untersuchungen haben verschiedene Autoren weitere Überlegungen zu Problemen sprachlicher Formulierungen in Fragebogen angestellt. *Sprachlich – syntaktische* Merkmale der Items von Fragebogen wie z.B. ihre positive/negative Formulierung, die Satzlänge bzw. Anzahl der Wörter und verschiedene Indikatoren der *Komplexität* der Sätze korrelierten in einigen Untersuchungen mit verschiedenen wichtigen Variablen der Fragebogen – Zuverlässigkeit, in einigen anderen dagegen nicht.

So wurden in einer empirischen Studie zur Lesbarkeit, sprachlichen Verständlichkeit und Schwierigkeit von Fragebogen – Items – sämtlich Variablen, die in Beziehung zur Redundanz, also zum Grad der Aufwendigkeit bzw. Kargheit der Formulierung eines Textes stehen – keine bemerkenswerten Zusammenhänge zwischen diesen Merkmalen der Items und den Gütekriterien des Fragebogens gefunden. Es erscheint allerdings als möglich, daß die verwendeten Maße, mit denen man in sprachwissenschaftlichen Untersuchungen erfolgreich umgeht, sich nur ungenügend für die sprachliche Analyse von typischen Fragebogen – Items eignen.

Einige Autoren beschränkten sich weitgehend auf das Auszählen sprachlicher Merkmale der Items gängiger Fragebogen. Dabei trat stets eine gewisse Uniformität der sprachlich – syntaktischen Merkmale von

Items unterschiedlicher Persönlichkeitsfragebogen zutage. Solche Ergebnisse können nicht überraschen, denn die offensichtliche Gleichartigkeit der sprachlichen Merkmale von Fragebogen – Items dürfte zu einem Gutteil daran liegen, daß eine Vielzahl gängiger Fragebogen, sowohl Persönlichkeitsfragebogen im engeren Sinne als auch solche zur Messung von sozialen Einstellungen, beispielsweise aus dem Minnesota Multiphasic Personality Inventory (MMPI) abgeleitet sind. Dieser ein wenig bombastische, mehrere hundert Items enthaltende, lange Zeit dominierende Persönlichkeitsfragebogen mit vorwiegend klinisch – psychologischer Zielsetzung und Prägung stellt formal und materiell so etwas wie einen "Steinbruch" für weitere Fragebogenkonstruktionen dar; ein Großteil empirischer Untersuchungen zur Fragebogenkonstruktion wie zur Fragebogen – Methode überhaupt bezieht sich auf den MMPI, und viele Autoren sind nie über die Arbeit mit diesem Fragebogen hinausgekommen. Durch den seit einiger Zeit möglichen Einsatz kleiner Computer für die Auswertung und Analyse komplexer Testverfahren ist sogar derzeit so etwas wie eine MMPI – Renaissance und eine zunehmende Kommerzialisierung der Auswertung dieses Verfahrens zu bemerken. Für MMPI – Items waren bereits in den 60er Jahren verschiedene grammatische Klassifikationen wie *Negation*, *Satzstruktur*, *Zeitbezug*, *Satzlänge* etc. untersucht worden, ohne daß besonders bedeutsame Zusammenhänge zwischen solchen sprachlichen Eigenarten und anderen Item – Charakteristika zutage getreten wären.

Die sorgfältigste Untersuchung dieser Art stammt von den Soziologen Micklin & Durbin und bezieht sich auf Einstellungsfragebogen. Ausgehend beispielsweise von A.L. Edwards' Empfehlungen zur sprachlichen Formulierung von Items untersuchten die Autoren die Beziehung zwischen syntaktischen Merkmalen von Einstellungsskalen und der Reliabilität dieser Forschungsinstrumente. Von der von ihnen vorgenommenen Klassifikation syntaktischer Merkmale von Items, nämlich

- transitive vs. intransitive Verben
- Relativsätze vs. Nicht – Relativsätze
- Straffheit
- Person und Anzahl
- Frage – vs. Aussageform
- Komplexität vs. Einfachheit
- Aktiv vs. Passiv

wurde lediglich das Merkmal der *Komplexität* untersucht. Die Bedeutsamkeit des Einflusses der Item – Komplexität wurde empirisch nachgewiesen, indem gezeigt wurde, daß Skalen mit unterschiedlich komplex formulierten Items unterschiedliche Reliabilität besitzen. Als "komplexe" Items galten solche, die zwei oder mehr Verben enthielten, von denen mindestens zwei keine Hilfsverben sind. Zusammengefaßt für eine Vielzahl unterschiedlicher Einstellungsskalen, wie sie in einem Sammelband zur Einstellungsmessung aufgeführt sind, erhielten die Autoren negative Zusammenhänge zwischen dem Grad der syntaktischen Unähnlichkeit je zweier Parallelformen einer Einstellungsskala hinsichtlich der Komplexität ihrer Items einerseits, und der in dem Sammelband berichteten Zuverlässigkeit der Skala andererseits. Zwar handelte es sich bei dieser Untersuchung um eine Sekundäranalyse, doch gewinnt sie sicherlich an Bedeutung, wenn man berücksichtigt, daß sie an häufig angewendeten und somit als erfolgreich angesehenen Einstellungsskalen vorgenommen wurde. Man kann vermuten, daß die negative Korrelation zwischen syntaktischer Komplexität und Reliabilität bei einer Untersuchung aller möglichen im Umlauf befindlichen Fragebogen eher noch höher ausfallen würde.

Bei der Interpretation dieser Ergebnisse ebenso wie derjenigen von vereinzelten Wiederholungen des Verfahrens sollte jedoch bedacht werden, daß es wohl naiv wäre, aus den immer wieder gefundenen Zusammenhängen zwischen Item – Komplexität und (mangelnder) Antwort – Konsistenz bzw. Fragebogen – Reliabilität den Schluß zu ziehen, nun nur noch äußerst simple Item – Formen zu verwenden. Syntaktische Komplexität kann durchaus auf ein semantisches Niveau der Fragebogen – Aussagen verweisen, das bei Reduktion von Komplexität womöglich bedeutsam verändert bzw. unterschritten würde.

Unter diesen Gesichtspunkten sollten auch die teilweise bewährten und auch in der vorliegenden Schrift teilweise empfohlenen Fragebogen mit Stichwort – oder Ein – Wort – Formen betrachtet werden. Die Nachteile komplexer Fragebogen – Items gegenüber Item – Kurzformen liegen auf der Hand. Z.B. antworteten dem Autor einer solchen Kurzform zufolge 63% der befragten Personen zustimmend auf das Item

> "Wenn über tausend Fluglotsen ihre Stellung riskieren und sogar ins Gefängnis gehen, dann muß es legitime Gründe für ihren Streik geben",

und 69% der Befragten bejahten bei der gleichen Befragung das Item

> "Da jeder Fluglotse einen Eid abgelegt hat, nicht zu streiken, tat Präsident Reagan Recht daran, die Fluglotsen zu feuern".

Offensichtlich bestimmt hier der zu komplexe sprachliche Kontext der Items die – in diesem Falle widersprüchliche – Antwort der befragten Personen stärker als der Item–Inhalt bzw. die zu erfassende Einstellung. Für bestimmte Gegenstände der Persönlichkeits–, Einstellungs– und Selbstkonzeptmessung haben sich Item–Kürzestformen hinsichtlich Reliabilität, Validität und relativer Freiheit von Reaktionstendenzen als überlegen erwiesen. Nicht zu unterschätzen ist auch ihre zweifelsfrei bessere Übersetzbarkeit und Anpassung an unterschiedliche soziale und kulturelle Umgebungen. Bei der Anwendung von sprachlich verarmten Items wie z.B. Ein–Wort–Items ist allerdings Nuanciertheit nur auf der Antwort–Seite möglich – auf der Seite des Items selbst können die Urteilsgegenstände nicht sprachlich nuancenreich ausgedrückt werden, so daß eine syntaktische Minimalform für die Messung bestimmter Persönlichkeits–, Einstellungs– oder Selbstkonzeptmerkmale womöglich ausscheidet. Es wäre jeweils abzuwägen, worauf es dem Anwender eines Fragebogens hauptsächlich ankommt.

Für alle sprachlichen Aussagen in Item–Form gilt, daß ihrer Darbietung im Rahmen von Untersuchungen mit Persönlichkeitsfragebogen auf der Seite der antwortenden Person ein der Reaktion (also z.B. dem Ankreuzen) vorausgehender Prozeß des *Verstehens* entspricht. So hat man sich beispielsweise bemüht, Verstehen als einen zeitabhängigen Prozeß zu beschreiben, in dem es – linguistisch formuliert – darum geht, einen Übergang von der "Oberflächenstruktur" zur "Tiefenstruktur" des Items zu vollziehen. Verschiedene grammatische Merkmale können die Distanz zwischen dem Kern einer Aussage und der Oberflächenstruktur, in der diese Aussage dem Betrachter erscheint, erhöhen. Items sollten daher konsequenterweise so formuliert sein, daß die Distanz zwischen der Oberflächenstruktur und der Tiefenstruktur minimalisiert wird. Auch diese Überlegungen erscheinen wie ein Plädoyer entweder für ungewöhnlich intelligent und sensibel konstruierte Items, also für eine aufwendige Form der Itemkonstruktion, oder aber für stark vereinfachte Items bis hin zur Ein–Wort–Form – vorausgesetzt, es läßt sich das kernhaft Gemeinte in einem einzigen Begriff ausdrücken.

Im vorstehenden Kapitel konnten nur einige wenige Aspekte der Sprache von Fragebogen besprochen werden. Es wurden solche Probleme herausgegriffen, zu denen empirische Untersuchungsergebnisse vorliegen. Damit ist keineswegs gesagt, daß es sich bereits um die für die Fragebogenmethode bedeutsamsten Aspekte der Sprache und des sprachlichen Reagierens handelt. Dies spiegelt jedoch zumindest zum Teil den Forschungsstand zum Problem "Fragebogen und Sprache" wider: Zu wenig ist bisher auf diesem Gebiet gearbeitet worden.

Literaturhinweise

Theoretische und empirische Beiträge zu einzelnen sprachlichen Problemen der Formulierung von Fragebogen – Items liegen vor allem in vielen kleineren Einzelarbeiten vor.

Mit der Beschreibung der Bedeutungen von Häufigkeitsformulierungen hat sich beispielsweise Pepper (1981) beschäftigt, mit der experimentellen Variation solcher Formulierungen bei der Itemreversion vor allem Keil (1971); zur Item – Reversion vgl. auch Schriesheim & Kenneth (1981). Einen Hinweis darauf, daß positiv formulierte Feststellungen anders wirken als negativ formulierte, liefern z.B. Peterson & Peterson (1979). Auf die Veränderbarkeit von Meßinstrumenten durch Änderungen von Moden in der Verwendung von sprachlichen Begriffen und Wendungen wies z.B. Vagt (1977) hin.

Eine umfangreiche Literatur existiert zu der von Bass (1955) aufgeworfenen Frage nach der Rolle von Jasagetendenzen bei der Beantwortung von positiv formulierten Fragebogen – Items wie z.B. der F – Skala von Adorno et al. (1950); vgl. hierzu z.B. Christie, Havel & Seidenberg (1958), Blake & Mouton (1959).

Mit der Jasagetendenz als Reaktionstendenz allgemein befassen sich frühe Arbeiten von Cronbach (1946, 1950), die Beiträge von Jackson (1967) und Messick (1967) sowie das Buch von Block (1965); als "Mythos" wird die Psychologie der Reaktions – Stile in dem Referat von Rorer (1965) bezeichnet. Die "Typologie" der "Yeasayers" und "Naysayers" stammt von Couch & Keniston (1960). Die Social Aquiescence Scale wurde von Bass (1956) vorgelegt. Im deutschen Sprachbereich wies u.a. Fürntratt (1969) auf individuelle Unterschiede im Jasagen und auf die Existenz eines von Inhalt und Form des Fragebogens unabhängigen Antwortstils hin; eine etwas neuere Untersuchung stammt z.B. von Vagt & Wendt (1978). Eine Relativierung der Bedeutung der Jasagetendenz ergibt sich u.a. aus dem Beitrag von Buse (1980).

Die Unterscheidung von Inhalt (content), Reaktionstendenz (set) und Reaktionsstil (style) stammt von Jackson & Messick (1958). Die Differenzierung des Urteilsverhaltens im Sinne von Zustimmungstendenz, Annahmetendenz, Urteilsextremität und Urteilsnuanciertheit arbeitete Keil (1971) heraus. Zur Urteilsnuanciertheit ist die Untersuchung von Herrmann (1960) sehr lesenswert; zur Tendenz, extreme Antworten zu geben, vgl. z.B. Shulman (1973).

Auf den MMPI wurde bereits in Kapitel 6 hingewiesen; seine amerikanische Form stammt von Hathaway & McKinley (1967). Als Beispiel für
eine Untersuchung zu Item – Merkmalen des MMPI sei diejenige von
Wiggins & Goldberg (1965) erwähnt. Eine deutsche Untersuchung zum
Zusammenhang von Lesbarkeit, Verständlichkeit etc. und Gütekriterien
von Fragebogen legte z.B. Tränkle (1982) vor.

Mit syntaktischen Eigenarten von Fragebogen – Items haben sich am
fundiertesten Micklin & Durbin (1969) beschäftigt; eine Beschreibung
deutschsprachiger Fragebogen hinsichtlich sprachlicher Kategorien, wie
sie Micklin & Durbin verwandten, stammt von Löhr & Angleitner (1980).
Das Fluglotsen – Beispiel zur Demonstration der Problematik von Item –
Komplexität ist einem Referat von Wilson (1981), dem Autor der Wilson – Patterson – Skala, entnommen.

Auf den Verstehens – Prozeß bei der Beantwortung von Fragebogen –
Items hat Helfrich (1986) hingewiesen; die Konzepte der Oberflächen – vs.
Tiefenstruktur gehen auf Chomsky (1965) zurück.

Kapitel 8

Antworttendenzen in Fragebogen: Das Problem der Sozialen Erwünschtheit

Fragebogen als reaktive Meßinstrumente

Legt man einer Person einen Fragebogen vor, mittels dessen sie sich selbst, ihre Einstellungen, ihre Selbstkonzepte etc. beschreiben soll, so wird die betreffende Person aufgefordert, ihr subjektives Urteil zu etwas im Grunde sehr "Persönlichem" abzugeben. Damit liegt auf der Hand, daß Messungen mittels Persönlichkeitsfragebogen niemals "*objektiv*" sind, sondern bei näherem Hinsehen in mehrfacher Weise "*subjektiv*": Einmal geht es um einen subjektiven Gegenstand, also um etwas, über das zumeist nur das Individuum selbst Bescheid wissen kann, und zum anderen legt die antwortende Person bei der Beurteilung dieses Gegenstandes einen subjektiven Maßstab an. Erfährt die urteilende Person somit, daß ihr subjektives, prinzipiell offensichtlich nicht nachprüfbares Urteil gefragt ist und weiß sie beispielsweise, daß sie beobachtet wird und daß sie Objekt einer wissenschaftlichen Untersuchung ist, so steht ihr die Möglichkeit offen, ihre Reaktionen bzw. Antworten auf den Fragebogen absichtlich oder unabsichtlich in bestimmter Richtung zu beeinflussen. Wir werden uns mit dem Problem der Eindrucks – Manipulation bei der Selbstdarstellung in Fragebogen noch näher in Kapitel 10 beschäftigen.

Fragebogen werden gewöhnlich als "*reaktive*" Meßinstrumente bezeichnet, weil der Gegenstand der wissenschaftlichen Untersuchung, nämlich die antwortende bzw. reagierende Person, das Ergebnis der Messung selbst wissentlich oder unabsichtlich *beeinflussen* kann. Je nach dem Grad an Absichtlichkeit und je nach dem Ausmaß der Veränderung des Antwortverhaltens aufgrund des Wissens um die eigene Rolle als Versuchsperson kann man von *Beschönigungstendenzen* bis zu *Verfälschungstendenzen* sprechen.

Die Unangemessenheit des Lügen-Begriffes

Manche Autoren haben in diesem Zusammenhang auch von *"Lügen"* gesprochen, denen der Fragebogenforscher mit entsprechenden Untersuchungsstrategien mehr oder weniger angemessen begegnen könne. Der Begriff des Lügens erscheint jedoch nicht als angemessen, um reaktive Tendenzen von Versuchspersonen bei Urteilsprozessen in Fragebogen zu bezeichnen. Er ist vielleicht in bestimmten Situationen am Platze, in denen Personen grob simulieren oder Falschaussagen machen, also in Situationen, in denen man nach Auffassung des Verfassers ohnehin nicht mit Fragebogen arbeiten sollte. Bei den meisten Gegenständen der Items von Fragebogen geht es aber gar nicht um Inhalte, bezüglich derer es "Wahrheit" – und dementsprechend auch nicht "Lüge" – gibt. Beispielsweise dürfte es schwer sein festzustellen, ob eine Person das Item "Ich bin ein geselliger Mensch" in "wahrer" Weise oder im Sinne von "Lüge" beantwortet, denn es können der Person möglicherweise sichere Anhaltspunkte für ein wahrheitsgemäßes oder nicht wahrheitsgemäßes Antworten fehlen. Selbst wenn die Person den Eindruck hat, daß z.B. die Mehrzahl ihrer Bekannten und Freunde sie für "gesellig" hält, muß dies nicht "wirklich" ihre eigene Auffassung sein.

Noch schwieriger wird es, wenn es um echte *Meinungs*sachverhalte geht, also um Gegenstände, hinsichtlich derer jede Person sich eine unterschiedliche, individuell gültige Meinung bilden kann. Es ist sowohl bei der Persönlichkeits – als auch bei der Einstellungsmessung kaum zu ermitteln, ob eine Person "lügt". Es läßt sich höchstens feststellen, ob jemand in einer bestimmten Situation so (z.B. "gesellig") und in einer bestimmten anderen Situation so (z.B. "nicht gesellig") antwortet bzw. reagiert oder eingeschätzt wird. Je nachdem wie diese beiden Situationen beschaffen sind bzw. worin sie sich offensichtlich unterscheiden, könnte man dann die eine der beiden Antworten als eine *"beschönigende"* interpretieren, und dies wäre ein deutlich *relativer* Begriff. Stellt man z.B. fest, daß die betreffende Person sich dann, wenn sie ein Vertrauensverhältnis zum Versuchsleiter hat oder wenn von ihrer Antwort nichts Besonderes abhängt etc., als eher "nicht gesellig" beurteilt, daß sie aber in einer konkurrenzbetonten Situation, z.B. im Extremfalle in einem Bewerbungsverfahren, sich als "gesellig" einstuft, so könnte man interpretieren, daß es sich bei der ersten Antwort um die weniger beschönigende und bei der zweiten um die stärker beschönigende Antwort handelt.

Soziale Erwünschtheit als Antworttendenz

Ein solches Einflußnehmen auf Fragebogenantworten, das von der Gegebenheit des Wissens um die eigene Versuchspersonen – Rolle ausgeht, läßt sich besser unter den Begriff einer beschönigenden *Reaktionseinstellung* (response set) oder auch *Antworttendenz* subsumieren. Es wird damit den schon in Kapitel 7 besprochenen, gleichsam sprachlichen Eigenarten bzw. Antwortstilen, wie demjenigen des Jasagens, an die Seite gestellt und damit gewissermaßen entkriminalisiert.

Der Begriff der Antworttendenz ist zunächst völlig neutral und sagt nichts über die Richtung oder Besonderheit der Reaktionsweise einer Person aus. So kann jemand durchweg eher allgemein beschönigend antworten, oder er kann aus irgendeinem Grunde dazu neigen, sich möglichst ungünstig darzustellen. Beurteilt sich eine Person tendenziell in positiver, günstiger Richtung, so kann man sich diesen Vorgang etwa so vorstellen:

Die Person bildet eine Annahme darüber, was entweder für sie selbst oder für den Versuchsleiter oder für die Gemeinschaft schlechthin (beispielsweise für eine bestimmte gesellschaftliche Gruppe oder für den Versuchsleiter als Repräsentanten einer solchen Gruppe usw.) als positiv bzw. günstig erscheint, und sie bemüht sich somit, im sozial – erwünschten Sinne zu antworten – in diesem Falle haben wir es mit einer Antworttendenz der *Sozialen Erwünschtheit (Social Desirability)* zu tun.

Es kann auch sein, daß sich die Person eine Meinung darüber bildet, was eher "negativ" bzw. ungünstig wirken würde, und sie wird sich dementsprechend bemühen, die jeweils von Personen oder Instanzen wie den genannten als abweichend, unbequem usw. angesehene Meinung zu vertreten. Auch hierfür mag es subjektiv gute Gründe geben – z.B. kann es für die antwortende Person sinnvoll erscheinen, ihren Protest gegen die Untersuchung allgemein oder gegen bestimmte Items des Fragebogens oder gegen eine bestimmte gesellschaftliche Gruppe oder bestimmte Personen auszudrücken, oder die Person will sich absichtlich verstellen und produziert aus diesem Grunde ein möglichst abweichendes, negativistisches Antwortverhalten. In einem solchen Falle wäre also das gewöhnlich Unerwünschte erwünscht.

Antworttendenzen können grundsätzlich in jeder denkbaren, persönlich oder sozial – erwünschten Richtung auftreten. Neben den in Kapitel 7 besprochenen Jasagetendenzen können Personen beispielsweise eine Abneigung haben, sich in ihren Antworten eindeutig festzulegen. Sie können z.B. in Abhängigkeit vom Thema des Fragebogens bemüht sein, nur vorsichtige bzw. gemäßigte Antworten zu geben. Dies würde bei einer mehrstufigen Antwortskala bedeuten, daß man mit Vorliebe *mittlere* Antwortkategorien ankreuzt und so stärker *zentrale* Antworttendenzen produziert. Es kommt auch vor, daß Personen mit Vorliebe die *extremen* Antwortkategorien ankreuzen. Entgegen den beiden vorgenannten Antworttendenzen würde sich wiederum ein Antwortender verhalten, der sich möglichst *nuanciert*, d.h., möglichst differenziert auszudrücken bemüht, der also die extremen und auch die mittleren Antwortkategorien vermeidet und die Zwischentöne bevorzugt. Alle diese "formal" erscheinenden Antworttendenzen sind dadurch, daß es den antwortenden Individuen aus diesem oder jenem Grunde günstig, angemessen, erwünscht erscheinen mag, so und nicht anders zu antworten, nicht nur *formal – stilistische*, sondern zugleich immer auch *sozial – erwünschte* Tendenzen. Am Beispiel der Jasagetendenz läßt sich zeigen, wie die formale Tendenz des Zustimmens und die inhaltsbezogene Tendenz, im sozial – erwünschten Sinne zu antworten, ineinandergreifen.

Das Zustimmen zum sozial Erwünschten

Es wurde bereits verschiedentlich erwähnt, daß man sich in der Praxis der psychologischen und sozialwissenschaftlichen Forschung hauptsächlich um die Antworttendenzen des *Jasagens* und der *Sozialen Erwünschtheit* gekümmert hat. Beide hängen insofern zusammen, als die verbalen Reaktionen auf Items bezüglich der Häufigkeit ihrer Bejahung unter anderem von dem Grad abhängen, mit dem die Bejahung als sozial – erwünscht angesehen wird.

In seinem sogenannten *Schwellenmodell* hat D.N. Jackson die Häufigkeit bzw. die Wahrscheinlichkeit der Zustimmung zu einem Item als abhängig von zwei Größen aufgefaßt: einmal von der Sensibilität der Versuchsperson gegenüber dem Erwünschtheitsgrad des Items, und zum anderen von dem Schwellen – Wert, im sozial – erwünschten Sinne zu antworten. Der Erwünschtheitsgrad von Items läßt sich, wie gleich noch erläutert wird, empirisch ermitteln, und es läßt sich gleichfalls feststellen, wie leicht eine Person dazu neigt, auf Items mit einem bestimmten Erwünschtheitsgrad im sozial – erwünschten Sinne zu reagieren. Unter dem Schwellen – Wert der sozial – erwünschten Reaktion versteht man jenes Ausmaß an Erwünschtheit, das bei einem Item 50% Ja – Antworten von 50% Nein – Antworten auf das Item trennt. Gemäß dem Schwellenmodell

162

läßt sich die Antworttendenz des Jasagens als abhängig vom Grad der Sozialen Erwünschtheit der Items definieren. Personen mit niedrigen Schwellenwerten werden voraussichtlich eine größere Zahl von Zustimmungen produzieren als solche mit hohen Schwellenwerten. Zugleich werden sich für Items mit einem mittleren Grad an Erwünschtheit individuelle Unterschiede in der Jasagetendenz ergeben.

Das Schwellenmodell der Persönlichkeitsmessung mit Fragebogen liefert so eine formal befriedigende Erklärung für einen sehr einfachen Gedanken: Man kann Urteilsgegenständen, die in einem bestimmten Ausmaß sozial – erwünscht sind, zustimmen je nachdem wie stark man selbst der Antworttendenz der Sozialen Erwünschtheit unterliegt, und dadurch ist zugleich das Ausmaß der individuellen Zustimmungstendenz festgelegt – Jasagen ist stets das Zustimmen zu sozial unterschiedlich Erwünschtem.

Eine sozialpsychologische Interpretation der Antworttendenz, sozial – erwünscht zu antworten, stellt den Begriff der *sozialen Norm* in den Mittelpunkt der Betrachtung. Befragte Personen *erwarten* vermutlich, bei einer sozialen Gruppe oder einzelnen ihrer Repräsentanten mehr oder weniger soziale Billigung für ihr Antwortverhalten zu finden. Damit orientieren sie sich an sozialen Normen, also bestimmten, von sozialen Gruppen geteilten Erwartungen über angemessenes und nicht angemessenes Verhalten. Ein Item beispielsweise, dessen Inhalt darauf hinausläuft, daß man für Verfolgte in autoritär regierten Staaten eintreten solle, kann z.B. bejaht werden, weil man einer starken sozialen Norm unterliegt, bedrängten Personen zu helfen. Eine antwortende Person, die eigentlich der Meinung ist, man solle sich grundsätzlich nicht in die inneren Angelegenheiten anderer Länder einmischen, könnte z.B. angesichts der starken Norm zur Hilfeleistung ihre eigentliche Einstellung vorübergehend modifizieren und das Item bejahen. Nimmt die Person es dagegen als vorherrschende soziale Norm wahr, sich nicht in die inneren Angelegenheiten fremder Staaten einzumischen, so läge es unter solchen normativen Bedingungen eher nahe, im umgekehrten Sinne zu antworten. Das Beispiel mag zeigen, daß es weniger darum geht, eine gleichsam normative Überformung einer "eigentlich richtigen" Meinung vorzunehmen, sondern *die relative Stärke widerstreitender normativer Tendenzen gegeneinander abzuwägen*. Man kann sich die offen zutage tretende Antwort einer Person auf ein Item eines Fragebogens so als Resultante aus mehr oder weniger bewußt vorgenommenen Anpassungen an wahrgenommene soziale Normen vorstellen. Was für die Einstellungsmessung gilt, mag auch für die Persönlichkeits – und Selbstkonzeptmessung Gültigkeit besitzen: Bejahe ich angesichts der Norm, "meine ganz persönliche Meinung schonungslos wiederzugeben", das Item "Ich bin oft ein wenig leichtsinnig" bei Zusicherung der Anonymität meiner Aussagen, so werde ich es beispielsweise dann verneinen, wenn ich erwarte, daß meine Antworten von verschiedenen Personen gelesen werden – ich folge dann der sozialen Norm, "sich nicht unnötig schlechter zu machen als man ist" oder "sich so darzustellen, wie man unter günstigen, und nicht unter ungünstigen Bedingungen ist" etc.

Der Erwünschtheits – Wert von Items und Eigenschaften

Der Grad der Sozialen Erwünschtheit von Fragebogen – Items läßt sich relativ unkompliziert ermitteln. Legt man die Items von Fragebogen einer genügend großen Anzahl von Versuchspersonen mit der Bitte vor, das Ausmaß zu beurteilen, in dem eine Bejahung jedes Items nach ihrer Auffassung sozial wünschenswert wäre, so läßt sich aufgrund des Durchschnitts der Urteile jedem Item ein Social – Desirability – Wert *(SD – Wert)* zuordnen. Man findet hierbei in der Regel auffallend große Übereinstimmung zwischen den beurteilenden Personen, unabhängig von der Tatsache, daß natürlich über bestimmte Urteilsgegenstände bei bestimmten Gruppen von Personen unterschiedliche Auffassungen bestehen mögen.

Verfährt man in der geschilderten Weise mit hunderten oder tausenden von Items aus allen möglichen Fragebogen, so ergibt sich mit großer Regelmäßigkeit eine *zweigipflige* Häufigkeitsverteilung der SD – Werte der Items. Mit anderen Worten sind Items aus Fragebogen in ihrer großen Mehrzahl hinsichtlich der Sozialen Erwünschtheit polarisiert – sie sind größtenteils eher deutlich nicht – erwünscht oder deutlich erwünscht, werden jedoch selten als neutral hinsichtlich ihrer sozialen Wünschenswertigkeit eingestuft.

Dieses Ergebnis deckt sich mit Befunden, die man mit Eigenschaftsbezeichnungen zur Persönlichkeitsbeschreibung erhalten hat. In amerikanischen ebenso wie in eigenen und weiteren deutschsprachigen Untersuchungen ließ sich übereinstimmend eine strikte Zweigipfligkeit der Erwünschtheits – Ratings von mehreren hundert Eigenschaftswörtern zur Beschreibung der eigenen Person oder fremder Personen finden. Darüber hinaus ergibt sich in solchen Untersuchungen eine – selbst bei Berücksichtigung von Schwierigkeiten der Übersetzung und der sprachlichen Übertragung – erhebliche Übereinstimmung zwischen den SD – Ratings amerikanischer und deutscher Beurteiler, wie das folgende Beispiel aus-

zugsweise zeigen mag (die den folgenden Beurteilungen zugrundeliegen-
den Rating – Skalen erstrecken sich von 0 = "nicht – erwünscht" bis
6 = "erwünscht"):

Soziale Erwünschtheit (SD – Werte)

Eigenschaft	amerik. (1968)	deutsch (1979)	deutsch (1986)
abhängig	2.5	1.0	1.0
ängstlich	2.5	2.0	0.0
aktiv	4.6	5.0	5.5
aufgeschlossen	5.3	5.0	5.5
ausgeglichen	4.5	5.0	6.0
usw.			

Obgleich sich dieses weiter fortsetzungsfähige Beispiel auf unterschiedliche Erhebungszeiten, soziale Umgebungen, Personenstichproben, Stich-
probengrößen und Berechnungsweisen bezieht, wird aus ihm sowohl die
große Übereinstimmung in der Zuschreibung von Erwünschtheits –
Werten als auch der eindeutige Trend zur Zweigipfligkeit der Häufigkeitsverteilung von SD – Werten klar. Stammen die hinsichtlich ihrer Wünschbarkeit beurteilten Eigenschaften aus *Selbstbeurteilungs* – Untersuchungen, so kommt eine ausgeprägte *Rechtsschiefe* der Verteilungsform
hinzu: In der Regel schreiben sich Personen eher sozial – erwünschte
Eigenschaften zu. Bei der Anwendung der Adjective Generation Technique (AGT), eines Verfahrens, bei dem die Versuchspersonen sich mittels
frei generierter Adjektive selbst beurteilen sollen, werden zu einem ganz
überwiegenden Teil Eigenschaften produziert, deren SD – Werte auf der
rechten, positiven Seite der Rating – Skala angesiedelt sind.

Differenzierung des Erwünschtheits – Konzeptes?

Die bisher geschilderten Regelhaftigkeiten gelten zunächst nur als
Durchschnittsergebnisse bei der Betrachtung größerer Gruppen von Beur-
teilern der Items von Fragebogen. In Einzelfällen können sich natürlich
Abweichungen von dem allgemeingültigen Konzept dessen, was sozial als
wünschenswert erscheint, ergeben. Bei aller Gleichförmigkeit also in der
Beurteilung dessen, was als sozial – erwünscht zu gelten hat, und bei aller

Uniformität, mit der Personen sich selbst Eigenschaften mit hohen SD – Werten zuschreiben, entsteht doch immer wieder die Frage, ob das Konzept der Sozialen Erwünschtheit nicht individuell stärker differenziert werden muß, ob es also nicht so etwas wie eine *individuell* unterschiedliche, eine *"persönliche soziale Erwünschtheit"* gibt.

Eine Reihe von empirischen Untersuchungen hat tatsächlich ergeben, daß Bewertungen von Verhaltensweisen in Abhängigkeit etwa von *Alter*, *Geschlecht* und *sozialer Schichtzugehörigkeit* variieren und daß es zu Wechselwirkungen zwischen diesen Merkmalen in bezug auf die Erwünschtheit von Verhaltensweisen und Eigenschaften kommen kann. Soziale Erwünschtheits – Urteile fallen auch gelegentlich unterschiedlich aus, je nachdem, ob *Selbsteinschätzungen* oder *Fremdbeurteilungen* abgegeben werden. *Alters*unterschiede in bezug auf SD – Ratings scheinen besser gesichert zu sein als beispielsweise *Geschlechts* – und *Bildungs*unterschiede oder Unterschiede in der Geschlechtsrollen – Orientierung (psychologische Androgynie). Dagegen hat man immer wieder *interkulturelle* Übereinstimmungen hinsichtlich Beurteilungen nach Sozialer Erwünschtheit gefunden, z.B. beim Vergleich der SD – Beurteilungen norwegischer, arabischer und amerikanischer Versuchspersonen oder auch beim Vergleich von Amerikanern und Griechen. Das Bild ist jedoch nicht ganz einheitlich – trotz allgemeiner Ähnlichkeiten zwischen Europäern fanden sich z.B. gelegentlich Nationalitätenunterschiede hinsichtlich der SD – Ratings von Franzosen und Deutschen.

Gegen die Annahme eines sehr allgemeinen, nicht weiter differenzierbaren Konstruktes Sozialer Erwünschtheit sprechen nicht nur die gefundenen Altersunterschiede etc., sondern auch die gelegentlich erhaltenen, nicht sehr hohen Korrelationen zwischen verschiedenen Fragebogen – Skalen, mittels derer man das Ausmaß der SD – Tendenz bei antwortenden Personen zu ermitteln sucht (vgl. hierzu Kapitel 9). Die Uneinheitlichkeit des allgemeinen Konzeptes der Sozialen Erwünschtheit kann empirisch ferner dadurch aufgewiesen werden, daß man versucht, innerhalb einer Menge von Items mit hohen SD – Werten unterschiedliche Gruppen von Items mit verschiedenen Inhalts – Arten von Erwünschtheit zu beschreiben. So zeigte sich beispielsweise, daß man die Items des MMPI sechs voneinander unterscheidbaren, hypothetischen Individuen mit erwünschten Eigenschaften zuordnen könnte. Manche Autoren sprechen sich dafür aus, das Konzept der Sozialen Erwünschtheit insofern durch dasjenige einer *"Persönlichen Erwünschtheit"* zu ersetzen – Soziale Erwünschtheit sei eben kein Item – Charakteristikum, sondern nur als Ergebnis einer *Item – Person – Interaktion* zu verstehen. Alle diese Be-

166

funde und Argumente scheinen dafür zu sprechen, eine zu generelle Konzeption von Sozialer Erwünschtheit aufzugeben und Erwünschtheits- konzepte zu formulieren, die auf spezifische Stichproben von Methoden und Personen, Situationen und Themen bezogen sind.

Es fragt sich allerdings, ob es forschungsökonomisch sinnvoll ist, dem Anspruch nachzugeben, für psychologische Messungen unterschiedli- cher Art jeweils *Teilkonzepte* Sozialer Erwünschtheit aufzustellen und entsprechende Meßinstrumente zur Kontrolle dieser spezifischen Er- wünschtheitstendenzen zu konstruieren. Betrachtet man die vorliegenden Veröffentlichungen zu unserem Thema in der Fachliteratur, so ist nicht zu erkennen, daß Arbeiten an der teilweise als richtig erkannten Operationali- sierung von Teilkonstrukten Sozialer Erwünschtheit stattfinden. Statt in sehr aufwendiger Weise den Komplex "Soziale Erwünschtheit" immer weiter zu differenzieren, bemüht man sich doch allenthalben eher, das Problem der Antworttendenzen herunterzuspielen. Den SD – Antwortten- denzen ergeht es damit ähnlich wie den zeitweise in der Experimental- psychologie sehr intensiv diskutierten Versuchsleiter – und Versuchsper- sonen – Effekten; solche Phänomene sind für globale Kritik an der Metho- de und für schnelle Erklärungen gut, wenn es beispielsweise um die Inter- pretation nicht ganz hypothesenkonformer empirischer Resultate geht – aus nicht zuletzt forschungsökonomischen Gründen zieht man jedoch nur selten die Konsequenz, sie in ihrer ganz spezifischen Wirksamkeit nach- zuweisen und durch ganz spezielle Veränderungen des methodischen Vorgehens zu kontrollieren.

Antworttendenz als Persönlichkeitsmerkmal

Es ist also keineswegs üblich, für verschiedene Personen oder Gruppen von Personen spezielle Erwünschtheits – Konzepte zu ermitteln und dem- entsprechend "persönliche" SD – Werte zu bestimmen, sondern es wer- den gewöhnlich Personen hinsichtlich eines *allgemeinen* Konzeptes Sozi- aler Erwünschtheit miteinander verglichen. Kennt man die SD – Werte jedes *Items* eines Fragebogens – z.B. aufgrund der Zuschreibung von SD – Werten durch unabhängige Beurteiler oder durch die antwortende Person selbst (dies käme einer Individualisierung des SD – Konzeptes sehr nahe) – so läßt sich auch jeder antwortenden *Person* ein SD – Wert zu- ordnen. Zwar gibt ein solcher Wert keine Auskunft über das absolute Ausmaß, in dem jemand im sozial – erwünschten Sinne (aufgefaßt als Fehler der Persönlichkeitsmessung) antwortet, denn es ist nicht bekannt, wie groß die Anteile der Inhalts – Varianz und der SD – Varianz an der

Varianz der Fragebogen – Werte sind. SD – Werte für Personen können jedoch zu einem groben Vergleich verschiedener Personen untereinander verwendet werden und können anzeigen, in welchem Maße jemand zur Bejahung von Items neigt, die für die Antworttendenz der Sozialen Erwünschtheit anfällig sind.

Personen mit solcherart hohen SD – Skores wurden in einer Vielzahl von Untersuchungen mit solchen Personen verglichen, die niedrige SD – Werte aufweisen. Erstere zeigten sich beispielsweise als besser lernende Individuen – sie erwiesen sich in Lernexperimenten als besser konditionierbar und konnten auch motorische Aufgaben besser und schneller erledigen. In anderen Arbeiten wurde gezeigt, daß Personen mit hohen SD – Werten beeinflußbarer und konformer sind als Vergleichsgruppen und daß sie weniger Selbstwertgefühl und Sicherheit besitzen. Untersuchungsergebnisse dieser Art verleiteten verschiedentlich dazu, in der sozialen Erwünschtheitstendenz wiederum eine *Persönlichkeitseigenschaft* zu sehen, also aus einer Antworttendenz in einem reaktiven psychologischen Untersuchungsverfahren ein Persönlichkeitsmerkmal abzuleiten. Dagegen hat sich wiederum gezeigt, daß die Generalität, d.h., die über eine bestimmte Fragebogen – Antwort – Situation hinausgehende Stabilität der SD – Tendenz doch recht begrenzt ist: Zusammenhänge zwischen den Tendenzen, sozial – erwünscht in unterschiedlichen Fragebogen – Erhebungen zu antworten, waren oft geringer als erwartet. Da empirische Untersuchungen dieser Art zudem in eine Zeit fielen, in der es üblich bzw. sozial – erwünscht wurde, das Denken in Begriffen von Persönlichkeitseigenschaften einzustellen und durch interaktionistische Formulierungen zu ersetzen, hat sich die Konzeption eines Persönlichkeitsmerkmals ”Soziale Erwünschtheit” nicht weiter durchgesetzt. Es entspricht dies aber auch Ergebnissen der Erforschung sozialer Konformität und Suggestibilität – zweier psychologischer Konzepte, in denen es ebenfalls um die Anpassung des Individuums an die Normen seiner sozialen Umgebung geht. Auch hier haben sich in den vergangenen Jahrzehnten relativ große Einflüsse spezifischer Untersuchungssituationen auf das Antwortverhalten ergeben, so daß heute kaum noch Versuche gemacht werden, von einer generell, in unterschiedlichen Situationen konformen Persönlichkeit zu sprechen.

Das Konzept der Antworttendenz, bei der Beantwortung von Persönlichkeitsfragebogen im sozial – erwünschten Sinne zu antworten, teilt also das Schicksal des Eigenschafts – Konzeptes in Persönlichkeits – und Sozialpsychologie allgemein: Man erkennt zwar auf der einen Seite die Notwendigkeit, das Konzept zu differenzieren, ja gelegentlich bis hin zu einer äußerst speziellen (situationsspezifischen, personspezifischen) Differenziertheit fortzuentwickeln (und damit gleichsam aufzugeben). Auf der anderen Seite gibt es ausreichend viele empirische Hinweise auf das Wirken allgemeiner, situations – und personübergreifender Tendenzen, und es erscheint als forschungstaktisch viel zu aufwendig und unökonomisch, das Konzept in eine Vielzahl von Teilkonzepten aufzuspalten. Die gleiche Einsicht und die gleiche Konsequenz für die Praxis der Persönlichkeits – und Einstellungsforschung wird uns begegnen, wenn wir uns im folgenden Kapitel Bemühungen zuwenden, Antworttendenzen der Sozialen Erwünschtheit mit empirischen Mitteln zu kontrollieren.

Literaturhinweise

Fragebogen wurden hier als reaktive Meßverfahren bezeichnet; über die Probleme reaktiver vs. nicht – reaktiver Meßmethoden informieren beispielsweise die Bücher von Webb, Campbell, Schwartz & Sechrest (1975) oder Bungard & Lück (1974).

Lügenlisten bzw. Lügenskalen werden sowohl im MMPI (Hathaway & McKinley, 1967; Spreen & Sundberg, 1973) als auch bei Eysenck und Mitarbeitern angewendet (vgl. Eysenck, 1953; S.B.G. Eysenck, 1982); eine deutschsprachige Skala ist z.B. diejenige von Amelang & Bartussek (1970).

Auf psychologische Literatur zum Problem der Antworttendenzen wurde teilweise bereits in Kapitel 7 hingewiesen. Ein soziologischer Interpretationsversuch von Response Sets findet sich bei Esser (1977, 1986). Zum Ausmaß von Verfälschungstendenzen in Fragebogen, die als objektive Testverfahren bezeichnet werden, vgl. beispielsweise Häcker, Schwenkmezger & Utz (1979). Ein Sammelreferat zum Problem der Sozialen Erwünschtheit ist das von Mummendey (1981).

Das Schwellenmodell der Persönlichkeitserfassung mit Fragebogen – Items wurde von Voyce & Jackson (1977) vorgelegt.

Von den Veröffentlichungen zu sozialen Normen sei die Sozialpsychologie der Gruppe von Thibaut & Kelley (1959) erwähnt; Normen werden zudem stets in sozialpsychologischen Lehrbüchern abgehandelt, z.B. bei Bierhoff (1984).

Die Bestimmung von Erwünschtheits – Indizes (SD – Werten) ist bei Edwards (1953, 1957b, 1970) beschrieben (vgl. auch Edwards & Abbott,

1973). Eine Vielzahl von Autoren hat Listen mit Erwünschtheits – Indizes von Eigenschaftsbezeichnungen vorgelegt: Cowen, Budin & Budin (1964), Anderson (1968), Klapprott (1972), Lück (1968), Schönbach (1972), Busz, Cohen, Poser, Schümer, Schümer & Sonnenfeld (1972), Buxbaum (1979). Die Adjective Generation Technique wurde von Allen & Potkay (1983) entwickelt.

Zu unterschiedlichen Tendenzen Sozialer Erwünschtheit bei Personen unterschiedlichen Alters, Geschlechts und sozialer Schichtzugehörigkeit vgl. Ahammer (1971), Ahammer & Baltes (1972), Crott & Roßrucker (1974), Klein (1974), Crott, Prüfer und Wolfshörndl (1977), zu kulturellen und nationalen Besonderheiten bzw. Differenzen vgl. Edwards (1957b), Lovaas (1958), Triandis (1964) und Klein (1974), zum Zusammenhang von Sozialer Erwünschtheit und psychologischer Androgynie vgl. Lee (1982).

Auf geringe SD – Skalen – Interkorrelationen wies beispielsweise Ehlers (1973) hin. Zum Konzept der "persönlichen" Erwünschtheit vgl. Scott (1963) sowie Hoeth & Gregor's (1964) und Koch's (1976) Beiträge zum "guten Eindruck". Die Studie zur Unterscheidung verschiedener Dimensionen sozialer Erwünschtheit im MMPI stammt von N. Wiggins (1966), die mit einem Verfahren von Tucker & Messick (1963) arbeitete (vgl. auch Jacobson, Kellogg, Cauce & Slavin, 1977).

Persönlichkeitsunterschiede zwischen Personen mit hoher und niedriger Antworttendenz der Sozialen Erwünschtheit werden von Crowne & Marlowe (1964), Epstein (1964), Ford & Rubin (1970) und Allaman, Joyce & Crandall (1972) diskutiert. Auf die Gegebenheit einer eher geringen übersituativen Generalität der Tendenz, im sozial – erwünschten Sinne zu antworten, weisen Fiske & Pearson (1970) und Edwards & Abbott (1973) hin.

Kapitel 9

Methoden der Kontrolle Sozialer Erwünschtheit

Kontrolle oder Nichtkontrolle?

Bemühungen, sozial – erwünschte Antworttendenzen in Fragebogen zu kontrollieren und zu reduzieren sind ebenso alt wie die Beschreibungen des Phänomens der Sozialen Erwünschtheit selbst. Besonders intensiv in den 60er Jahren betrieben, reichen die empirischen Versuche bis in die Gegenwart hinein, den Anteil der SD – Reaktionstendenz an der Persönlichkeitsmessung mittels Fragebogen wenigstens so weit zu verringern, daß man nicht mehr argwöhnen kann, Fragebogen mäßen eher Soziale Erwünschtheit als das, was sie zu messen vorgeben.

Bevor auf unterschiedliche Versuche der Kontrolle Sozialer Erwünschtheit näher eingegangen wird, sei jedoch grundsätzlich die Möglichkeit erwähnt und diskutiert, je nach Art und Bedeutung der zu erforschenden psychologischen Fragestellung auf eine explizite Kontrolle von SD – Tendenzen zu verzichten, also auch *Nichtkontrolle* als eine Art und Weise des Fertigwerdens mit dem SD – Problem ins Kalkül zu ziehen.

Die Möglichkeit der Nichtkontrolle Sozialer Erwünschtheit ließe sich aus zwei Gründen ernsthaft erörtern: Zum einen gibt es gelegentlich Stimmen, die das Mißtrauen der Forscher bezüglich des Ausmaßes und der Verbreitung von Beschönigungstendenzen bei der Beantwortung von Fragebogen für übertrieben halten, und zum anderen bringen besondere Versuche der SD – Kontrolle gewöhnlich einen stark erhöhten Forschungsaufwand mit sich; beide Argumente miteinander zu kombinieren würde ergeben, daß besondere Kontrollen Sozialer Erwünschtheit den zu betreibenden Aufwand bzw. die Kosten nicht lohnen.

Was das erstgenannte Argument, nämlich das womöglich übertriebene *Ausmaß* der SD – Tendenzen betrifft, so dürfte der Umfang von Beschönigungstendenzen beim Beantworten in starkem Maße davon abhängen, wie die *Interessenlage* der Versuchsperson aussieht. Möglicherweise können die Ausgangssituationen psychologischer und sozialwissenschaftlicher

Untersuchungen mit Fragebogen so gestaltet werden, daß die antwortenden Personen tatsächlich nur sehr wenig daran interessiert sind, beschönigende Antworten zu geben. Dies könnte erfahrungsgemäß besonders
dann der Fall sein, wenn der antwortenden Person deutlich ist, daß es
nicht um ihre persönliche Diagnose, sondern um eine von ihrer Person
unabhängige Forschungsfragestellung geht. Die Bewertung des zweiten
Argumentes, also der *Kosten* zusätzlicher SD – Kontrollen, hängt sicherlich von der Art des gewählten Kontrollverfahrens ab. Da sich die im
folgenden zu besprechenden Methoden nun gerade hinsichtlich des zu
treibenden Aufwandes stark voneinander unterscheiden und nicht jede
Kontrollmethode gleichermaßen für jede psychologische Ausgangslage der
Versuchspersonen und jede zu bearbeitende Fragestellung geeignet sein
wird, sollte die Diskussion darüber, ob nicht gelegentlich Nichtkontrolle
angemessener sei als Kontrolle, stets unter Berücksichtigung von Gesichtspunkten der Forschungsökonomie erfolgen.

Kontrolle bei der Itemkonstruktion und – selektion

Das konkrete Ausmaß, in dem eine antwortende Person ihr Urteil über
sich selbst oder ihre Einstellungen absichtlich oder unabsichtlich beschönigt, hängt sicherlich weitgehend davon ab, in welchem Maße es ihr
gelingt herauszufinden oder eine Annahme darüber zu bilden, was mit
den Items des Fragebogens eigentlich gemessen werden soll. Dies betrifft
mit anderen Worten das Ausmaß der Durchschaubarkeit oder *Transparenz*
eines Fragebogens. Grundsätzlich könnte also versucht werden, bei der
Erstellung des Item – Pools, also bereits bei der Item – Konstruktion und
Itemselektion solche Fragen oder Aussagen zu bevorzugen, die relativ
schwer durchschaubar sind, d.h., die keinen leichten Einblick in das zu
messende Persönlichkeits – oder Einstellungsmerkmal zulassen. Es fragt
sich allerdings, ob dies oft möglich ist und ob ein solches Vorgehen nicht
eigentlich im Widerspruch zu weiteren Kriterien der Item – Güte steht:
Kann nicht nur dann, wenn ein Item hinsichtlich seines Inhaltes so klar
verständlich ist, daß die antwortende Person ohne Schwierigkeit und ohne
besondere sprachliche Intelligenz erkennen kann, was eigentlich gefragt
ist, die Antwort psychologisch sinnvoll und das Item mithin trennscharf
sein?

Auf der einen Seite wird es Fälle geben, in denen es tatsächlich abwe-
gig wäre, ein gewisses Maß an Kontrolle Sozialer Erwünschtheit durch
eine Manipulation der Item – Transparenz gewährleisten zu wollen. Auf der
anderen Seite mag es Fälle geben, in denen prinzipiell alternative Items

mit gleicher Trennschärfe, aber unterschiedlicher Transparenz zur Verfügung stehen, z.B. die Items

"Ich halte mich für einen wenig kontaktfreudigen Menschen" und

"Ich schließe nicht leicht neue Bekanntschaften".

Bei diesem Beispiel erlaubt Item 1 einen ziemlich klaren Durchblick auf das zu erfassende Merkmal "Kontaktfähigkeit", während Item 2 diesen Durchblick nur über einen kleinen Umweg, nämlich die Interpretation dessen, was es bedeutet, neue Bekanntschaften zu schließen, gestattet. Es könnte unter Umständen von Vorteil sein, will man nicht von vornherein sozial-erwünschte Antworten erleichtern, *indirektere* Umschreibungen des zu messenden Persönlichkeitsmerkmals zu bevorzugen. Dabei erscheint es dann durchaus als sinnvoll, einen etwas größeren Formulierungsaufwand und auch den Aufwand eines größeren Item-Pools zu treiben als in einem Falle, in dem man das zu erfragende Persönlichkeitsmerkmal direkt und ungeschminkt anspricht.

Betrachtet man die Items gängiger Persönlichkeits- und Einstellungsfragebogen einmal explizit unter dem Gesichtspunkt des sozial Erwünschten, so gewinnt man den schon von der Zuordnung von SD-Werten zu Eigenschaftsbezeichnungen her gewohnten Eindruck: Inhalt und soziale Wünschbarkeit erscheinen als dermaßen miteinander verwoben, daß eine Relation zwischen beiden abzuschätzen schwerfällt. Wie noch zu zeigen sein wird, lassen sich komplette Itemlisten aus prominenten Persönlichkeitsfragebogen ohne größere Schwierigkeit zugleich als Skalen zur Messung Sozialer Erwünschtheit verwenden – dies betrifft ganz offensichtlich die meisten Skalen des MMPI, also jenes Fragebogens, dem die meisten Items gängiger Persönlichkeitsfragebogen direkt oder indirekt entnommen sind.

Ein Versuch der SD-Kontrolle bereits bei der *Item-Konstruktion* und *Item-Selektion* scheint also umso größere Aussicht auf Erfolg zu haben, je mehr bereits unter Berücksichtigung von Antworttendenzen neu konstruierte Items Verwendung finden. In systematischer Weise wurde dies von D.N. Jackson bei der Konstruktion der Personality Research Form (PRF) versucht, eines Persönlichkeitstests allerdings, der auf einer älteren und theoretisch nicht unumstrittenen Lehre von der Gegebenheit sogenannter Grundbedürfnisse des Menschen beruht. Immerhin bemühte sich der Autor dieses Verfahrens, bereits bei der Auswahl der Items solche mit relativ hohem SD-Wert zu eliminieren. Um dies zu gewährleisten, verglich er die empirischen Zusammenhänge zwischen jedem einzelnen Item und dem Gesamtskore des Fragebogens mit denjenigen zwischen jedem Item und dem betreffenden SD – Wert; aus der Differenz der Determinationskoeffizienten Item/Test und Item/SD wurde ein sogenannter differentieller Reliabilitäts – Index gebildet, der als Selektionskriterium bei der Itemanalyse diente. Im Grunde handelt es sich bei dieser Vorgehensweise um die Anwendung des Verfahrens der SD – Kontrolle durch SD – Kontrollskalen (vgl. dazu weiter unten) bereits auf der Ebene der Auswahl einzelner Items.

Verfahren der SD – Kontrolle bei der Item – Auswahl könnten allerdings womöglich auf die Schwierigkeit stoßen, daß es in einer Gruppe solchermaßen positiv ausgelesener, von SD – Tendenzen relativ freier Items gleichsam zu einer *Reorganisation* Sozialer Erwünschtheit kommt. Wählt man nämlich aufgrund von Vorermittlungen für einen Fragebogen nur solche Feststellungen aus, die trennscharf sind und deren Beantwortung *relativ* wenig der Tendenz zum sozial Erwünschten unterliegt, so könnten sich in dem nunmehr modifizierten und *reduzierten* Item – Pool eventuell *neue Erwünschtheits – Hierarchien* herausbilden. Da die Item – Selektion letztlich auf das Kriterium der Korrelation mit extremen SD – Items zurückgeht, könnten sich in veränderter Itemkombination neue SD – Indizes herausbilden, wenn die extremen SD – Items als Vergleichsobjekte fehlen; im ungünstigsten Falle rücken dann zuvor weniger SD – anfällige Items an die Stelle der bei der Itemanalyse ausgeschlossenen. Fragebogen – Inhalt und Antworttendenzen lassen sich eben, was ihren relativen Varianzbeitrag zum Skalenwert anbetrifft, stets nur *relativ* verschieben, nicht jedoch absolut voneinander trennen.

Kontrolle durch den Antwortmodus

Da, wie in Kapitel 8 gezeigt, Soziale Erwünschtheit und Bejahungstendenz unmittelbar miteinander zusammenhängen – je sozial – erwünschter ein Inhalt ist, desto eher wird ihm zugestimmt – können die einer antwortenden Person angebotenen Antwort – Alternativen hinsichtlich des Grades ihrer Sozialen Erwünschtheit *ausbalanciert* werden. Dieses Verfahren läßt sich natürlich nicht bei der üblichen dichotomen (Ja/Nein, Stimmt/Stimmt nicht) Antwortform anwenden, denn die beiden dabei angebotenen Alternativen werden so gut wie niemals im gleichen Ausmaß sozial – erwünscht sein. Die Idee hinsichtlich Sozialer Erwünschtheit ausbalancierter Antwortalternativen läßt sich jedoch verwirklichen, wenn man der antwortenden Person mehrere Inhalte, also mindestens zwei Feststellungen, die gleiche

174

SD – Werte aufweisen, zur Auswahl anbietet; die Person hat dann eine Präferenz zwischen zwei dem Inhalt nach unterschiedlichen, hinsichtlich Sozialer Erwünschtheit jedoch vergleichbaren Sätzen anzugeben. Dieses Verfahren ist in der *Forced – Choice – Technik* verwirklicht, wie sie beispielsweise im Edwards Personal Preference Schedule angewendet wird. Ein Item dieses Verfahrens besteht z.B. aus den folgenden beiden Feststellungen:

A   Ich helfe gern Freunden, wenn sie in Schwierigkeiten sind
B   Bei allem, was ich tue, gebe ich gern mein Bestes.

Beide Elemente des Items sind gleichermaßen hochgradig sozial – erwünscht, so daß die Bevorzugung von A gegenüber B oder diejenige von B gegenüber A sich nur schwer auf den Einfluß der Antworttendenz der Sozialen Erwünschtheit zurückführen lassen würde. Dagegen spricht Element A eher als B den Bereich des hilfreichen Verhaltens, B eher als A den Leistungsbereich an. Eine bestimmte Präferenz wäre nun relativ unabhängig vom SD – Gehalt des Items psychologisch interpretierbar, also z.B. im Sinne von Altruismus. Bei einer größeren Zahl von Items, die alle möglichen Kombinationen von je zwei Feststellungen enthalten, lassen sich dann von einem Individuum bevorzugte Selbstbeschreibungen ermitteln, die auf die Präferenzen dieser Person für bestimmte Verhaltensweisen und somit auf bestimmte Persönlichkeitsmerkmale hinweisen.

Die Forced – Choice – Technik überwindet neben der SD – Antworttendenz übrigens auch das Problem der Jasagetendenz, da sie die antwortende Person nicht zu Ja – oder Nein – Antworten nötigt. Stattdessen erzwingt sie eine Reihe von Entscheidungen bzw. Vergleichsurteilen, die zwar gelegentlich eine Versuchsperson überfordern mögen, die aber bei günstiger psychologischer Ausgangssituation und vielleicht auch etwas Übung seitens der antwortenden Person ohne Schwierigkeiten zu erbringen sind.

Obgleich seit den 50er Jahren bekannt, ist diese Technik bislang recht selten angewendet worden, vermutlich wegen ihrer relativ geringen Ökonomie, die nicht nur wie bei den meisten der hier besprochenen Kontrolltechniken bei den aufwendigen empirischen Voruntersuchungen zutage tritt, sondern auch bei der Item – Darbietung selbst. Es läßt sich aber auch gegen die Forced – Choice – Methode eventuell einwenden, daß es nach vollzogener Selektion der Items bzw. Antwortkombinationen zu einer Reorganisation der SD – Hierarchie der Items bzw. Item – Elemente kommen kann. So hat sich in mindestens einer empirischen Untersuchung mit

SD – ausbalancierten Item – Elementen gezeigt, daß die Probanden nach der Ausbalancierung der Itempaare nunmehr feinere SD – Unterschiede zwischen den Antwortalternativen entdeckten; dies legt den Schluß nahe, daß die Verbesserung des Fragebogens hinsichtlich Sozialer Erwünschtheit die Versuchspersonen zugleich sensibler für diese Antworttendenz macht.

Schließlich halten Verfechter der These einer möglichen Mehrdimensionalität des Konzeptes der Sozialen Erwünschtheit natürlich eine Ausbalancierung von Items gemäß einem allgemeingültigen SD – Wert für problematisch. Dieses Argument richtet sich allerdings nicht gegen die Forced – Choice – Technik allein, sondern gegen jede Kontrollmethode, die mit einem allgemeinen, und nicht mit multiplen bzw. verschiedenen speziellen SD – Kriterien arbeitet. Sieht man aber hiervon einmal ab, so hat es den Anschein, als seien mit der Forced – Choice – Technik einige für einfache Item – Formen fast unüberwindbare Schwierigkeiten der Kontrolle von Antworttendenzen technisch doch recht gut gelöst.

Kontrolle durch Kontrollskalen

Die am häufigsten angewendete Methode der Kontrolle Sozialer Erwünschtheit in Fragebogen besteht in der Konstruktion und Anwendung von SD – Kontrollskalen. Solche Skalen bestehen gewöhnlich aus Items, deren besondere Anfälligkeit für die sozial – erwünschte Antworttendenz empirisch erwiesen ist, so daß ein hoher Skore in einem solchen SD – Fragebogen darauf hinweist, daß die betreffende Person dazu neigt, Items mit hohem SD – Wert zu bejahen.

SD – Skalen können nach den üblichen Regeln der klassischen Testkonstruktion erstellt werden, nachdem man die Items aufgrund ihres relativen SD – Index ausgelesen hat. Die SD – Werte der Items können wie üblich durch Ratings hinsichtlich Sozialer Erwünschtheit bestimmt werden. Selbstverständlich ist es nicht erforderlich, einen eigenen, von dem in Frage stehenden Persönlichkeitsfragebogen unabhängigen SD – Fragebogen zu konstruieren und seine Items unter die Items des relevanten Persönlichkeitsfragebogens zu mischen. Es ist vielmehr auch möglich, die SD – Werte jedes Items des normalen Fragebogens empirisch zu bestimmen und auf diese Weise entweder eine SD – Skala aus den Fragebogen – Items mit den höchsten SD – Werten zu bilden oder aber jeder Person getrennt von dem eigentlichen Fragebogen – Skore einen SD – Skore zuzuordnen, der sich aus den summierten SD – Indizes, also den

SD – Rating – Werten jedes einzelnen Items des Persönlichkeitsfragebogens zusammensetzt. Auf diese Weise erspart man sich die Anwendung einer eigenen, "fremden" SD – Skala – allerdings kommt man nicht
umhin, auch in diesem Falle die SD – Werte der Items in einer unabhängigen Erhebung zu ermitteln, so daß der zu treibende Aufwand beider
Vorgehensweisen der gleiche bleibt.

Mehrere spezielle SD – Skalen sind entwickelt worden, und es liegen
auch einige deutschsprachige Versionen vor. Eine eigene SD – Fragebogenkonstruktion ging zunächst von 131 Items deutschsprachiger Persönlichkeitsfragebogen aus. Jedes dieser Items erhielt einen SD – Skalenwert,
der identisch mit dem Schwierigkeitsindex des Items, also der relativen
Häufigkeit seiner Bejahung unter einer sogenannten Ideal – Instruktion
war: Die Versuchsperson wurde gebeten, sich bei der Beantwortung des
Fragebogens so darzustellen, wie sie *idealerweise* gern sein möchte. Je
stärker ein Item unter dieser Beschönigungs – Instruktion bejaht wurde, als
desto höher galt sein Erwünschtheits – Wert. Interessanterweise unterschieden sich diese SD – Werte nur unwesentlich voneinander je nachdem, ob man sie unter einer solchen Ideal – Instruktion oder aber in einer
Bewerbungssituation (in diesem Falle bei Bewerbungen um einen Entwick-
lungshelfer – Platz) anwendete. Dies betraf insbesondere die Items aus
den ins Deutsche übertragenen Persönlichkeitsvariablen "Extraversion"
(E), "Neurotizismus" (N) und "Rigidität" (R). Allein aus diesen drei klassischen Persönlichkeitsfragebogen läßt sich somit eine *SD – Skala* aus
hochgradig SD – trennscharfen Items bilden, die die folgenden Elemente
enthält (in Klammern ist die Herkunft der Items und ihre Antwortrichtung
angegeben):

1. (N –) Träumen Sie tagsüber oft von Dingen, die doch nicht ver-
          wirklicht werden?

2. (N –) Haben Sie oft eine schlechte, unzufriedene Laune?

3. (E +) Pflegen Sie schnell und sicher zu handeln?

4. (E +) Können Sie sich in einer vergnügten Gesellschaft meistens
          ungezwungen und unbeschwert auslassen?

5. (N –) Glauben Sie von sich selbst, daß Sie besonders nervös und
          innerlich gespannt sind?

6. (R+) Soll man erst dann seine Freizeit richtig genießen, wenn man seine Pflichten restlos erfüllt hat?

7. (N−) Haben Sie oft und ohne besonderen Grund ein Gefühl der Teilnahmslosigkeit und Müdigkeit?

8. (R+) Sollte man sich stets ganz auf eine Aufgabe konzentrieren und sie andernfalls gar nicht erst auf sich nehmen?

9. (E−) Fällt es Ihnen schwer, selbst in einer ungezwungenen Gesellschaft richtig aus sich herauszugehen?

10. (N−) Sind Sie je durch unnütze Gedanken belästigt worden, die immer wieder durch Ihren Kopf gehen?

11. (N−) Sind Ihre Gefühle leicht verletzt?

12. (N−) Haben Sie manchmal ohne Grund ein "miserables" Gefühl?

13. (N−) Sind Sie leicht verstimmt?

14. (N−) Sind Sie manchmal ohne Grund abwechselnd fröhlich und traurig?

15. (E−) Sind Sie leicht verlegen?

16. (N−) Wechselt Ihre Stimmung oft mit oder ohne ersichtlichen Grund?

17. (N−) Sehen Sie einer Krise oder Schwierigkeit nur ungern in die Augen?

18. (R+) Haben Sie Arbeiten gerne, die eine konzentrierte Aufmerksamkeit auf Details erfordern?

19. (R+) Sorgen Sie immer dafür, daß Ihre Arbeit sorgfältig geplant und organisiert ist?

20. (E−) Macht es Sie verlegen, wenn Leute auf der Straße oder in den Läden Sie beobachten?

21. (N−) Sind Sie sehr nervös?

22. (E –) Sind Sie im Umgang mit anderen ziemlich behindert, so daß Sie nicht so erfolgreich sind, wie Sie es sein könnten?

23. (E –) Fällt es Ihnen schwer, vor einer großen Gruppe von Menschen zu sprechen oder vorzutragen?

(Unabhängig von der Herkunft der SD – Items aus den verschiedenen Persönlichkeitsfragebogen wird der SD – Skore berechnet, indem die Übereinstimmungen der Antworten mit den Plus – bzw. Minuszeichen summiert werden.)

Eine Faktorenanalyse der Antworten von 120 Personen ergab einen einzigen gewichtigen Faktor, den man am besten als "Bejahung sozial – erwünschter Inhalte" bezeichnen würde. Es ist dies nicht der einzige Fall, in dem sich die Items gerade der die Eysenck'schen Superfaktoren "Extraversion" und "Neurotizismus" erfassenden Fragebogen als ausgesprochene Social – Desirability – Items erwiesen haben. Es ist dies ferner keineswegs die einzig mögliche Art und Weise der Gewinnung eines SD – Fragebogens – prinzipiell bietet sich jeder existierende Fragebogen als SD – Item – Pool an, sofern sich für seine Items empirisch hohe SD – Indizes bestimmen lassen.

Die Anwendung von SD – Skalen zur Kontrolle von SD – Effekten besteht zumeist darin, Personen mit hohen SD – Skores zu identifizieren und dann ihre Fragebogen – Daten *negativ auszulesen*, d.h., bei der weiteren Bearbeitung nicht mehr zu berücksichtigen. Es ist jedoch auch eine *statistische Kontrolle* derart möglich, daß man die Korrelationen zwischen relevanten, mit Fragebogen gemessenen Persönlichkeitsmerkmalen und dem mit einer SD – Skala ermittelten SD – Wert bestimmt und anschließend mittels *partieller Korrelation* den Betrag der SD – Varianz aus den bekannten Korrelationen zwischen den Fragebogen – Variablen auspartialisiert, d.h. herausrechnet. So mögen beispielsweise zwischen den zwei Persönlichkeitsvariablen "Dogmatismus" und "Neurotizismus" und dem Index für Soziale Erwünschtheit die folgenden Interkorrelationen bestehen:

	Soz.Erwünschtheit	Neurotizismus
Dogmatismus	0.60	0.73
Neurotizismus	0.65	

Berechnet man nun die partielle Korrelation zwischen den beiden Persönlichkeitsvariablen Dogmatismus und Neurotizismus unter *Ausschluß* der Variablen Soziale Erwünschtheit, so ergibt sich ein Wert von 0.56; dieser Wert liegt sichtbar unter dem von 0.73, der den unbereinigten Zusammenhang zwischen Dogmatismus und Neurotizismus beschreibt. Beträgt die gemeinsame Varianz zwischen den beiden Variablen ohne SD – Kontrolle 53% (Determinationskoeffizient der Korrelation von 0.73), so beträgt sie bei statistischer Ausschaltung von Sozialer Erwünschtheit nur noch 31%.

Das Vertrauen in die verschiedenen üblichen SD – Kontrollskalen schwindet jedoch, wenn man feststellt, daß sie gelegentlich untereinander in relativ geringem Maße korrelieren und überdies – wie schon erwähnt und an dem obigen, fiktiven Beispiel gezeigt – mit einer ganzen Reihe von Persönlichkeitsmerkmalen zusammenhängen; erfahrungsgemäß sind Korrelationen solcher Art manchmal höher als die Interkorrelationen verschiedener SD – Skalen. Dies mag an dem schon besprochenen Umstand liegen, daß SD – Konzepte unterschiedlich ausfallen können, je nachdem auf welche Inhalte und welche Personengruppen oder welche Situationen sie sich beziehen. Müßte demnach die Konsequenz der Anwendung von SD – Kontrollskalen darin bestehen, für jede zu untersuchende Stichprobe oder jede einzelne Untersuchungssituation eigene SD – Itemanalysen vorzunehmen, so erwiese sich das Verfahren zweifellos als ausgesprochen unwirtschaftlich.

Kontrolle durch Faktor – Elimination

Unterzieht man die Items größerer Fragebogen einer Faktorenanalyse, meist mit dem Ziel, zu den resultierenden Faktoren Subskalen bzw. Teil – Fragebogen zu bilden, so zeigt sich regelmäßig, daß der bei einer Hauptkomponentenanalyse resultierende *erste*, also gewichtigste *Faktor* in ganz besonders starkem Maße die Tendenz der Sozialen Erwünschtheit repräsentiert. Dies läßt sich zeigen, indem entweder die SD – Werte jedes einzelnen Items, das hohe Ladungen auf dem ersten Faktor aufweist, inspiziert werden, oder indem der dem ersten Faktor bzw. Teilfragebogen entsprechende Skore, also beispielsweise der Faktorwert des ersten Faktors, mit einem SD – Skore, z.B. dem Skore einer SD – Kontrollskala korreliert wird.

Die Verwobenheit des ersten extrahierten Faktors aus Faktorenanalysen größerer Itemmengen, wie sie etwa im MMPI vorliegen, mit der SD –

Antworttendenz wurde bereits in den 60er Jahren nachgewiesen, und es wurde folgerichtig vermutet, daß eine Schwächung oder Elimination des Einflusses des jeweils ersten Faktors die Anfälligkeit des Gesamtfragebogens gegen Soziale Erwünschtheit verringern müßte. Der erste Faktor – dies überrascht insbesondere bei solch klinisch – psychologisch relevanten Persönlichkeitsfragebogen wie dem MMPI keineswegs – hat, was die Inhalte anbetrifft, gewöhnlich etwas mit Aussagen über die eigene psychische Stabilität bzw. Gesundheit zu tun. Dies entspricht den schon berichteten Beobachtungen, daß Persönlichkeitsfragebogen zur Messung von Neurotizismus ganz besonders SD – anfällig zu sein scheinen.

Das Verfahren der Kontrolle Sozialer Erwünschtheit durch eine Manipulation des ersten Faktors aus Faktorenanalysen ist von den MMPI – Forschern jedoch selten beherzigt worden, vielleicht weil auf diese Weise das ganze Ausmaß der Vermengtheit von Items und Subskalen dieses Fragebogens mit Aspekten der Sozialen Erwünschtheit allzu offenkundig geworden wäre. So wurde erst in den 80er Jahren eine systematische faktorenanalytische Kontrolle von SD – Tendenzen durch die Elimination des Hauptfaktors der Items von Fragebogen als scheinbar neuartiges Verfahren angeboten.

Autoren, die die Methode der Faktor – Elimination empfehlen, brechen die Faktorenanalyse der Items vor der abschließenden Rotation der Faktoren ab. Sie entfernen den SD – behafteten ersten Faktor, da gewöhnlich hohe Korrelationen zwischen den Items dieses Faktors oder dem Faktorwert und externen SD – Kriterien festgestellt werden, aus der unrotierten Faktormatrix und passen die Kommunalitäten der neuen, verminderten Faktorzahl an. Dabei verringert sich der Betrag der durch die Faktoren aufgeklärten Varianz der Items natürlich erheblich. Anschließend wird die Rotation der Faktoren in üblicher Weise ausgeführt, und es zeigt sich, daß die verbleibenden Faktoren nur noch einen stark reduzierten SD – Gehalt aufweisen.

Der Nutzen dieses Verfahrens, das im deutschen Sprachbereich beispielsweise am Freiburger Persönlichkeits – Inventar (FPI) erprobt wurde, liegt sicherlich darin, daß eine aufgrund einer Faktorenanalyse gebildete Batterie von Teilfragebogen nun keinen Fragebogen mehr aufweist, dessen Skore in erheblichem Maße die Antworttendenz der Sozialen Erwünschtheit repräsentiert. Das Verfahren eignet sich also nachgewiesenermaßen zur Elimination von SD – behafteten Teilfragebogen bzw. Fragebogen – Subskalen. Es darf jedoch nicht übersehen werden, daß damit gewöhnlich noch nicht die SD – behafteten *Items* entfernt sind, denn

diese können selbstverständlich zu mehr als einem einzigen Faktor beitragen – der SD – Einfluß wird mit dem Verfahren der Faktor – Elimination also teilweise gleichsam umverteilt. Die *Faktoren*, also die globalen
Skores bzw. Summenwerte der Fragebogen weisen nun nur noch einen
relativ geringen Zusammenhang mit Sozialer Erwünschtheit auf, aber sie
können nach wie vor *Items* enthalten, auf die in sozial – erwünschter
Weise geantwortet wird.

Die Methode der Faktor – Elimination ist also vor allem für die Konstruk-
teure "großer" Persönlichkeitsfragebogen mit einer Mehrzahl von Teilfragebogen oder Subtests interessant, weniger jedoch für die Persönlichkeits –, Einstellungs – und Selbstkonzeptmessung mit Fragebogen, die
sich auf speziellere Fragestellungen richten.

Kontrolle durch Fragebogen – Instruktion

Wie schon bei der Besprechung der Fragebogenkonstruktion erwähnt,
können Instruktionen "Berge versetzen". Es erscheint daher als ebenso
plausibel wie forschungsökonomisch, der Antworttendenz der Sozialen
Erwünschtheit mittels einer geeigneten Untersuchungs – Anweisung eine
alternative Antworttendenz entgegenzusetzen.

Bereits die üblichen Instruktionen für die Beantwortung von Fragebogen
enthalten gewöhnlich irgendeinen Zusatz, in dem der Antwortende darum
gebeten wird, möglichst *"offen und ehrlich"* zu antworten. Ein solcher
Passus muß natürlich nicht automatisch im vom Versuchsleiter gewünschten Sinne wirken – so kann er beispielsweise eine antwortende Person
auch erst darauf aufmerksam machen, daß man grundsätzlich auch weniger offen und ehrlich antworten könnte. Eine solide SD – Kontrolle durch
Instruktion müßte demgegenüber also einen etwas größeren Aufwand
treiben.

Eine eher *indirekte* Art, Beschönigungstendenzen durch Instruktion zu
verringern zu suchen, besteht darin, die Versuchspersonen zur Eile bei
der Beantwortung anzutreiben – erhoffen sich manche Autoren doch hiervon, daß bei größerem *Zeitdruck* ursprünglichere und weniger beschönigende Antworten resultieren, da das Beschönigen beim Beantwortungsprozeß vielleicht mehr Zeit verbraucht. Dieser gutgemeinten Vermutung
stehen allerdings Ergebnisse empirischer Untersuchungen entgegen, in
denen man die antwortenden Personen unter einer Tempo – Instruktion
teils aufforderte, einen "guten Eindruck" zu machen, teils, einen mög-

lichst "schlechten Eindruck" zu machen, und teils wurde überhaupt keine besondere Instruktion zur Beschönigung oder Selbstherabsetzung gegeben. Dabei zeigte sich, daß es am längsten dauerte, einen "schlechten Eindruck" zu machen, während es am *wenigsten* Zeit verbrauchte, sich im sozial – erwünschten Sinne darzustellen; die mittleren Antwort – Zeiten derjenigen Versuchspersonen, die unter einer ganz normalen Fragebogen – Instruktion gearbeitet hatten, lagen in der Mitte zwischen diesen beiden Versuchsbedingungen.

Aus solchen Untersuchungsergebnissen könnte man also eher schließen, daß die allgemein üblichen *Tempo – Instruktionen* (z.B. "Denken Sie bitte nicht lange nach und antworten Sie so zügig wie möglich!" oder eine noch verschärfte Tempo – Anweisung) womöglich das Gegenteil des Gewünschten erreichen – sie wären dann Antworttendenzen der Sozialen Erwünschtheit keineswegs, wie zumeist stillschweigend angenommen, abträglich, sondern könnten Beschönigungstendenzen vielleicht sogar eher förderlich sein.

Eine eher *direkte* Art, sozial – erwünschten Antworttendenzen entgegenzuarbeiten, bestünde in einer verschärften *Anti – SD – Instruktion*. Beispielsweise könnte man die antwortenden Personen im Instruktionstext auffordern oder sie auch nur darauf hinweisen, daß es im allgemeinen die Antworttendenz der Sozialen Erwünschtheit gebe und daß es im vorliegenden Falle einmal darauf ankomme, diese Antworttendenz strikt zu vermeiden. In einem solchen Falle würde man also über die routinemäßigen Aufforderungen zur "offenen und ehrlichen" Beantwortung von Fragebogen ein Stück hinausgehen. Eine solche Zusatzinstruktion verschärfter Art verwendete F. Hoeth in einem seiner Experimente zu Verfälschungstendenzen in Persönlichkeitsfragebogen:

"...Noch ein Hinweis, den ich Sie bitte, besonders ernst zu nehmen: Man kann bei manchen Fragen des Fragebogens den Eindruck haben, leicht durchschauen zu können, welche Antwort wohl den 'besseren Eindruck' macht. Glauben Sie mir, das ist eine Fehlannahme! Man kann nicht erraten, welche Antwort von uns als günstiger beurteilt wird. Lassen Sie sich also nicht verleiten, Ihre Antwort irgendwie zu färben. Außerdem ist der Fragebogen so zusammengestellt, daß wir schon ein leichtes 'Frisieren' der Antworten ohne weiteres erkennen. Antworten Sie also am besten einfach so, wie es tatsächlich für Sie am zutreffendsten ist" (Hoeth & Köbler, 1967, S.121).

In diesem Falle ließ sich zeigen, daß eine solche Zusatzinstruktion tatsächlich die vom Versuchsleiter erwünschte Wirkung hatte. Bei Verwendung der Zusatzinstruktion unterscheiden sich die Antworten der Versuchspersonen nicht wesentlich von denjenigen bei anonymer Beantwortung, und von Antworten unter Anonymitätsbedingungen ist bekannt, daß sie weniger sozial – erwünscht ausfallen als solche bei namentlicher Beantwortung unter Normalinstruktion.

Nicht immer muß eine Zusatzinstruktion derart "verschärft" ausfallen wie die oben dargestellte. Die zitierte Instruktion hat sicherlich den Nachteil, daß sie eine gewisse Unaufrichtigkeit seitens der Versuchsperson unterstellt und zugleich eine gewisse Unaufrichtigkeit seitens des Versuchsleiters enthält: Tatsächlich kann man nämlich als Versuchsperson durchaus zutreffende Annahmen darüber bilden, welche Items im Sinne Sozialer Erwünschtheit verfälschbar sind, und tatsächlich kann der Versuchsleiter nicht ohne weiteres erkennen, welche Antworten im einzelnen beschönigt sind. Letzteres wäre auch gar nicht logisch konsistent, denn in den Instruktionen zu Einstellungs – Fragebogen ist es üblich, mit "Es gibt keine richtigen und falschen Antworten!" auf Meinungsvielfalt hinzuweisen, und dies gilt entsprechend für die Persönlichkeitsmerkmale, die in Persönlichkeitsfragebogen im engeren Sinne erfragt werden.

Kontrolle durch garantierte Anonymität

Angesichts dieses Dilemmas erscheint es als empfehlenswert, Fragebogenuntersuchungen, wenn eben möglich, unter *Anonymitäts*bedingungen vorzunehmen. Folgt man der Richtlinie des Verfassers, Fragebogen nicht zu Individualdiagnosen mit praktischen Konsequenzen, sondern allein zu Forschungszwecken anzuwenden, so müßte es fast immer möglich sein, strenge oder partielle Anonymität zu gewährleisten. Interessiert sich der Forscher nicht nur für Mittelwerte und Standardabweichungen von Fragebogen oder für korrelative Zusammenhänge zwischen Fragebogenvariablen, sondern verfolgt er beispielsweise das Ziel, mittels Fragebogen Personen auszulesen, die an weiteren Experimenten oder empirischen Untersuchungen teilnehmen sollen, so genügt es oft, die Anonymität der antwortenden Person über eine Kode – Nummer oder ein frei zu wählendes Pseudonym zu wahren oder aber ihre Anonymität nur für einen sehr begrenzten Zeitraum aufzuheben und ihr zu versichern, daß ansonsten ausschließlich die Kode – Nummern verwendet werden.

Natürlich könnte es sein, daß antwortende Personen der mündlichen oder schriftlichen Zusicherung von Anonymität kein besonderes Vertrauen schenken. Daher kann es sinnvoll sein, ein Verfahren zu wählen, das es den Probanden als *garantiert* erscheinen läßt, daß man ihre Antworten auf keinen Fall mit ihrer Person in Verbindung bringen kann. Ein solches Verfahren verzichtet darauf, die Versuchspersonen zu möglichst ehrlicher Beantwortung aufzufordern – stattdessen besteht die als *Randomized – Response – Technik* bezeichnete Methode in einem *Zufallsverfahren*, das der Versuchsperson angibt, wann, d.h., bei welchem Item sie korrekt antworten soll, und wann nicht. Beispielsweise gibt der Versuchsleiter der Versuchsperson zusammen mit dem anonym zu beantwortenden Fragebogen einen Würfelbecher mit drei Münzen und fordert sie auf, je nach Würfelergebnis wie folgt zu antworten:

- bei dreimal "Kopf" nicht "ehrlich", sondern mit "ja"
- bei dreimal "Adler" nicht "ehrlich", sondern mit "nein"
- bei allen anderen Kombinationen dagegen "ehrlich".

Dieses bisher nur sehr selten eingesetzte Verfahren wird je nach Autor technisch unterschiedlich gehandhabt: Man verwendet z.B. ein Roulette oder dreht an einer Art Globus oder verwendet Würfel oder verschiedenfarbige Bälle. Das Prinzip der Auswertung ist jedoch in jedem Falle gleich: Da die Wahrscheinlichkeiten für das Auftreten von (im obigen Beispiel) "dreimal Kopf" oder "dreimal Adler" bekannt sind, kann die Bejahungswahrscheinlichkeit eines ganz bestimmten Items bei "ehrlicher" Beantwortung geschätzt werden. Dies geschieht mittels eines statistischen Modells. Auf diese Weise werden die relativ unverfälschten Antworten einer *Gruppe* von Personen, nicht aber einzelner Individuen, zu bestimmten Items ermittelt. Das Modell ist selbstverständlich nur angemessen anwendbar, wenn eine größere Zahl von Personen antwortet.

Empirisch hat sich zeigen lassen, daß Fragebogen – Ergebnisse, die mit der Randomized – Response – Technik gewonnen wurden, die Ergebnisse der Anwendung von Social – Desirability – Kontrollskalen bestätigen. Der Nachteil dieses Verfahrens liegt zweifellos in seiner relativ geringen Forschungsökonomie. Sein enormer Vorteil ist jedoch darin zu sehen, daß bei einer solchen Kombination von statistischer Kontrolle und Kontrolle durch Instruktion die individuelle Anonymität tatsächlich strikt gewährleistet ist.

Kontrolle durch Abweichungs – Instruktion

Die direkteste Art, Beschönigungstendenzen bei Persönlichkeitsfragebogen durch spezielle Instruktionen bzw. Instruktions – Variationen entgegenzuarbeiten, besteht in der Anwendung von *Faking – Instruktionen*, die man auch als Abweichungs – Instruktionen bezeichnen kann. Hier wird die Versuchsperson aufgefordert, sich abweichend von einer normalen Beantwortung vorübergehend einmal bewußt zu *verstellen*.

Bittet man z.B. einen Teil der antwortenden Personen, sich beim Beantworten des Fragebogens möglichst *günstig* darzustellen ("faking – good") und vergleicht die Antwort – Ergebnisse dieser Personengruppe mit denjenigen einer anderen, ansonsten vergleichbaren Gruppe von Probanden, die unter einer normalen Fragebogen – Instruktion geantwortet haben, so erhält man Aufschluß über diejenigen Items des Fragebogens, die mehr oder weniger anfällig gegenüber der Erwünschtheitstendenz sind.

Die bei der Aufforderung zur Verstellung verwendeten Formulierungen können darauf abzielen, "sich so darzustellen, wie man gerne sein möchte" oder "sich einmal möglichst günstig darzustellen" oder "ein *Idealbild* von sich zu zeichnen" oder auch "sich vorzustellen, man befände sich in einer Bewerbungssituation und möchte sich möglichst gut darstellen" usw. In entsprechend umgekehrter Weise kann man verfahren, wenn man Probanden auffordert, sich vorübergehend einmal möglichst *ungünstig* darzustellen ("faking – bad"). Mit solchen Abweichungs – Instruktionen hat sich beispielsweise zeigen lassen, daß Antworten zu Persönlichkeitsfragebogen, die bereits mittels der Forced – Choice – Methode hinsichtlich Sozialer Erwünschtheit kontrolliert worden waren, sich immer noch weiter im Sinne Sozialer Erwünschtheit modifizieren ließen. Man kann auch verschiedene Persönlichkeitsfragebogen unschwer nach dem Grad ihrer SD – Verfälschbarkeit unterscheiden; mit der Faking – Methode ließ sich z.B. zeigen, daß Antworten auf Neurotizismus – Fragebogen, die die psychische Stabilität einer Person betreffen, eher beschönigt werden als solche auf Extraversions – Fragebogen, die sich auf Geselligkeit oder Kontaktfreudigkeit beziehen.

Bei der Besprechung der Konstruktion einer SD – Kontrollskala, die vornehmlich aus Items der Extraversion und des Neurotizismus gebildet worden war, wurde bereits ein Untersuchungsergebnis erwähnt, wonach starke Übereinstimmung zwischen den Antwortmustern bei induzierter positiver Darstellung (faking) einerseits, und in einer echten Bewerbungssituation andererseits besteht. Dementsprechend läßt sich auch zeigen, daß eine nur gedanklich vorgestellte Bewerbungssituation zu Antworten ähnlich wie unter einer Ideal – Instruktion führt. Solche Resultate dürfen jedoch nicht zu der Auffassung verleiten, es seien alle diese Rahmenbedingungen für sozial – erwünschtes Antwortverhalten vollständig austauschbar und geradezu situationsunabhängig im gleichen Sinne wirksam. Um ein

spezifischeres Zusammenwirken von Fragebogen – Instruktion und Untersuchungssituation zu studieren, ließen wir einmal Versuchspersonen
(a) sich in eine Bewerbungssituation versetzen, (b) sich in einer Gruppen – Situation (bei nicht – öffentlicher Fragebogen – Beantwortung) so
darstellen, daß man möglichst günstig eingeschätzt werde und (c) in einer
Einzel – Situation (isoliert in einem kleinen Raum) das gleiche wie unter (b)
tun. Zu beurteilen waren verschiedene ethnische Gruppen (z.B. Holländer
oder Türken) anhand von Eigenschaftsbegriffen. Es zeigte sich, daß unter
den Bedingungen (b) und (c) wesentlich stärker im Sinne Sozialer Erwünschtheit beschönigt wurde als unter Bedingung (a), und zwischen den
beiden Beschönigungs – Bedingungen (b) und (c) gab es wiederum Unterschiede hinsichtlich des Ausmaßes der Beschönigung je nach zu beurtei-
lender ethnischer Gruppe. Es scheint also durchaus unterschiedliche
Erwünschtheitstendenzen in Abhängigkeit von der Art der Untersuchungs*situation* und in Kombination mit dem jeweiligen Urteils*gegenstand*
zu geben.

Zusammenfassend kann gesagt werden, daß eine Reihe von Möglichkeiten der Kontrolle von Antworttendenzen der Sozialen Erwünschtheit durch
Instruktion bereits weitgehend erforscht und in ihrer Anwendbarkeit erprobt ist. Bereits diese Verfahren unterscheiden sich teilweise erheblich
hinsichtlich ihrer Forschungsökonomie. Am ökonomischsten scheint es zu
sein, den antwortenden Personen per Fragebogen – Instruktion zu versichern, daß man die von ihnen produzierten persönlichen Angaben streng
anonym verwendet und daß es als sinnvoll erscheint, für rein wissenschaftliche Zwecke Beschönigungstendenzen nicht nachzugeben. Würde
es gelingen, kooperative Personen für Untersuchungen mit Fragebogen zu
gewinnen, indem die Probanden von sich aus die unbeschönigte Beantwortung als äußerst sinnvoll ansehen, so könnte man sich viel zusätzliche
Arbeit ersparen. Der Fragebogen – Instruktion kommt dabei offensichtlich
eine entscheidende Bedeutung zu.

Kontrolle durch erwartete Wahrheitsprüfung

Ein besonders aufwendiges Verfahren, das darauf abzielt, der Antworttendenz der Sozialen Erwünschtheit eine starke Gegentendenz zu induzie-
ren, wird als *Bogus – Pipeline – Paradigma* bezeichnet. Es stellt einen
Spezialfall der Kontrolle von Antworttendenzen durch *Instruktion* dar. Das
Verfahren ist darauf angelegt, die gesamte *Rahmensituation* der Persönlichkeitserfassung derart zu verändern, daß die beschönigenden Reaktionstendenzen durch Anstrengungen der antwortenden Person selbst

minimiert werden. "Bogus Pipeline" kann frei mit "falsche Rückmeldung" übersetzt werden; es handelt sich um eine Methode, möglichen Verfälschungstendenzen mittels einer Ablenkungsprozedur seitens des Versuchsleiters zu begegnen. Die Versuchsperson wird unter Laboratoriumsbedingungen scheinbarer physiologischer Messung in einen Zustand erhöhter Selbstaufmerksamkeit versetzt, der es ihr vordringlich erscheinen läßt, bei Selbstberichten über ihr Verhalten oder bei Urteilen über Meinungsgegenstände möglichst beschönigungsfrei zu antworten.

Die Beantwortung von Fragen oder die Reaktion auf Urteilsskalen zu bestimmten Gegenständen – die eigene Person oder irgendwelche anderen Einstellungsobjekte betreffend – geschieht in Gegenwart eines Meßgerätes, das die ein subjektives Urteil zwangsläufig begleitenden physiologischen Begleiterscheinungen objektiv zu messen vorgibt. Bevor die antwortende Person an das Gerät gesetzt wird, soll sie im üblichen Papier – Bleistift – Verfahren einige unverfängliche und nicht besonders beschönigungsverdächtige Feststellungen zu Themen wie Hobbies etc. beantworten. Die Antworten auf diese Items werden vom Versuchsleiter in der ersten Phase des Bogus – Pipeline – Verfahrens dazu verwendet, die Zuverlässigkeit des Meßgerätes zu erweisen, denn wenn die antwortende Person später zum Zwecke einer Einregulierung des Gerätes die gleichen Feststellungen ein zweites Maß beantwortet, gibt das Gerät ähnliche Meßwerte wieder. Die Versuchsperson wird die Übereinstimmung der Meßwerte des Gerätes mit ihren Papier – Bleistift – Antworten unter anderem auf die Zuverlässigkeit des Gerätes zurückführen. Dies führt dazu, daß die Zuverlässigkeit der Ableitung physiologischer Indikatoren bei der Abgabe subjektiver Urteile von fast allen Versuchspersonen als einwandfrei akzeptiert wird.

In der zweiten Phase des Bogus – Pipeline – Verfahrens werden nun die entscheidenden Messungen vorgenommen: Gemäß der Instruktion, daß es jetzt darum gehe zu untersuchen, in welchem Ausmaß jemand seine eigenen Urteile angemessen kenne, soll die Versuchsperson die Meßwerte des Gerätes zu den einzelnen, nacheinander präsentierten Items vorhersagen. Diese Schätzungen der angeblichen Meßwerte, die bei abgedecktem Monitor vorgenommen werden, dienen dann als relativ verzerrungsfreie Antworten der Versuchspersonen. Man kann nämlich davon ausgehen, daß die Probanden an einer möglichst zutreffenden Vorhersage des als zuverlässig angesehenen Gerätes interessiert sind, und nicht an einer sozial – erwünschten Selbstdarstellung. Im Bogus – Pipeline – Verfahren wird also durch ein gleichsam doppeltes Ablenkungsverfahren gewährleistet, daß die antwortende Person an *Selbsterkenntnis*, nicht aber an

Selbstbeschönigung interessiert ist. Das Verfahren erfordert selbstverständlich eine konsequente und sorgfältige Aufklärung der Versuchspersonen im Anschluß an die Untersuchungen.

Eine größere Zahl empirischer Untersuchungen hat die Brauchbarkeit des geschilderten Verfahrens zur Reduktion von sozial – erwünschten Urteilen erwiesen. Von ihnen seien hier zwei erwähnt, die sich auf Einstellungen im Sinne von sozialen Vorurteilen beziehen. Weiße amerikanische Studenten sollten zwei unterschiedliche Einstellungsobjekte, nämlich "Amerikaner" und "Neger", mittels einer Reihe von Eigenschaften auf siebenstufigen Antwortskalen beurteilen. Bei der Verwendung des üblichen *Papier – Bleistift* – Verfahrens, wie es üblichen Fragebogen – Messungen entspricht, wurden die beiden Einstellungsgegenstände im Mittel fast als gleich günstig beurteilt. Bei Anwendung des *Bogus – Pipeline* – Verfahrens erhielten jedoch die "Amerikaner" eine erheblich positivere Beurteilung als die "Neger". Nur in der durch die scheinbare physiologische Messung bestimmten experimentellen Rahmensituation wurde also gleichsam zugegeben, daß man Farbige als wesentlich ungünstiger beurteilt als die Angehörigen der eigenen Gruppe. In einer experimentellen Untersuchung an deutschen Studenten ließen wir unter anderem die Urteilsobjekte "Türken" und "Deutsche" teils unter Papier – Bleistift – Bedingungen und teils unter Bogus – Pipeline – Bedingungen mittels adjektivischer Items beurteilen. Auch hier zeigte sich eine statistische Wechselwirkung zwischen dem Einstellungsgegenstand und der angewendeten Erfassungsmethode: Während die Versuchspersonen bei der üblichen Papier – Bleistift – Messung "Deutsche" sogar noch leicht ungünstiger beurteilten als "Türken", kehrte sich dieser Effekt bei der Messung unter der Bogus – Pipeline – Bedingung radikal um. Aufgrund dieser Resultate hat man den Eindruck, daß es gelegentlich durchaus relativ massiver Anstrengungen seitens des Versuchsleiters bedarf, um ganz offensichtliche Beschönigungstendenzen zu reduzieren.

In weiteren eigenen Untersuchungen konnte gezeigt werden, daß die Antworten von Personen auf deutschsprachige Fragebogen, die eine Reihe ganz besonders für Soziale Erwünschtheit anfällige Items enthielten, unterschiedlich ausfielen je nachdem, ob sie unter Papier – Bleistift – oder Bogus – Pipeline – Bedingungen erhoben wurden. Es ergab sich, daß in der apparativ bestimmten Situation wesentlich weniger SD – Antworten gegeben wurden als bei der üblichen Fragebogen – Anwendung. Weitere experimentelle Untersuchungen haben jedoch auch gezeigt, daß der Bogus – Pipeline – Effekt keineswegs universell ist: Bei der Anwendung des konventionellen und des Bogus – Pipeline – Verfahrens auf Fragebogen, die sich auf das eigene Verhalten zu den Fragenkomplexen Straßenverkehrsübertretungen, Aggressivität im Alltag, Frauenfeindlichkeit und Sexualverhalten bezogen, ergaben sich interpretierbare Effekte nur für zwei von vier Item – Listen. Aus der Art der Items, deren Beantwortung mittels des Bogus – Pipeline – Verfahrens modifiziert werden konnte, ließ sich schließen, daß es wahrscheinlich eher dann zu deutlichen Bogus – Pipeline – Effekten kommt, wenn sich die erfragten Urteile auf Verhaltensweisen beziehen, die öffentlich hinreichend normiert sind, so daß die vorherrschenden *sozialen Normen* der Versuchsperson eine deutliche Orientierung für sozial – erwünschtes Verhalten liefern.

Das Verfahren simulierter apparativer Einstellungs – bzw. Persönlichkeitsmessung wäre, wenn es verbreiteter wäre als es tatsächlich ist, längst ein beliebter Gegenstand psychologiekritischer Auseinandersetzung. Es ist bei seiner Bewertung jedoch zu berücksichtigen, daß empirische Untersuchungen in den Sozialwissenschaften vielfach nicht auf teilweise Desinformation oder Täuschungsprozeduren wie Ablenkung verzichten können. Dabei sollte man wiederum berücksichtigen, daß es bei empirischen Untersuchungen mit Versuchspersonen zu sozialen Interaktionen mit weitgehend akzeptierten sozialen Rollen kommt, zu denen vorübergehende Desinformation oder Ablenkung durch den Versuchsleiter ebenso gehören können wie die Strategien und Taktiken der Verstellung oder Beschönigung seitens der Versuchsperson. Das Bogus – Pipeline – Verfahren bietet hier ein Maximum an Gegenbemühungen des Versuchsleiters, und dies ist auch der Grund, warum es nur in Ausnahmefällen angewendet werden sollte. Als optimal erscheint es, Personen in solchem Maße von sich aus an der wissenschaftlichen Forschung zu interessieren, daß aufwendige Methoden der Kontrolle Sozialer Erwünschtheit verzichtbar wären.

Verfahren wie das Bogus – Pipeline – Paradigma, die eine Rahmensituation für empirische Untersuchungen anbieten, in der die antwortende Person in der Lage ist, sich bei der Beantwortung von Items stärker an *individuell* geprägten als an gruppenspezifischen bzw. *sozialen* Normen zu orientieren, erscheinen also als erfolgreich realisierbar. Sie weisen jedoch zugleich über die Fragebogen – Methode als klassisches Papier – Bleistift – Verfahren hinaus. Wegen des erforderlichen, relativ großen Forschungsaufwandes werden sie nur in seltenen Fällen Anwendung finden.

Literaturhinweise

Zur Frage der Kontrolle von Antworttendenzen der Sozialen Erwünschtheit in Fragebogen haben sich in Übersichtsreferaten z.B. Ehlers (1973) und Mummendey (1981) geäußert.

Als Beispiel für eine SD–Kontrolle bereits bei der Item–Selektion läßt sich die Konstruktion der Personality Research Form (PRF) durch Jackson (1967, 1974) anführen.

Die Forced–Choice–Technik ist beispielhaft im Edwards Personal Preference Schedule (EPPS) von Edwards (1953) angewendet worden. Zu den Problemen einer möglichen Reorganisation der SD–Hierarchie von Fragebogen–Items vgl. Feldman & Corah (1960) und Cowen, Budin & Budin (1964).

Die lange Zeit bekannteste SD–Kontrollskala wurde von Crowne & Marlowe (1960) vorgelegt. Von den deutschsprachigen SD–Skalen seien diejenigen von Lück & Timaeus (1969), Schmidt & Vorthmann (1971), Dickenberger, Holtz & Gniech (1978), Amelang & Borkenau (1981) sowie die Skala 9 ("Offenheit") des FPI (Fahrenberg, Hampel & Selg, 1984) genannt. Zur Anwendung partieller Korrelation mit dem Ziel der Auspartialisierung unerwünschter Antworteffekte vgl. z.B. Conger & Jackson (1972).

Die erwähnten Brengelmann'schen Skalen zu Extraversion, Neurotizismus und Rigidität wurden zusammen mit einigen anderen in zwei Arbeiten von Brengelmann & Brengelmann (1960a, 1960b) publiziert. Zu weiteren Fragebogen der Extraversion und des Neurotizismus vgl. Eggert (1983) sowie Fahrenberg, Hampel & Selg (1984).

Das Verfahren der SD–Kontrolle durch die Elimination des Einflusses des ersten Faktors aus Item–Faktorenanalysen wurde beispielsweise bereits von Edwards & Diers (1962) und Block (1965) diskutiert; systematisch wurde es von Paulhus (1981) und Borkenau & Amelang (1986) angewendet.

Die erwähnte Untersuchung zur Auswirkung von Zeitdruck beim Beantworten von Fragebogen unter verschiedenen Instruktionen stammt von Schneider & Hübner (1980) (vgl. auch Schneider–Düker & Schneider, 1977; Schneider & Schneider–Düker, 1981). Mit einer speziellen Anti–SD–Instruktion arbeiteten z.B. Hoeth & Köbler (1967).

Zur Randomized – Response – Technik sind die Arbeiten von Warner (1965), Himmelfarb & Lickteig (1982), Crino, Rubenfeld & Willoughby (1985) sowie das Buch von Fox & Tracy (1986) lesenswert.

Eine größere Anzahl von Autoren hat Studien mit Faking – Instruktionen vorgelegt, z.B. Wiggins (1959), Eysenck & Eysenck (1963), Hoeth, Kucklick & Simmat (1965), Velicer & Weiner (1975), Häcker, Schwenkmezger & Utz (1979) und viele andere. Daß eine Bewerbungs – Instruktion einer Ideal – Instuktion äquivalent sein kann, berichten beispielsweise Fahrenberg, Hampel & Selg (1984). Zur Verfälschbarkeit von Fragebogenergebnissen in echten Bewerbungssituationen vgl. z.B. Hampel & Klinkhammer (1978) und Thornton & Gierasch (1980). Ein Vergleich von Beschönigungstendenzen in Skalen der Extraversion und des Neurotizismus findet sich bei Farley & Goh (1976).

Zum Bogus – Pipeline – Paradigma, das sich u.a. auf Arbeiten von Jones & Sigall (1971) und Sigall & Page (1971) stützt, liegt ein Übersichtsreferat von Brackwede (1981) vor; weiterhin wurde auf eine Reihe eigener Experimente hingewiesen (Mummendey & Bolten, 1981; Mummendey, Bolten & Isermann – Gerke, 1982; Mummendey & Bolten, 1985a).

Kapitel 10

Der Fragebogen als Instrument der Selbstdarstellung

Selbstpräsentation in Persönlichkeits – und Selbstkonzept – Forschung

In der Differentiellen Psychologie und *Persönlichkeitsforschung* ist man bemüht, die individuellen Unterschiede zwischen einzelnen Personen oder auch zwischen Gruppen von Personen zu beschreiben und zu erklären. Hier kann der Forscher kaum daran interessiert sein, Meßergebnisse hervorzubringen und miteinander zu vergleichen, die womöglich auf systematischen Antworttendenzen wie der Jasagetendenz oder der Tendenz der Sozialen Erwünschtheit beruhen. Der Persönlichkeitsforscher klassischer Art möchte also grundsätzlich ein möglichst "objektives" Bild der Persönlichkeitseigenschaften, ein Bild der "tatsächlichen" Eigenschaften, Einstellungen usw. der untersuchten Personen gewinnen, und von seiten der antwortenden Individuen ins Spiel gebrachte Tendenzen wie das systematische Beschönigen der Antworten müssen so zwangsläufig als *Meßfehler* wirken und gewertet werden.

Ein wenig anders geartet sind dagegen die Interessen des *Selbstkonzept*forschers. Da die Selbstkonzepte einer Person als die mehr oder weniger überdauernden, geäußerten subjektiven Sichtweisen eines Individuums von sich selbst definiert sind, kann beispielsweise die systematische Tendenz einer Person, sich als positiver (z.B. als zuverlässiger, kontaktfähiger, hilfsbereiter) einzuschätzen als dies bei einer einigermaßen "objektiven" Nachprüfung als "zutreffend" feststellbar wäre, keineswegs als "fehlerhaft" angesehen werden. Vielmehr müssen hier die Selbstkonzepte einer Person als "sehr zuverlässig, kontaktfähig und hilfsbereit" als solche erfaßt und konstatiert werden, ohne daß grundsätzlich zwischen "Wirklichkeit" und "Beschönigung" unterschieden wird – bei der Selbstkonzepterfassung geht es eben um das geäußerte *subjektive* Selbstbild.

Dies soll nicht bedeuten, daß nicht ein Unterschied zwischen einem "wahren Selbstbild" (also dem Inbegriff dessen, was eine Person "wirklich" über sich denkt) und einem "dargestellten Selbstbild" (also beispielsweise der auf ein Publikum abzielenden Selbstdarstellung) gemacht werden könnte oder gelegentlich auch gemacht werden müßte. In einer parodistischen Darstellung dieses Problems in einem amerikanischen Lehrbuch sind mehrere ineinander verschachtelte russische Puppen abgebildet, die (von außen nach innen) die Aufschriften "true self", "truer self", "even truer self" etc. tragen. Es mag Fälle geben, in denen zwischen solchen unterschiedlichen Arten von Selbstbild tatsächlich empirisch unterschieden werden kann. Im Unterschied zur Persönlichkeitsmessung interessieren jedoch bei der Selbstkonzepterfassung viel stärker die subjektiv gefärbten und getönten Antworten, von denen man oft nicht so recht weiß, ob sie nun auf ein "tatsächliches" oder nur um eines bestimmten Eindruckes von sich selbst willen "präsentiertes" Selbstkonzept hinweisen. Dies mag damit zusammenhängen, daß man Selbstkonzepte ausschließlich mit reaktiven Verfahren, also durch irgendeine Art von Befragung und damit durch subjektive Äußerungen einer Person über sich selbst zu erhalten genötigt ist. Anders als bei vielen Persönlichkeitsmerkmalen gibt es für Selbstkonzeptmerkmale keine Maße, die härter und objektiver sind als die über Befragung erhaltenen. Dadurch wird es einerseits sehr schwierig, ein ausgesprochen positives Selbstkonzept eines Individuums als teilweise beschönigt oder sozial – erwünscht zu bezeichnen, und andererseits erscheint eine solche Klassifikation als wenig angemessen, da die positive und sozial – erwünschte Selbstbeschreibung nun als wichtiger und integrierender Bestandteil eines Selbstkonzeptes erscheinen kann.

Die *Einstellungs*forschung nimmt hier sicherlich eine Art Zwischenstellung ein: Dadurch daß Einstellungen als relativ konsistente Arten der Beurteilung von sozialen Gegenständen zugleich Persönlichkeitsmerkmale darstellen, lassen sich hier gelegentlich Unterschiede zwischen "tatsächlichen" und nur nach außen präsentierten Einstellungen eher aufzeigen als dann, wenn – wie im Falle von *Selbstkonzepten* – das Objekt der Einstellung die eigene Person ist.

Folgt man der hier getroffenen Unterscheidung zwischen herkömmlicher Persönlichkeitsforschung und Selbstkonzept – Forschung, so folgt daraus, daß sich für den *Fragebogen* als wichtigstes Instrument sowohl der Persönlichkeits – als auch der Selbstkonzept – Forschung ein jeweils unterschiedlicher Stellenwert ergibt: Den *Persönlichkeits*forscher interessiert in erster Linie die Selbstbeschreibung des Individuums unter möglichst weitgehender Ausschaltung von Selbstdarstellungstendenzen, während den *Selbstkonzept*forscher die *gesamte* Art und Weise der Selbstpräsentation eines Individuums interessiert, und hierzu gehören eben auch mögliche systematische, sonst vielleicht als Fehler unerwünschte Selbstdarstellungstendenzen.

Das Beispiel einer Selbstdarstellung als Persönlichkeit

Die unterschiedliche Perspektive von Persönlichkeits – und Selbstkonzept – Forschung sei an einem sportpsychologischen Problem verdeutlicht. An diesem Beispiel soll gezeigt werden, daß eine sozial – erwünschte Art und Weise, auf Fragebogen zu antworten, als gewissermaßen selbstverständlicher Vorgang der Selbstdarstellung aufgefaßt werden kann.

Schon seit langem haben sich Psychologen und Sportwissenschaftler bemüht, der Frage nachzugehen, ob Persönlichkeitsunterschiede zwischen Sportlern und Nichtsportlern (oder zwischen besonders intensiv Leistungssport Betreibenden, also Spitzensportlern bzw. Hochleistungssportlern, und weniger intensiv Sporttreibenden, also Breitensportlern bzw. Freizeitsportlern) bestehen. Man nimmt solche Persönlichkeitsunterschiede an, weil man an eine gewissermaßen persönlichkeitsformende Wirkung des Sportes glaubt, wie sie sich aus gelegentlichen Alltagsbeobachtungen zu ergeben scheint. Von den Ergebnissen entsprechender psychologischer Untersuchungen erhofft man sich wichtige Aufschlüsse beispielsweise für die Sportförderung bzw. die sportliche Erziehung. (Auf die Frage, ob Persönlichkeitsunterschiede zwischen mehr oder weniger Sporttreibenden, wenn sie sich tatsächlich nachweisen ließen, dann wirklich als Folge sportlicher Betätigung oder aber vielleicht auch als Ergebnis einer bestimmten Auswahl von Personen, die sich dem Sport zuwenden, zu werten wären, sei hier nicht weiter eingegangen.)

Am entschiedensten – und persönlichkeitstheoretisch auch in schlüssig erscheinender Weise begründet – wird die These eines regelhaften Zusammenhanges zwischen Sporttreiben und bestimmten Persönlichkeitseigenschaften derzeit von H.J. Eysenck und seinen Schülern vertreten. Von ihrem allgemeinen Persönlichkeitsmodell mit den drei Hauptdimensionen Extraversion, Neurotizismus und Psychotizismus und deren physiologisch – psychologischer Bestimmung ausgehend (danach korrespondiert Extraversion/Introversion mit gewissen individuell unterschiedlichen Merkmalen des Zentralnervensystems, Neurotizismus/Stabilität mit solchen des autonomen Nervensystems, und Psychotizismus läßt sich teilweise auf Merkmale der hormonellen Ausstattung des Individuums beziehen), postulieren diese Autoren, daß Spitzensportler eher durch ein höheres Maß an

Extraversion und (gelegentlich) Psychotizismus sowie durch ein geringeres Maß an Neurotizismus gekennzeichnet seien.

Obgleich andere Forscher stabile Persönlichkeitsunterschiede zwischen Sportlern und Nichtsportlern in empirischen Untersuchungen nur gelegentlich gefunden haben, berichten Eysenck und seine Mitarbeiter über zahlreiche Ergebnisse von Untersuchungen mit Persönlichkeitsfragebogen, die auf höhere Extraversion – und geringere Neurotizismus – Werte bei Hochleistungssportlern hinweisen. Beispielsweise beziehen sich diese Autoren sowohl auf eine amerikanische Studie an Olympiakämpfern, die R.B. Cattell publiziert hat, als auch auf eine deutsche Staatsexamensarbeit an Läufern. (Auf Literatur – Übersichten, die solche Ergebnisse als nur wenig durchgängig erscheinen lassen und teilweise auch als methodologisch problematisch hinstellen, sei hier nicht näher eingegangen.)

Geht man einmal davon aus, daß sich intensiv Sporttreibende in Persönlichkeitsfragebogen tatsächlich als eher extravertiert und als weniger neurotizistisch (also als eher psychisch stabil) darstellen, so können diese Resultate durchaus etwas Unterschiedliches bedeuten je nachdem, ob man sie im Lichte herkömmlicher Differentieller Psychologie und Persönlichkeitsforschung oder unter dem Gesichtspunkt von Selbstkonzept – Forschung betrachtet: Im ersten Falle *sind* Sportler beispielsweise geselliger, kontaktfähiger etc. und psychisch stabiler – im zweiten Fall *äußern* Sportler ein geselligeres, kontaktfähigeres und psychisch – stabileres *Selbstkonzept.*

Eine impression – management – theoretische Erklärung

Eine Art Entscheidung zwischen den beiden erwähnten, möglichen Erklärungen ein und derselben Resultate der Anwendung der Fragebogen – Methode läßt sich vielleicht unter Zuhilfenahme des Konzeptes des *Impression – Management* herbeiführen. Mit der Impression – Management – Theorie, die vor allem auf J.T. Tedeschi zurückgeht, liegt eine sozialpsychologische Formulierung und Interpretation der in Kapitel 8 und 9 besprochenen Reaktionstendenz der Sozialen Erwünschtheit vor.

Die Impression – Management – Theorie postuliert, daß Individuen die Beschaffenheit des Bildes, das andere Personen von ihnen erhalten, aktiv mitzugestalten versuchen. Mit anderen Worten bemühen sich Individuen ständig, gegenüber anderen Personen hinsichtlich des eigenen Erscheinungsbildes Kontrolle auszuüben. Damit ist, wie wir noch besprechen werden, keineswegs ein Vorgang der bewußten Verstellung oder absichtlichen Täuschung anderer Menschen oder auch der eigenen Person gemeint – die Auffassung, Impression – Management sei ein Begriff für gezieltes Verfälschen, stellt ein Mißverständnis des Konzeptes dar. *Impression – Management* oder *Selbstdarstellung* (beide Begriffe meinen weitgehend das gleiche – ersterer spricht stärker die Wirkung beim Empfänger an, während der zweite mehr die agierende Person im Blick hat) bedeuten vielmehr, daß eine Person sich *ständig* in der Rolle eines Schauspielers befindet, dessen Anpassung an seine Rolle teils mehr und teils weniger bewußt erfolgt. Ebenso wie der Soziologe I. Goffman sprechen die Impression – Management – Theoretiker von *"Identitäten"* eines Individuums, einem Begriff, der demjenigen des Selbstkonzeptes sehr nahesteht. Solche Identitäten können durchaus situationsabhängig sein ("situated identities").

Verschiedene in der Fachliteratur beschriebene Strategien oder Taktiken der Selbstdarstellung – z.B. das Sich – Einschmeicheln, Sich – als – kompetent – Präsentieren, Sich – als – hilfsbedürftig – Darstellen usw. – werden als Versuche von Individuen angesehen, gegenüber bestimmten Adressaten bestimmte Identitäten oder Selbstkonzepte zu präsentieren. Untersuchungen haben dabei gezeigt, daß es nicht das gleiche ist, ob man sich beispielsweise positive Merkmale zuschreibt oder die Zuschreibung negativer Merkmale verneint. Es liegt deshalb nahe, gängige Arten des Impression – Management oder der Selbstpräsentation danach, ob es sich um Strategien oder Taktiken, um positive oder negative Selbstdarstellung etc. handelt, zu systematisieren und zu typisieren. Man darf jedoch hierbei nicht vergessen, daß im Grunde ebenso viele Arten der Selbstpräsentation existieren wie es soziale Rollenerwartungen für bestimmte Situationen gibt.

Die Selbstkonzepte einer Person, darüber dürfte es in der gegenwärtigen Selbstkonzept – Forschung keinerlei Unstimmigkeit geben, werden zu einem beträchtlichen Teil durch Rückmeldungen *sozialer Interaktionspartner* an das Individuum geformt. Wir sind darauf zu Beginn dieses Buches schon einmal eingegangen. Eine Person nimmt wahr, wie andere, insbesondere für sie wichtige Personen sie beurteilen und paßt sich diesen Urteilen an, so daß die ursprünglichen Fremdbeurteilungen jetzt als Selbstbeurteilungen Bestandteile ihrer Selbstkonzepte werden. Indem nun – wie die Impression – Management – Theorie annimmt – das Individuum durch Selbstdarstellung bei den anderen Personen ein bestimmtes Bild von sich erzeugt bzw. mitgestaltet, veranlaßt es die anderen Personen zu ganz bestimmten Urteilen über sich, die wiederum als zutreffend ins eigene Selbstkonzept aufgenommen werden können. Auf diese Weise arbeitet das Individuum an der Bestimmung seines Selbstbildes aktiv mit, indem es die Interaktionspartner als scheinbar objektive Informanten benutzt. Zugespitzt formuliert kann man sagen, daß *Selbstkonzepte somit auch ein Ergebnis von Selbstdarstellung bzw. Impression – Management sind.*

Um bei unserem sportpsychologischen Beispiel zu bleiben: Sportler müßten demnach, wenn die Impression – Management – Annahme zutrifft, ein Persönlichkeitsbild eines "typischen Sportlers" präsentieren, sofern Gelegenheit zur Selbstpräsentation im Sinne der sozialen Rolle "Sportler" gegeben ist. Ein solches "typisches" Sportler – Persönlichkeitsbild könnte nun nach allgemeiner Auffassung tatsächlich eher extravertiert als introvertiert und eher nicht – neurotizistisch (also psychisch gesund und stabil) als neurotizistisch (labil, störbar etc.) aussehen. Als psychotizistisch (also als eher aggressiv, gefühlsarm, risikofreudig etc.) würden typischerweise sicherlich vor allem Sportler gewisser Sportarten erscheinen wollen, beispielsweise Rennfahrer oder Boxer, von denen man vielleicht sagen kann, daß sie Risiko – Sportarten betreiben. Es erschiene also als denkbar, daß es gelegentlich zu Unterschieden zwischen Personen, die mit unterschiedlicher Intensität Sport treiben, in ihrer Selbstpräsentation kommt, die ähnlich aussehen wie die von manchen Autoren postulierten Persönlichkeitsunterschiede.

Fragebogen – dies zeigt die Forschung zum Komplex der Sozialen Erwünschtheit (vgl. Kapitel 8) und zur Kontrolle solcher Anpassungen an als akzeptiert angesehene Selbstdarstellungen (vgl. Kapitel 9) – *sind hervorragende Mittel der Selbstdarstellung.* Da sie zugleich die bevorzugten Forschungsinstrumente sportpsychologischer Untersuchungen ebenso wie nicht – sportbezogener Erhebungen differentiell – und sozialpsychologischer Art sind, eignen sich die mit ihnen gewonnenen Ergebnisse ganz ausgezeichnet für Analysen der Merkmale von Situationen, in denen sie angewendet werden, ebenso wie von Personen, die sich mit ihrer Hilfe als Persönlichkeit selbst darstellen. Die von den Vertretern eines Zusammenhanges zwischen Sporttreiben und Persönlichkeit angeführten Ergebnisse empirischer Untersuchungen sind fast ausschließlich mit Fragebogen gewonnen worden. Gelegentlich gehörte Hinweise auf eine bereits erfolgte Kontrolle solcher Fragebogenresultate durch die Anwendung von Lügen – oder ähnlichen Kontrollskalen erscheinen gegenüber Interpretationen im Sinne von Selbstpräsentation bzw. Impression – Management als wenig aussagekräftig, da solche Kontrollskalen nur bestimmte, grobe Aspekte des Lügens oder Sich – Verstellens behandeln, und nicht annähernd die Palette der alltäglich üblichen und in den verschiedenen Situationen möglichen Spielarten der Selbstdarstellung als Persönlichkeit.

198

Empirische Untersuchungen zum Impression – Management bei der Beantwortung von Fragebogen

Um die Annahme, Persönlichkeitsunterschiede könnten auf *Impression – Management – Prozesse bei der Beantwortung von Fragebogen* zurückgehen, am Beispiel von Sportlern zu überprüfen, wurden mehrere empirische Untersuchungen ausgeführt. Sie folgten einem Versuchsplan, der es ermöglichte, das Ausmaß des sportlichen Impression – Management, also der Selbstpräsentation im Sinne sportspezifischer Erwünschtheit, in Abhängigkeit von der Eindeutigkeit, mit der man die Sportler – Rolle erfüllt, zu erfassen.

Zu diesem Zwecke wurde die Instruktion, unter der die Sporttreibenden auf Fragebogen und Selbstkonzept – Skalen antworteten, systematisch variiert: Ein Teil der Versuchspersonen antwortete in einer Situation, in der sie nicht ahnen konnten, daß sie als Sportler angesprochen wurden. Ein anderer Teil der Personen erhielt die Gelegenheit zur Selbstdarstellung als Sportler. Außerdem wurde zwischen Sporttreibenden mit stark unterschiedlichem Trainings – und Leistungsniveau unterschieden, d.h., es wurden Gelegenheitssportler mit Leistungssportlern verglichen. Ein solcher Vergleich erschien uns als reeller als die vielfach anzutreffenden simplen Vergleiche zwischen Sportlern und irgendwelchen Nichtsportlern, die methodisch nicht unproblematisch sind.

In einer ersten Untersuchung wurden die Sportler je drei Instruktionen bzw. Impression – Management – Bedingungen zugeordnet: (I) Untersuchungen unter Nicht – Sport – Bedingungen, (II) Untersuchung unter Hinweis auf die Sportler – Eigenschaft der antwortenden Person, (III) Untersuchung mit einer Verstellungs – Instruktion: Es sollte bewußt im Sinne des "Idealbildes eines Sportlers" geantwortet werden. Die befragten Personen waren zur Hälfte Fußballer und Läufer, und sie entstammten jeweils drei deutlich unterschiedlichen Leistungsklassen (Freizeitkicker/Bezirksliga/Oberliga, bzw. im Falle der Läufer: Jogger/Läufer auf mittlerem Niveau/Spitzenläufer). Alle wurden mit den Fragebogen der Extraversion, des Neurotizismus und des Psychotizismus sowie mit dem mehrdimensionalen Selbsteinschätzungsverfahren, das in Kapitel 6 beschrieben wurde, untersucht.

Die Ergebnisse zeigten eine Beeinflußbarkeit der Selbstkonzeptmaße und – in schwächerem Ausmaße – der Neurotizismus – und Psychotizismus – Werte durch die gesetzten Versuchsbedingungen. Insbesondere für den globalen Selbstkonzept – Wert, der das allgemeine, positive Bild von der eigenen Person repräsentiert, zeigte sich die vorhergesagte Wechselwirkung zwischen Impression – Management und dem sportlichen Leistungsniveau. In dieser ersten Untersuchung war die Art der Wechselwirkung zwischen der Selbstdarstellung als Persönlichkeit und dem Sporttreiben vor allem auf die Eigenart der Antworten einer bestimmten Sportlergruppe, nämlich der Fußballer mit dem mittleren Leistungsniveau (Bezirksliga) zurückzuführen – die Impression – Management – Effekte waren also sportarten – und gruppenspezifisch. Dieses Ergebnis unterstützt die These von der Relativität des präsentierten Persönlichkeitsbildes bei Fragebogenuntersuchungen an Sportlern.

In einer zweiten Untersuchung wurden Sportler den gleichen drei unterschiedlichen Instruktionen zur Erzielung von Impression – Management – Effekten unterworfen; abweichend von der ersten Untersuchung wurden aber nun alle möglichen Arten von Sportlern, die jeweils nach ihrem Trainings – und Leistungsniveau in lediglich zwei Gruppen (Gelegenheitssportler und Leistungssportler) unterteilt wurden, betrachtet. Obgleich es also viele verschiedene Sportarten gab, wurde besonders genau darauf geachtet, daß jeweils sechs Personen (entsprechend den 3x2 Versuchsbedingungen) aus der gleichen Sportart je einer der sechs möglichen Bedingungskombinationen zugeordnet wurden.

Bei dieser Untersuchung ergab sich für die Fragebogen – Dimension "Neurotizismus" außer einem deutlichen Impression – Management – Effekt die vorhergesagte Wechselwirkung zwischen Impression – Management und dem sportlichen Trainings – und Leistungsniveau: Nur bei den Leistungssportlern traten sehr große Unterschiede in der Selbstbeschreibung als "psychisch stabil" zwischen den Situationen mit unterschiedlicher Gelegenheit zum Impression – Management auf. Die Sportler stellten sich als umso weniger neurotizistisch bzw. als umso psychisch stabiler dar, je ausdrücklicher bzw. offener sie auf ihre Sportler – Eigenschaft angesprochen wurden – bei den Personen, die nur gelegentlich Sport treiben, war dies nicht der Fall. Die entsprechenden Wechselwirkungen für einige Selbstkonzept – Skalen ("Leistung", "Toleranz") liegen hier an der Grenze der Interpretierbarkeit; es zeigen sich Tendenzen derart, daß sich die Leistungssportler bereits als günstiger, d.h. als leistungsfähiger und toleranter darstellen, wenn sie in ihrer Eigenschaft als Sportler angesprochen werden; bei den Gelegenheitssportlern ist dies erst unter der drastischen Aufforderung zur bewußten Idealdarstellung der Fall.

Am Beispiel der Persönlichkeits – bzw. Selbstkonzeptbeschreibung von Sportlern läßt sich also zeigen, daß es bei der Anwendung von Frage-

bogen und vergleichbaren Instrumenten der Persönlichkeits – und Selbstkonzepterfassung zu Selbstpräsentationen kommt, bei denen die antwortenden Personen vermutlich nicht nur ein "zutreffendes Persönlichkeitsbild", sondern auch ein *rollenspezifisches, rollenadäquates Selbstbild*
produzieren. Es ist eben dieses präsentierte Selbstbild, das dann in
empirischen Untersuchungen als "Persönlichkeit" erscheint und interpretiert wird.

Selbstdarstellung oder Selbsttäuschung?

Akzeptiert man einmal die sozialpsychologische Auffassung, daß die
Antworttendenz der Sozialen Erwünschtheit einen integrierenden Bestandteil der Präsentation des Selbstkonzeptes einer Person darstellt, so ist für
manche Autoren hierbei die Frage interessant, ob es sich bei solchen
Impression – Management – Vorgängen um eine vielleicht absichtliche, gezielte Selbstpräsentation oder aber um eine vom Individuum nicht beab-
sichtigte oder auch nicht bemerkte "Selbsttäuschung" handele.

Gelegentlich hat man Belege dafür gefunden, daß Individuen *bewußt*
und *absichtlich* auf die Etablierung eines ganz bestimmten Persönlichkeitsbildes von sich selbst abzielen. Sie präsentieren sich ihrer sozialen
Umgebung in einer Weise, die für sie irgendwelche günstigen Wirkungen
hat, sei es, daß dafür ein eher positives oder ein eher negatives Bild von
sich selbst gezeichnet bzw. geäußert werden muß. Wer eine höherrangige
Position erstrebt, kann sich z.B. in einschmeichelnder Weise als jemand
präsentieren, der genau die hochrangigen Qualitäten für diese Position
besitzt. Wer auf finanzielle Unterstützung anderer aus ist, kann sich z.B.
bewußt als unterstützungsbedürftiger und ärmer präsentieren als er vielleicht "ist". Für die mehr oder weniger gezielte Selbstpräsentation haben
einige Autoren den Begriff "Impression – Management" verwendet, so als
sei dies ein eher unnatürlicher und künstlicher, im Extremfall auf die gezielte Täuschung anderer Personen gemünzter Begriff. Interessanterweise
findet sich diese viel zu enge Definition von Impression – Management
vornehmlich bei klassischen Testdiagnostikern bzw. MMPI – Psychologen,
die früher viel den Begriff des "Lügens" verwendeten. Es scheint so, als
sei hier der Begriff der Lüge und der Täuschung nur gegen ein moderner
klingendes Konzept ausgetauscht worden.

In Abhebung von dem Konzept einer bewußten Dissimulation von Fragebogenergebnissen wird zugleich vielfach der Begriff der *Selbsttäuschung*
angeboten: Insofern ein Individuum durchaus in ehrbarer Absicht und

ohne die bewußte Zielsetzung, andere Menschen über seinen wahren Charakter zu täuschen, sich in einer Weise darstellt, wie es seiner "tatsächlichen" Persönlichkeit nicht entspricht, redet man von "Selbsttäuschung", denn konsequenterweise muß man ja nun feststellen, ein solches Individuum täusche nicht nur die anderen, sondern auch sich selbst. Wer z.B. die höherrangige Position mittels eines sich selbst überschätzenden Selbstkonzeptes erstrebt oder wer sich z.B. als hilfebedürftiger darstellt als er "eigentlich" ist, täuscht demnach nicht nur die Adressaten seines geäußerten Selbstbildes, sondern auch die eigene Person über seine Leistungsfähigkeit oder Hilfsbedürftigkeit. Wiederum scheint es nicht uninteressant zu sein, daß sich Hinweise auf den "Selbsttäuschungs"-Charakter von Selbstdarstellungen mit Vorliebe bei Autoren finden, die sich auch mit Psychoanalyse beschäftigt haben; dort sind Selbsttäuschungsprozesse als sogenannte Abwehrmechanismen seit längerem ein stehender Begriff.

Betrachtet man solche Zweikomponenten–Ansätze der Selbstdarstellung, für die mehrere Autoren bereits die entsprechenden diagnostischen Instrumente (sogenannte Impression–Management– und Self–Deception–Skalen) vorgelegt haben, einmal kritisch, so muß man feststellen, daß in diesen Ansätzen stets von der Gegebenheit einer *"wahren"*, tatsächlich zutreffenden Persönlichkeitsbeschreibung und von einer mit mehr oder weniger unverträglichen, *"fehlerhaften"* Art der Persönlichkeits–Selbstbeschreibung ausgegangen wird. Wir finden hier also nicht mehr und nicht weniger als die alte – und möglicherweise ebenso altmodische – Auffassung von der mit Fragebogen erfaßbaren "wirklichen" Persönlichkeit vor, deren objektive Feststellung durch die verschiedenen Selbstdarstellungsprozesse nur erschwert wird. Unter Verwendung neuer Bezeichnungen aus Sozialpsychologie und Selbstkonzept–Forschung wird nur der herkömmliche, testdiagnostische Ansatz der Anwendung von Fragebogen fortgesetzt.

Bemüht man sich stattdessen, die Gegebenheit der Vielfältigkeit und Relativität von sozialen Rollen, wie sie innerhalb der Sozialpsychologie immer wieder herausgearbeitet worden ist, und die Bedeutungen von Selbstkonzepten für die Persönlichkeit von Individuen zu betonen, so verliert die Frage danach, ob Selbstdarstellungen etwa in "verfälschender" Absicht gegenüber anderen oder als unabsichtliche Täuschung des Selbstbildes der eigenen Person gegenüber geschehen, an Gewicht. Impression–Management ist dann ein ständig ablaufender, teils mehr und teils weniger gezielter oder bewußt werdender Vorgang der Anpassung des Individuums an seine soziale Umgebung. Man könnte auch sagen,

daß Selbstdarstellungen, also geäußerte Selbstkonzeptualisierungen, all-
tägliche Reaktionsweisen oder "Stile" einer Person sind, mit denen sie in
sozialen Situationen agiert und die insofern wiederum als ganz wesentli-
cher Bestandteil ihrer Persönlichkeit anzusehen sind. Da solche dargestellten Selbstkonzepte oder von sozialen Situationen bestimmten Identitäten zugleich als sozial – erwünscht und somit im Sinne einer allzu engen
Auffassung von Persönlichkeit als "fehlerhaft" erscheinen, ergibt sich ein
gewisser Gegensatz zwischen der herkömmlichen Persönlichkeitsdiagno-
stik bzw. Testpsychologie einerseits, und der sozialpsychologisch bestimmten Selbstkonzept – Forschung andererseits. Nur wenn es gelänge,
erstere zur Anerkennung der offensichtlichen Gegebenheit zu bewegen,
daß sich in Persönlichkeitserfassungen mit Fragebogen zu einem großen
Teil Selbstkonzepte ausdrücken, die es als wichtige Bestandteile von
Persönlichkeit zu messen gilt, wenn also Persönlichkeitsforschung teilweise in Selbstkonzept – Forschung überführt werden könnte, wäre dieser
Konflikt einigermaßen rückstandsfrei zu lösen.

Öffentlichkeit und Privatheit der Beantwortung
von Fragebogen

Fragt man nach allgemein wirksamen Bedingungen, unter denen Impression – Management – bzw. Selbstdarstellungsprozesse relativ begün-
stigt bzw. relativ gebremst werden, so stößt man auf eine breite Übereinstimmung der gegenwärtig Selbstkonzepte und Selbstdarstellungen Erforschenden: Die Gegebenheit eines "Publikums" fördert Selbstdarstellung,
die Abwesenheit von Publizität verringert die Wahrscheinlichkeit stärkerer
Selbstpräsentation.

Ruft man sich in Erinnerung, daß Selbstkonzepte in sozialen Interaktionen herausgebildet und aufrechterhalten werden, und bedenkt man,
was über die Rolle "signifikanter Anderer" bei der Interpretation dieser
Prozesse im Lichte der Impression – Management – Theorie ausgeführt
wurde, so wird die große Bedeutung der Adressaten, der Rezipienten, also
des Publikums selbstbezogener Beurteilungen deutlich. In der Selbstkonzept – Forschung spricht man in diesem Sinne von einem "öffentlichen
Selbst" (public self) im Vergleich zu einem "privaten Selbst" (private self).
Als privat werden Kognitionen, Bewertungen usw., also alle Arten von
Erlebensweisen dann bezeichnet, wenn sie nur demjenigen, der sie hat,
zugänglich sind. Bei der Rede vom "öffentlichen Selbst" ist zu beachten,
daß es grundsätzlich nicht so wichtig zu sein scheint, ob man sich auf ein
tatsächlich vorhandenes Publikum bezieht oder ob die Adressaten oder

Rezipienten nur in der Vorstellung des Individuums präsent sind – man kann sich durchaus so verhalten, "als ob" ein Publikum da wäre, "als ob" man gegenüber Freunden oder Kollegen etwas über sich selbst äußert etc.

Die Öffentlich – Privat – Dimension ist bislang in einer großen Zahl sozialpsychologischer Experimente untersucht worden, regelmäßig mit dem Ergebnis, daß unter Öffentlichkeits – Bedingungen ein verstärktes Maß an Selbstdarstellung resultiert. Mit geradezu persönlichkeitspsychologischer Zielsetzung hat man auf unterschiedliche Grade an öffentlicher oder privater Selbstbezogenheit bei verschiedenen Personen hingewiesen. Menschen scheinen sich zuweilen in mehr oder weniger gewohnheitsmäßiger Weise darin zu unterscheiden, ob und in welchem Maße sie öffentlich oder privat "selbstaufmerksam" sind, ihre eigenen Verhaltens – und Erlebensweisen bemerken, kontrollieren und die Reaktionen anderer Personen auf die eigenen Äußerungen wahrnehmen und beobachten.

In experimentellen Situationen wird *Öffentlichkeit* entweder durch die tatsächliche Anwesenheit eines Publikums oder durch die Ankündigung, die Äußerungen der Person würden einem irgendwie gearteten Publikum mitgeteilt, oder schlicht durch die Anwesenheit von Versuchsleitern als gegeben angenommen. Auch eine eingeschaltete Videokamera oder ein Tonbandgerät können unter Umständen diesen Zweck erfüllen, die gleichen Utensilien, von denen man auch annimmt, daß sie Personen gesteigert "selbstaufmerksam" machen. Dagegen wird *Privatheit* in der Regel durch die tatsächliche oder zumindest zugesicherte Anonymität der selbstbezogenen Äußerungen der Versuchspersonen gewährleistet. Die antwortenden Personen brauchen sich beispielsweise nicht namentlich auszuweisen, oder sie verwenden ein beliebiges Pseudonym, oder sie werden von unterschiedlichen bzw. wechselnden Versuchsleitern untersucht, wobei z.B. die Registrierung der Antworten und die Auswertung bzw. Feststellung der Ergebnisse von tatsächlich oder erklärtermaßen voneinander unabhängigen Versuchsleitern vorgenommen werden. Besser noch als solche behelfsmäßigen Herstellungen von Privatheit in psychologischen Experimenten wäre sicherlich die vollständig anonyme Beantwortung von Fragebogen "im stillen Kämmerlein" und deren beispielsweise postalische und vollständig anonyme Weiterleitung an die untersuchenden Personen.

Aus dem bisher Ausgeführten mag schon deutlich geworden sein, daß bei der üblichen Anwendung der Fragebogen – Methode in Persönlichkeits –, Einstellungs – oder Selbstkonzept – Forschung so gut wie immer irgendwelche Öffentlichkeits – Bedingungen herrschen. Man gewinnt den Eindruck, daß es in empirischen Untersuchungen nur unter sehr großem Aufwand – beispielsweise bei Anwendung der Randomized – Response – Technik oder des Bogus – Pipeline – Verfahrens – möglich ist, die Wirksamkeit der Empfängerinstanzen von Selbstkonzepten zuverlässig zu verringern. Will man die Selbstdarstellungstendenzen der antwortenden Personen so gering wie möglich halten, so empfiehlt sich sicherlich die schon in Kapitel 9 diskutierte zugesicherte *Anonymität* der Beantwortung von Fragebogen. Sie schließt allerdings nicht aus, daß sich die antwortende Person an ein wie auch immer geartetes vorgestelltes, antizipiertes Publikum richtet. Will man dagegen Selbstdarstellungstendenzen als natürlichen Bestandteil eines geäußerten Persönlichkeitsbildes miterfassen, so empfiehlt es sich, verwertbare Informationen darüber einzuholen, im Hinblick auf welche Personen, Gruppen oder sonstige soziale Instanzen die Privatheit einer einen Fragebogen beantwortenden Person im Augenblick der Beantwortung im einzelnen überschritten wird. Dazu bedarf es nicht etwa der standardisierten, testmäßigen Applikation von Fragebogen, sondern es bedarf des Einsatzes der Fragebogenmethode unter systematisch variierbaren äußeren und inneren Bedingungen, um die jeweils wirksamen Größen zu ermitteln, an denen sich die Selbstbeschreibung mittels Fragebogen orientiert.

* * *

Fragebogen – dies zeigen unsere Experimente – sind empfindliche Meßinstrumente. Ihre mangelnde Robustheit muß (wie bei manchen Menschen auch) nicht immer ein Nachteil sein. Gerade dadurch, daß Fragebogen eigentlich niemals "fertig" sind, bietet die Fragebogen – Methode vielfältige Forschungsmöglichkeiten.

Literaturhinweise

Allgemeine Literaturangaben zur Selbstkonzept – Forschung wurden bereits am Ende von Kapitel 2 gemacht.

Die Psychologie des Impression – Management bzw. der Selbstdarstellung geht auf einzelne Arbeiten Ende der 60er Jahre, insbesondere auch auf eine Arbeit von Tedeschi, Schlenker & Bonoma (1971) zurück, in der Einstellungsänderungen statt durch innere Prozesse (z.B. sog. Motivationsprozesse) durch Impression – Management erklärt werden. Erst in den 80er Jahren haben sich Tetlock & Manstead (1985) aus der Sicht einer

Psychologie, die innere Zustände betont, systematisch mit der Impression – Management – Theorie auseinandergesetzt.

Die umfangreichste Monographie zur Impression – Management – Theorie stammt von Schlenker (1980), die reichhaltigste Sammlung sozialpsychologischer Beiträge wurde von Tedeschi (1981) herausgegeben; hier finden sich u.a. Arbeiten von R.B. Cialdini, M.M. Page, J.M. Jellison, R.B. Felson, R.M. Arkin. Bedeutsam sind auch die Sammelreferate von Jones & Pittman (1980) und Baumeister (1982). Selbstdarstellungsprozesse sind auch Gegenstand neuerer sozialpsychologischer Lehrbücher bzw. Grundlagentexte, z.B. von Tedeschi, Lindskold & Rosenfeld (1985) oder Gergen & Gergen (1986). In deutscher Sprache wurde die Impression – Management – Theorie von Mummendey & Bolten (1985b) in dem von D. Frey und M. Irle herausgegebenen Sammelwerk "Theorien der Sozialpsychologie" abgehandelt. Das Russische – Puppen – Beispiel stammt von Gergen & Gergen (1986).

Das im vorstehenden Kapitel besprochene Beispiel der Selbstdarstellung von Sportlern als Persönlichkeit schließt an Übersichtsreferate zum Thema "Sport und Persönlichkeit", beispielsweise von Singer & Haase (1975), Sack (1982), Eysenck, Nias & Cox (1982), Mummendey (1983b) sowie eine kontroverse Diskussion in der Zeitschrift "Sportwissenschaft" (1984) an. Die These von der Existenz einer Sportlerpersönlichkeit wird vor allem von Eysenck et al. verfochten, von den übrigen Autoren dagegen mehr oder weniger angezweifelt. Die Vermutung, sportspezifische Persönlichkeitsunterschiede könnten das Resultat sportspezifischer Selbstdarstellungsprozesse sein, liegt den Untersuchungen von Mummendey & Mielke (1986, 1987) zugrunde.

Die Auffassung von Impression – Management als einer bewußten Täuschung von seiten der einen Fragebogen beantwortenden Person findet sich unter anderem bei Edwards (1970). Sie wird wieder aufgenommen beispielsweise in dem Zweikomponenten – Ansatz des sozial – erwünschten Antwortens von Paulhus (1984, 1986), der bereits auf Damarin & Messick (1965) zurückgeht und zwischen der Täuschung anderer und der eigenen Person unterscheidet. In Untersuchungen hierzu stützt sich der Autor auf Arbeiten von Sackeim & Gur mit einem Selbst – Täuschungs – Fragebogen, einer Skala mit psychoanalytischem Touch (vgl. z.B. Sackeim & Gur, 1985).

Die Auffassung von Impression – Management als eines alltäglichen Aspektes sozialen Verhaltens und sozialer Interaktion, der in die Selbstkonzeptualisierung ("Selbst – Theorie") des Individuums eingeht, findet sich dagegen bei den genannten sozialpsychologischen Autoren (vgl. z.B. Tedeschi, Lindskold & Rosenfeld, 1985). Roth, Snyder & Pace (1986) zeigten, daß die Selbstpräsentation positiver Merkmale nicht von der Verneinung der Zuschreibung negativer Merkmale an die eigene Person abhängig sein muß. Die Funktionen der Selbstpräsentation in der sozialen Interaktion werden in vielfältiger Weise in einem Sammelband von Schlenker (1985) abgehandelt; hier findet sich auch ein Beitrag von Tedeschi & Norman (1985), der die Rolle der Selbstdarstellung für die "soziale Macht" von Individuen thematisiert.

Die Frage nach einem eher "öffentlichen" und einem eher "privaten Selbst" (vgl. hierzu den Sammelband von Baumeister, 1986) wird in mehreren Theorien der Sozialpsychologie und der Selbstkonzept – Forschung angeschnitten. Nach Tetlock & Manstead (1985) ist die Öffent- lich – Privat – Variable grundlegend für alle Impression – Management – bzw. Self – Presentation – Ansätze. Experimentelle Manipulationen dieser Variable liegen z.B. bei Baer, Hinkle, Smith & Fenton (1980) oder in den bei Tedeschi & Rosenfeld (1981) berichteten Arbeiten vor (vgl. Gaes, Kalle & Tedeschi, 1978, sowie Malkis, Kalle & Tedeschi, 1981, zur Rolle identi- scher oder unterschiedlicher Versuchsleiter in Experimenten).

Der individuell unterschiedliche Grad, in dem eine Person sich bewußt sein kann, sich gegenüber einer Öffentlichkeit zu äußern, spielt in Theo- rien der Selbst – Bewußtheit (vgl. z.B. Buss, 1980; Carver & Scheier, 1981) eine wichtige Rolle und wird beispielsweise mit der Self – Conscious- ness – Scale, einem Fragebogen von Fenigstein, Scheier & Buss (1975) zu erfassen versucht; deutsche Versionen solcher Skalen legten z.B. Heine- mann (1983), Jerusalem & Schwarzer (1986) und Merz (1986) vor. Das Phänomen individuell verschiedener Grade an selbstbezogener Aufmerk- samkeit liegt – in unterschiedlicher Akzentuierung – den Konzepten der "objektiven Selbstaufmerksamkeit" (Duval & Wicklund, 1972) und des "Self – Monitoring" (Snyder, 1979) zugrunde; beide theoretischen Ansätze haben eine größere Zahl von Experimenten nach sich gezogen, die die Bedeutung von individuellen Eigenarten der Selbstwahrnehmung für sozi- ales Verhalten unterstreichen. Eine deutschsprachige Self – Monitoring – Skala legten beispielsweise Nowack & Kammer (1987) vor; der amerikani- sche Originalfragebogen stammt von Snyder (1974), eine Revision von Lennox & Wolfe (1984).

Literatur

Adorno, T.W., Frenkel – Brunswik, E., Lewinson, D.J. & Sanford, R.N. (1950). *The authoritarian personality.* New York: Harper & Row.

Ahammer, I.M. (1971). Desirability judgments as a function of item content, instruction set, and sex: A life – span developmental study. *Human Development, 14,* 195 – 207.

Ahammer, I.M. & Baltes, P.B. (1972). Objective versus perceived age differences in personality: How do adolescents, adults, and older people view themselves and each other? *Journal of Gerontology, 27,* 46 – 51.

Ahrens, H.J. (1974). *Multidimensionale Skalierung.* Weinheim: Beltz.

Allaman, J.D., Joyce, C.S. & Crandall, V.C. (1972). The antecedents of social desirability response tendencies of children and young adults. *Child Development, 43,* 1135 – 1160.

Allen, B.P. & Potkay, C.R. (1983). *Adjective Generation Technique (AGT): Research and applications.* New York: Irvington.

Allport, G.W. (1937). *Personality: A psychological interpretation.* New York: Holt.

Allport, G.W. (1966). Traits revisited. *American Psychologist, 21,* 1 – 10.

Amelang, M. & Bartussek, D. (1970). Untersuchung zur Validität einer neuen Lügenskala. *Diagnostica, 16,* 103 – 122.

Amelang, M. & Bartussek, D. (1985). *Differentielle Psychologie und Persönlichkeitsforschung* (2., erweiterte Auflage). Stuttgart: Kohlhammer.

Amelang, M. & Borkenau, P. (1981). Untersuchungen zur Validität von Kontroll – Skalen für Soziale Erwünschtheit und Akquieszenz. *Diagnostica, 27,* 295 – 312.

Anastasi, A. (1976). *Psychological Testing* (4. ed.). New York: Macmillan.

Anderson, N.H. (1968). Likableness ratings of 555 personality – trait words. *Journal of Personality and Social Psychology, 9,* 272 – 279.

Baer, R., Hinkle, S., Smith, K. & Fenton, M. (1980). Reactance as a function of actual versus projected autonomy. *Journal of Personality and Social Psychology, 38,* 416 – 422.

Bandura, A. (1977). Self – efficacy: Toward a unifying theory of behavioral change. *Psychological Review, 84,* 151 – 215.

Bass, B.M. (1955). Authoritarianism or acquiescence? *Journal of Abnormal and Social Psychology, 51,* 616 – 623.

Bass, B.M. (1956). Development and evaluation of a scale for measuring social acquiescence. *Journal of Abnormal and Social Psychology, 53,* 296 – 299.

Bastine, R. (1973). Zur Validität von Fragebögen. In G. Reinert (Hrsg.), *Bericht über den 27. Kongreß der Deutschen Gesellschaft für Psychologie in Kiel 1970* (S.63 – 67). Göttingen: Hogrefe.

Bastine, R. & Schmoock, C. (1971). Testvalidierung durch experimentell induzierte Veränderungen – eine "experimentelle Validierung" am Beispiel des FDE. *Zeitschrift für experimentelle und angewandte Psychologie, 18,* 1 – 14.

Baumann, U. & Dittrich, A. (1975). Konstruktion einer deutschsprachigen Psychotizismus – Skala. *Zeitschrift für Experimentelle und Angewandte Psychologie, 22,* 421 – 444.

Baumann, U. & Dittrich, A. (1976). Überprüfung der Fragebogendimension P (Psychotizismus) im Vergleich zu Extraversion und Neurotizismus. *Zeitschrift für Klinische Psychologie, 5,* 1 – 23.

Baumann, U. & Rösler, F. (1981). Zur revidierten Psychotizismus – Skala nach Eysenck. *Diagnostica, 17,* 18 – 22.

Baumeister, R.F. (1982). A self – presentational view of social phenomena. *Psychological Bulletin, 91,* 3 – 26.

Baumeister, R.F. (Ed.). (1986). *Public self and private self.* New York: Springer.

Bem, D.J. (1972). Self – perception theory. In L. Berkowitz (Ed.), *Advances in experimental social psychology,* Vol.6 (p.1 – 62). New York: Academic Press.

Berg, I.A. (Ed.). (1967). *Response set in personality assessment.* Chicago: Aldine.

Bierhoff, H.W. (1984). *Sozialpsychologie.* Stuttgart: Kohlhammer.

Blake, R.R. & Mouton, J.S. (1959). Personality. *Annual Review of Psychology, 10,* 203 – 232.

Block, J. (1965). *The challenge of response sets.* New York: Appleton.

Boosch, A. (1986). *Attitüden und Pseudoattitüden.* Frankfurt: Peter Lang.

Borg, I. (1986). Facettentheorie: Prinzipien und Beispiele. *Psychologische Rundschau, 37,* 121 – 137.

Borkenau, P. & Amelang, M. (1986). Zur faktorenanalytischen Kontrolle Sozialer Erwünschtheitstendenzen. Eine Untersuchung anhand des Freiburger – Persönlichkeits – Inventars. *Zeitschrift für Differentielle und Diagnostische Psychologie, 7,* 17 – 28.

Bortz, J. (1984). *Lehrbuch der empirischen Forschung.* Berlin: Springer.

Brackwede, D. (1980). Das Bogus – Pipeline – Paradigma: Eine Übersicht über bisherige experimentelle Ergebnisse. *Zeitschrift für Sozialpsychologie, 11,* 50 – 59.

Brengelmann, J.C. & Brengelmann, L. (1960a). Deutsche Validierung von Fragebogen der Extraversion, neurotischen Tendenz und Rigidität. *Zeitschrift für Experimentelle und Angewandte Psychologie, 7,* 291 – 331.

Brengelmann, J.C. & Brengelmann, L. (1960b). Deutsche Validierung von Fragebogen dogmatischer und intoleranter Haltungen. *Zeitschrift für Experimentelle und Angewandte Psychologie, 7,* 451 – 471.

Bungard, W. & Lück, H.E. (1974). *Forschungsartefakte und nichtreaktive Meßverfahren.* Stuttgart: Teubner.

Burisch, M. (1984). Approaches to personality inventory construction: A comparison of merits. *American Psychologists, 39,* 214 – 227.

Burisch, M. (1985). I wish it was true: Confessions of a secret deductivist. *Journal of Research in Personality, 19,* 343 – 347.

Burns, R.B. (1979). *The self concept.* London: Longman.

Buros, O.K. (Ed.). (1975). *Personality. Tests and reviews (2 Vols.).* Highland Park, NJ: Gryphon Press.

Buros, O.K. (Ed.). (1978). *Mental measurements yearbook (2 Vols.).* Highland Park, NJ: Gryphon Press.

Buse, L. (1980). Kritik am Moderatoransatz in der Akquieszenz – Forschung. *Psychologische Beiträge, 22,* 119 – 127.

Buss, A.H. (1980). *Self – consciousness and social anxiety.* San Francisco: Freeman.

Busz, M., Cohen, R., Poser, V., Schümer, A., Schümer, R. & Sonnenfeld, C. (1972). Die soziale Bewertung von 880 Eigenschaftsbegriffen sowie die Analyse der Ähnlichkeitsbeziehungen zwischen einigen dieser Begriffe. *Zeitschrift für Experimentelle und Angewandte Psychologie, 19,* 282 – 308.

Buxbaum, O. (1979). *Die soziale Erwünschtheit von Persönlichkeitseigenschaften* (Unveröffentlichtes Manuskript). Graz: Universität, Institut für Psychologie.

Campbell, D.T. & Fiske, D.W. (1959). Convergent and discriminant validation by the multitrait – multimethod matrix. *Psychological Bulletin, 56,* 81 – 105.

Carver, C.S. & Scheier, M.F. (1981). *Attention and self – regulation. A control – theory approach to human behavior.* New York: Springer.

Cattell, R.B. (1946). *Description and measurement of personality.* New York: Tonkers – on – Hudson.

Cattell, R.B. (1957). *Personality and motivation structure and measurement.* New York: World Book Co.

Cattell, R.B. (1973a). *Die empirische Erforschung der Persönlichkeit.* Weinheim: Beltz.

Cattell, R.B. (1973b). *Personality and mood by questionaire.* San Francisco: Jossey – Bass.

Cattell, R.B., Eber, H.W. & Tatsvoka, M.M. (1970). *Handbook for the Sixteen Personality Factor Questionnaire.* Champaign, IL: Institute for Personality and Ability Testing.

Chomsky, N. (1965). *Aspects of a theory of syntax.* Cambridge, MA: M.I.T. Press.

Christie, R. & Cook, P. (1958). A guide to published literature relating to the authoritarian personality through 1956. *Journal of Personality, 45,* 171 – 200.

Christie, R., Havel, J. & Seidenberg, B. (1958). Is the F scale irreversible? *Journal of Abnormal and Social Psychology, 56,* 143 – 159.

Christie, R. & Jahoda, M. (Eds.). (1954). *Studies in the scope and method of "The authoritarian personality".* Glencoe, IL: Free Press.

Cloetta, B. (1972). *MK: Fragebogen zur Erfassung von Machiavellismus und Konservatismus* (Arbeitsbericht 6 aus dem Sonderforschungsbereich 23). Konstanz: Universität Konstanz.

Conger, A.J. & Jackson, D.N. (1972). Suppressor variables, prediction, and the interpretation of psychological relationships. *Educational and Psychological Measurement, 32,* 579 – 599.

Converse, P.E. (1970). Attitudes and non – attitudes: Continuation of a dialogue. In E.R. Tufte (Ed.), *The quantitative analysis of social problems* (p.168 – 189). New York: Addison – Wesley.

Cooley, C.H. (1902). *Human nature and the social order.* New York: Scribner.

Couch, A. & Keniston, K. (1960). Yeasayers and naysayers: agreeing response set as a personality variable. *Journal of Abnormal and Social Psychology, 60*, 151 – 174.

Cowen, E.L., Budin, W. & Budin, F.A. (1964). The social desirability of trait descriptive terms: A paired – comparison approach. *Journal of Social Psychology, 63*,265 – 279.

Crino, M.D., Rubenfeld, S.A. & Willoughby, F.W. (1985). The random response technique as an indicator of questionnaire item social desirability/personal sensitivity. *Educational and Psychological Measurement, 45*, 453 – 468.

Cronbach, L.J. (1946). Response sets and test validity. *Educational and Psychological Measurement, 6*, 475 – 494.

Cronbach, L.J. (1950). Further evidence on response sets and test design. *Educational and Psychological Measurement, 10*, 3 – 31.

Cronbach, L.J. (1984). *Essentials of psychological testing* (4.ed.). New York: Harper & Row.

Cronbach, L.J. & Meehl, P.E. (1955). Construct validity in psychological tests. *Psychological Bulletin, 52*, 281 – 302.

Crott, H.W., Prüfer, P. & Wolfshörndl, H. (1977). Erwünschtheit und Persönlichkeitseigenschaften für verschiedene Altersgruppen. *Zeitschrift für Entwicklungspsychologie und Pädagogische Psychologie, 9*, 270 – 276.

Crott, H.W. & Roßrucker, K. (1974). Erwünschtheit von Eigenschaften in Abhängigkeit von Alter, Geschlecht und Schichtzugehörigkeit. *Zeitschrift für Entwicklungspsychologie und Pädagogische Psychologie, 6*, 241 – 261.

Crowne, D.P. & Marlowe, D. (1960). A new scale of social desirability independent of psychopathology. *Journal of Consulting Psychology, 24*, 349 – 354.

Crowne, D.P. & Marlowe, D. (1964). *The approval motive: Studies in evaluative dependence.* New York: Wiley.

Damarin, F. & Messick, S. (1965). *Response styles as personality variables: A theoretical integration of multivariate research* (Research Bulletin 65 – 10). Princeton: Educational Testing Service.

Deusinger, I.M. (1986). *Frankfurter Selbstkonzeptskalen (FSKN).* Göttingen: Hogrefe.

Dickenberger, D., Holtz, S. & Gniech, G. (1978). Bedürfnis nach sozialer Anerkennung: Validierung der "Marlowe – Crowne Social Desirability Scale" über ein Konzept individuell relevanter Gruppen. *Diagnostica*, *24*, 24 – 38.

Dohmen, P. & Doll, J. (1984). Einstellungsstrukturen zu Personen und Politikern: eine experimentelle Studie. *Zeitschrift für Experimentelle und Angewandte Psychologie*, *31*, 419 – 438.

Doob, L.W. (1964). *Patriotism and nationalism: Their psychological foundations*. New Haven: Yale University Press.

Duval, S. & Wicklund, R.A. (1972). *A theory of objective self – awareness*. New York: Academic Press.

Edwards, A.L. (1953) *Edwards Personal Preference Schedule*. New York: Psychological Corporation.

Edwards, A.L. (1957a). *Techniques of attitude scale construction*. New York: Appleton.

Edwards, A.L. (1957b). *The social desirability variable in personality research*. New York: Dryden Press.

Edwards, A.L. (1970). *The measurement of personality traits by scales and inventories*. New York: Holt, Rinehart & Co.

Edwards, A.L. & Abbott, R.D. (1973). Measurement of personality traits: Theory and technique. *Annual Review of Psychology*, *24*, 241 – 278.

Edwards, A.L. & Diers, C.J. (1962). Social desirability and the factorial interpretation of the MMPI. *Educational and Psychological Measurement*, *22*, 501 – 509.

Edwards, A.L. & Kilpatrick, F.P. (1948). A technique for the construction of attitude scales. *Journal of Applied Psychology*, *32*, 374 – 384.

Effler, M. (1983). Konservatismus, Machiavellismus: Validitätsund Reliabilitätsuntersuchungen. *Zeitschrift für Differentielle und Diagnostische Psychologie*, *4*, 79 – 85.

Eggert, D. (1973). Probleme der Validität von Fragebogen. In G. Reinert (Hrsg.), *Bericht über den 27. Kongreß der Deutschen Gesellschaft für Psychologie in Kiel 1970* (S.61 – 63). Göttingen: Hogrefe.

Eggert, D. (1983). *Eysenck – Persönlichkeits – Inventar (E – P – I)*. Göttingen: Hogrefe.

Ehlers, T. (1971). Zur Berücksichtigung von ? – Antworten bei der Auswertung von Fragebogen. *Diagnostica*, *17*, 99 – 105.

Ehlers, T. (1973). Zur Effektivität der Kontrollen von Reaktionseinstellungen. In G. Reinert (Hrsg.), *Bericht über den 27. Kongreß der Deutschen Gesellschaft für Psychologie in Kiel 1970* (S.48 – 53). Göttingen: Hogrefe.

Endler, N.S. (1983). Interactionism: A personality model, but not yet a theory. In M.M. Page (Ed.), *Nebraska Symposium on Motivation 1982* (p.155 – 200). Lincoln: University of Nebraska Press.

Endler, N.S. & Hunt, J.McV. (1968). S – R Inventories of hostility and comparisons of the proportions of variance from persons, responses, and situations for hostility and anxiousness. *Journal of Personality and Social Psychology, 9*, 309 – 315.

Endler, N.S. & Hunt, J.McV. (1969). Generalizability of contributions from sources of variance in the S – R inventories of anxiousness. *Journal of Personality, 37*, 1 – 24.

Endler, N.S. & Magnusson, D. (Eds.). (1976). *Interactional psychology and personality.* New York: Wiley.

Epstein, R. (1964). Need for approval and the conditioning of verbal hostility in asthmatic children. *Journal of Abnormal and Social Psychology, 69*, 105 – 109.

Esser, H. (1977). Response Set – Methodische Problematik und soziologische Interpretation. *Zeitschrift für Soziologie, 6*, 253 – 263.

Esser, H. (1986). Können Befragte lügen? Zum Konzept des "wahren Wertes" im Rahmen der handlungstheoretischen Erklärung von Situationseinflüssen bei der Befragung. *Kölner Zeitschrift für Soziologie und Sozialpsychologie, 38*, 280 – 313.

Eysenck, H.J. (1953). Fragebogen als Meßmittel der Persönlichkeit. *Zeitschrift für Experimentelle und Angewandte Psychologie, 1*, 291 – 335.

Eysenck, H.J. (1962). *Maudsley Personality Inventory.* San Diego, CA: Educational and Industrial Testing Service.

Eysenck, H.J. (Ed.). (1981). *A model for personality.* New York: Springer.

Eysenck, H.J. & Eysenck, S.B.G. (1968). *Manual for the Eysenck Personality Inventory.* San Diego, CA: Educational and Industrial Testing Service.

Eysenck, H.J. & Eysenck, S.B.G. (1976). *Psychoticism as a dimension of personality.* London: Hodder & Stoughton.

Eysenck, H.J., Nias, D.K.B. & Cox, D.N. (1982). Sport and personality. *Advances in Behaviour Research and Therapy, 4*, 1 – 56.

Eysenck, S.B.G. (1982). A cross – cultural study of personality: German and England. *Zeitschrift für Differentielle und Diagnostische Psychologie, 3*, 293 – 300.

Eysenck, S.B.G. & Eysenck, H.J. (1963). An experimental investigation of "desirability" response set in a personality questionnaire. *Life Science, 2*, 343 – 355.

Fahrenberg, J., Hampel, R. & Selg, H. (1984). *Freiburger Persönlichkeits – Inventar (F – P – I)* (4. Aufl.). Göttingen: Hogrefe.

Fahrenberg, J., Hampel, R. & Selg, H. (1985). Die revidierte Form des Freiburger Persönlichkeitsinventars FPI – R. *Diagnostica, 31*, 1 – 21.

Farley, F.H. & Goh, D.S. (1976). PENmanship: Faking the P – E – N. *British Journal of Social and Clinical Psychology, 15*, 139 – 148.

Feger, H. (1974). Die Erfassung individueller Einstellungsstrukturen. *Zeitschrift für Sozialpsychologie, 5*, 242 – 254.

Feldman, N.J. & Corah, N.L. (1960). Social desirability and the forced choice method. *Journal of Consulting Psychology, 24*, 480 – 482.

Fend, H., Helmke, A. & Richter, P. (1984). *Inventar zu Selbstkonzept und Selbstvertrauen* (Forschungsbericht, Projekt "Entwicklung im Jugendalter", Sonderforschungsbereich 23). Konstanz: Universität Konstanz.

Fenigstein, A., Scheier, M.F. & Buss, A.H. (1975). Public and private self – consciousness: Assessment and theory. *Journal of Consulting and Clinical Psychology, 43*, 522 – 527.

Filipp, S.H. (Hrsg.). (1979). *Selbstkonzept – Forschung. Probleme – Befunde – Perspektiven.* Stuttgart: Klett – Cotta.

Filipp, S.H. & Brandtstädter, J. (1975). Beziehungen zwischen situationsspezifischer Selbstwahrnehmung und generellem Selbstbild. *Psychologische Beiträge, 17*, 406 – 417.

Fiske, D.W. (Ed.).(1981). *Problems with language imprecision.* San Francisco: Jossey – Bass.

Fiske, D.W. & Pearson, P.H. (1970). Theory and technique of personality measurement. *Annual Review of Psychology, 21*, 49 – 87.

Ford, L., Jr. & Rubin, B.M. (1970). A social desirability questionnaire for young children. *Journal of Consulting and Clinical Psychology, 35*, 195 – 204.

Fox, J.A. & Tracy, P.E. (1986). *Randomized response.* London: Sage.

Friedrich, W. & Hennig, W. (Hrsg.). (1975). *Der sozialwissenschaftliche Forschungsprozess.* Berlin: VEB Deutscher Verlag der Wissenschaften.

Fürntratt, E. (1968). Ein Test zur Messung der kritischen Urteilsfähigkeit. *Diagnostica, 14,* 19–34.

Fürntratt, E. (1969). Antworttendenzen in Fragebögen. 1. Bejahungs– und Varianztendenz. *Psychologische Rundschau, 20,* 1–18.

Fulkerton, S.C. & Willage, D.E. (1980). Decisional ambiguity as a source of "cannot say" responses on personality questionnaires. *Journal of Personality Assessment, 44,* 381–386.

Gaes, G.G., Kalle, R.J. & Tedeschi, J.T. (1978). Impression management in the forced compliance situation. *Journal of Experimental Social Psychology, 14,* 493–510.

Gergen, K.J. (1971). *The concept of self.* New York: Holt, Rinehart & Winston.

Gergen, K.J. & Gergen, M.M. (1986). *Social psychology* (2nd ed.). New York: Springer.

Giegler, H. (1985). Rasch–Skalen zur Messung von "Arbeits– und Berufszufriedenheit", "Betriebsklima" und "Arbeits– und Berufsbelastung" auf Seiten der Betroffenen. *Zeitschrift für Sozialpsychologie, 16,* 13–28.

Goldberg, L.R. (1981). Developing a taxonomy of trait–descriptive terms. In D.W. Fiske (Ed.), *Problems with language imprecision* (p.43–65). San Francisco: Jossey–Bass.

Gough, H.G. (1969). *Manual for the California Psychological Inventory (Rev. ed.).* Palo Alto, CA: Consulting Psychologists Press.

Graumann, C.F. (1960). Eigenschaften als Problem der Persönlichkeitsforschung. In P. Lersch & H. Thomae (Hrsg.), *Handbuch der Psychologie,* 4.Bd., Persönlichkeitsforschung und Persönlichkeitstheorie (S.87–154). Göttingen: Hogrefe.

Graumann, C.F. (1975). Person und Situation. In U.M. Lehr & F.E. Weinert (Hsrg.), *Entwicklung und Persönlichkeit* (S.15–24). Stuttgart: Kohlhammer.

Greenwald, A.G. & Pratkanis, A.R. (1984). The self. In R.S. Wyer, Jr. & T.K. Srull (Eds.), *Handbook of social cognition,* Vol.3 (p.129–178). Hillsdale, NJ: Erlbaum.

Guilford, J.P. (1974). *Persönlichkeit.* Weinheim: Beltz.

Guttman, L. (1954). A new approach to factor analysis: The radex. In P.F. Lazarsfeld (Ed.), *Mathematical thinking in the social sciences.* New York: Russell & Russell.

Häcker, H., Schwenkmezger, P. & Utz, H. (1979). Über die Verfälschbarkeit von Persönlichkeitsfragebogen und objektiven Persönlichkeitstests unter SD – Instruktion und in einer Auslesesituation. *Diagnostica, 25,* 7 – 23.

Hampel, R. & Klinkhammer, F. (1978). Verfälschungstendenzen beim Freiburger Persönlichkeits – Inventar in einer Bewerbungssituation. *Psychologie und Praxis, 22,* 58 – 69.

Hathaway, S.R. & McKinley, J.C. (1967). *Minnesota Multiphasic Personality Inventory manual.* New York: The Psychological Corporation.

Heaven, P.C.L. (1985). Construction and validation of a measure of authoritarian personality. *Journal of Personality Assessment, 49,* 545 – 551.

Heinemann, W. (1983). *Die Erfassung dispositioneller Selbstaufmerksamkeit mit einer deutschen Version der Self – Consciousness Scale (SCS)* (Bielefelder Arbeiten zur Sozialpsychologie Nr.106). Bielefeld: Universität Bielefeld.

Helfrich, H. (1986). On linguistic variables influencing the understanding of questionnaire items. In A. Angleitner & J.S. Wiggins (Eds.), *Personality assessment via questionnaires* (S.178 – 188). Berlin: Springer.

Hennig, W. (1975). Einstellungstests. In W. Friedrich & W. Hennig (Hrsg.), *Der sozialwissenschaftliche Forschungsprozeß* (S.421 – 452). Berlin: VEB Deutscher Verlag der Wissenschaften.

Hennig, W. (1975). Schätzskalen. In W. Friedrich & W. Hennig (Hrsg.), *Der sozialwissenschaftliche Forschungsprozeß* (S.345 – 367). Berlin: VEB Deutscher Verlag der Wissenschaften.

Henning, H.J. (1984). Skalierung qualitativer Daten und latenter Strukturen. In E. Roth (Hrsg.), *Sozialwissenschaftliche Methoden* (S.489 – 532). München: Oldenbourg.

Herkner, W. (1981). *Einführung in die Sozialpsychologie* (2. überarbeitete u. ergänzte Aufl.). Bern: Hans Huber.

Herrmann, T. (1960). Über Urteilskonkordanz und Urteilsnuanciertheit. *Zeitschrift für Experimentelle und Angewandte Psychologie, 7,* 532 – 546.

Herrmann, T. (1973). *Persönlichkeitsmerkmale.* Stuttgart: Kohlhammer.

Herrmann, T. (1976). *Lehrbuch der empirischen Persönlichkeitsforschung* (3., neubearb. Auflage). Göttingen: Hogrefe.

Herrmann, T. (1980). Die Eigenschaftskonzeption als Heterostereotyp. Kritik eines persönlichkeitspsychologischen Geschichtsklischees. *Zeitschrift für Differentielle und Diagnostische Psychologie, 1,* 7 – 16.

Himmelfarb, S. & Lickteig, C. (1982). Social desirability and the Randomized Response Technique. *Journal of Personality and Social Psychology, 43,* 710 – 717.

Hoeth, F. & Gregor, H. (1964). Guter Eindruck und Persönlichkeitsfragebogen. *Psychologische Forschung, 28,* 64 – 88.

Hoeth, F. & Köbler, V. (1967). Zusatzinstruktionen gegen Verfälschungstendenzen bei der Beantwortung von Persönlichkeitsfragebogen. *Diagnostica, 13,* 117 – 130.

Hoeth, F., Kucklick, G. & Simmat, W. (1965). Experimentelle Untersuchungen zum Problem des "guten Eindrucks". *Zeitschrift für Experimentelle und Angewandte Psychologie, 12,* 59 – 85.

Hohner, H.U. (1983). Das Dilemma der externen Validität bei psychologischen Fragebogenuntersuchungen. Ein empirischer Beitrag zur Artefaktforschung. *Diagnostica, 29,* 26 – 39.

Huber, H. (1973). Einige Konsequenzen einer individualistischen Betrachtungsweise für die Konstruktion von Fragebogen. In G. Reinert (Hrsg.), *Bericht über den 27. Kongreß der Deutschen Gesellschaft für Psychologie in Kiel 1970* (S.67 – 68). Göttingen: Hogrefe.

Irle, M. (1975). *Lehrbuch der Sozialpsychologie.* Göttingen: Hogrefe.

Jackson, D.N. (1967). Acquiescence response styles: Problems of identification and control. In I.A. Berg (Ed.), *Response set in personality assessment* (p.71 – 115). Chicago: Aldine.

Jackson, D.N. (1974). *Personality Research Form Manual* (rev. ed.). Port Horon, MI: Research Psychologists Press.

Jackson, D.N. & Messick, S. (1958). Content and style in personality assessment. *Psychological Bulletin, 55,* 243 – 252.

Jacobsen, L.I., Kellogg, R.W., Cauce, A.M. & Slavin, R.E. (1977). A multidimensional social desirability inventory. *Bulletin of the Psychonomic Society, 9,* 109 – 110.

Janke, W. (1973). Das Dilemma von Persönlichkeitsfragebogen. In G. Reinert (Hrsg.), *Bericht über den 27. Kongreß der Deutschen Gesellschaft für Psychologie in Kiel 1970* (S.44 – 48). Göttingen: Hogrefe.

Jerusalem, M. & Schwarzer, R. (1986). "Selbstaufmerksamkeit" SAM. In R. Schwarzer (Hrsg.), *Skalen zur Befindlichkeit und Persönlichkeit* (Forschungsbericht 5). Berlin: Institut für Psychologie, Pädagogische Psychologie, Freie Universität Berlin.

John, D. & Keil, W. (1972). Selbsteinschätzung und Verhaltensbeurteilung. *Psychologische Rundschau, 23,* 10 – 29.

Jones, E.E. & Pittman, T.S. (1980). Toward a general theory of strategic self–presentation. In J. Suls (Ed.), *Psychological Perspectives on the Self* (p.231–262). Hillsdale, N.J.: Erlbaum.

Jones, E.E. & Sigall, H. (1971). The bogus pipeline: A new paradigm for measuring affect and attitude. *Psychological Bulletin, 76,* 349–364.

Keil, W. (1971). Untersuchungen zur sukzessiven Itemreversion bei Selbstbeschreibungsaussagen. *Archiv für Psychologie, 123,* 285–323.

Keil, W. (1973). Reaktionseinstellung und Fragebogenkonstruktion. In G. Reinert (Hrsg.), *Bericht über den 27. Kongreß der Deutschen Gesellschaft für Psychologie in Kiel 1970* (S.53–58). Göttingen: Hogrefe.

Keil, W., Meier, F. & Piontkowski, U. (1977). Dimensionen der Selbstbeschreibung in Jacksons Personality Research Form. *Diagnostica, 23,* 209–219.

Kelly, G.A. (1955). *The psychology of personal constructs.* New York: Norton.

Kirton, M.J. (1981). A reanalysis of two scales of tolerance of ambiguity. *Journal of Personality Assessment, 45,* 407–414.

Klapprott, J. (1972). Erwünschtheit und Bedeutung von 338 alltagspsychologischen Eigenschaftsbegriffen. *Psychologische Beiträge, 14,* 496–520.

Klapprott, J. (1975). Einführung in die psychologische Methodik. Stuttgart: Kohlhammer.

Klauer, K.J. (1984). Kontentvalidität. *Diagnostica, 30,* 1–23.

Klein, P. (1974). Soziale Erwünschtheit von Eigenschaften in Abhängigkeit von Nationalität, Schulbildung und Geschlecht der Beurteiler. *Psychologie und Praxis, 18,* 86–92.

Koch, J.J. (1974). Elaboration von Attitüden aus Anlaß ihrer Messung: Präsentation eines Problems. In L.H. Eckensberger & U. Eckensberger (Hrsg.), *Bericht über den 28. Kongreß der Deutschen Gesellschaft für Psychologie in Saarbrücken* (S.271–277). Göttingen: Hogrefe.

Koch, J.J. (1976). "Guter Eindruck" und Attitüden. *Archiv für Psychologie, 128,* 135–149.

Koolwijk, J.v. & Wieken–Mayser, M. (Hrsg.). (1974). *Techniken der empirischen Sozialforschung.* Bd.4: Erhebungsmethoden: Die Befragung. München: Oldenbourg.

Krampen, G. (1981). *IPC–Fragebogen zu Kontrollüberzeugungen.* Göttingen: Hogrefe.

Krampen, G. (1982). *Differentialpsychologie der Kontrollüberzeugungen ("Locus of Control")*. Göttingen: Hogrefe.

Langer, I. & Schulz – v.Thun, F. (1974). *Messung komplexer Merkmale in Psychologie und Pädagogik. Ratingverfahren*. München: Ernst Reinhardt.

Lee, A.G. (1982). Psychological androgyny and social desirability. *Journal of Personality Assessment, 46*, 147 – 152.

Lemberg, E. (1964). *Nationalismus (I). Psychologie und Geschichte*. Reinbek: Rowohlt.

Lennertz, E. (1973). Thesen zur Itemsammlung bei Persönlichkeitsfragebogen. In G. Reinert (Hrsg.), *Bericht über den 27. Kongreß der Deutschen Gesellschaft für Psychologie in Kiel 1970* (S.58 – 61). Göttingen: Hogrefe.

Lennox, R.D. & Wolfe, R.N. (1984). Revision of the self – monitoring scale. *Journal of Personality and Social Psychology, 46*, 1349 – 1364.

Lewin, K. (1963). *Feldtheorie in den Sozialwissenschaften*. Bern: Hans Huber.

Lewy, S. (1981). Lawful roles of facets in social theories. In I. Borg (Ed.), *Multidimensional data representations: When and why*. Ann Arbor: Mathesis Press.

Liebhart, E.H. & Liebhart, G. (1971). Entwicklung einer deutschen Ethnozentrismus – Skala und Ansätze zu ihrer Validierung. *Zeitschrift für Experimentelle und Angewandte Psychologie, 18*, 447 – 471.

Lienert, G.A. (1969). *Testaufbau und Testanalyse* (3., erg. Aufl.). Weinheim: Beltz.

Lingoes, J.C. (1973). *The Guttman – Lingoes nonmetric program series*. Ann Arbor, MI: Mathesis Press.

Löhr, F.J. & Angleitner, A. (1980). Eine Untersuchung zu sprachlichen Formulierungen der Items in deutschen Persönlichkeitsfragebogen. *Zeitschrift für Differentielle und Diagnostische Psychologie, 1*, 217 – 235.

Lovaas, O.I. (1958). Social desirability ratings of personality variables by Norwegian and American college students. *Journal of Abnormal and Social Psychology, 57*, 124 – 125.

Lück, H.E. (1968). Zur sozialen Erwünschtheit von Eigenschaftsbezeichnungen. *Psychologische Rundschau, 19*, 258 – 266.

Lück, H.E. & Timaeus, E. (1969). Skalen zur Messung manifester Angst (MAS) und sozialer Wünschbarkeit (SD – E und SD – CM). *Diagnostica, 15*, 134 – 141.

Magnusson, D. & Endler, N.S. (Eds.). (1977). *Personality at the cross-roads: Current issues in interactional psychology.* Hillsdale, NJ: Erlbaum.

Malkis, F.S., Kalle, R.J. & Tedeschi, J.T. (1982). Attitudinal politics in the forced compliance situation. *Journal of Social Psychology, 117,* 79 – 91.

McGuire, W. (1969). The nature of attitudes and attitude change. In G. Lindzey & E. Aronson (Eds.), *The handbook of social psychology,* Vol.3 (p.136 – 314). Reading, MA: Addison – Wesley.

Mead, G.H. (1934). *Mind, self, and society.* Chicago: University of Chicago Press.

Merz, J. (1986). SAF: Fragebogen zur Messung von dispositioneller Selbstaufmerksamkeit. *Diagnostica, 32,* 142 – 152.

Messick, S.J. (1967). The psychology of acquiescence: An interpretation of research evidence. In I.A. Berg (Ed.), *Response set in personality assessment* (p.115 – 145). Chicago: Aldine.

Micklin, M. & Durbin, M. (1969). Syntactic dimensions of attitude scaling techniques: Sources of variation and bias. *Sociometry, 32,* 194 – 206.

Mielke, R. (1979). *Entwicklung einer deutschen Form des Fragebogens zur Erfassung interner vs. externer Kontrolle von Levenson (IPC).* (Bielefelder Arbeiten zur Sozialpsychologie, Nr.46). Bielefeld: Universität Bielefeld.

Mielke, R. (1984). *Lernen und Erwartung. Zur Selbst – Wirksamkeits – Theorie von Albert Bandura.* Bern: Hans Huber.

Mielke, R. (Hrsg.). (1982). *Interne/externe Kontrollüberzeugung.* Bern: Hans Huber.

Mitchell, Jr., J.V. (Ed.). (1985). *The ninth mental measurements yearbook (2 Vols.).* Lincoln, NE: The Buros Institute of Mental Measurements, The University of Nebraska – Lincoln.

Mittenecker, E. (1971). Subjektive Tests zur Messung der Persönlichkeit. In R. Heiss, K. Groffmann & L. Michel (Hrsg.), *Handbuch der Psychologie.* Bd.6: Psychologische Diagnostik. Göttingen: Hogrefe.

Mummendey, A. (1985). Verhalten zwischen sozialen Gruppen: Die Theorie der sozialen Identität. In D. Frey & M. Irle (Hrsg.), *Theorien der Sozialpsychologie, Band II* (S.185 – 216). Bern: Hans Huber.

Mummendey, H.D. (Hrsg.). (1979a). *Einstellung und Verhalten. Psychologische Untersuchungen in natürlicher Umgebung.* Bern: Hans Huber.

Mummendey, H.D. (1979b). Methoden und Probleme der Messung von Selbstkonzepten. In S.H. Filipp (Hrsg.), *Selbstkonzept – Forschung. Probleme – Befunde – Perspektiven* (S.171 – 189). Stuttgart: Klett – Cotta.

Mummendey, H.D. (1981). Methoden und Probleme der Kontrolle sozialer Erwünschtheit (Social Desirability). *Zeitschrift für Differentielle und Diagnostische Psychologie, 2*, 199 – 218.

Mummendey, H.D. (1983a). Attitudes and behavior. *The German Journal of Psychology, 7*, 133 – 150.

Mummendey, H.D. (1983b). Sportliche Aktivität und Persönlichkeit. Versuch einer Tertiäranalyse. *Sportwissenschaft, 13*, 9 – 23.

Mummendey, H.D., Albers, G. & Sturm, G. (1985). Die Selbstkonzept – Entwicklung im Erwachsenenalter in der Sicht dreier Alters – Generations – Gruppen von Lehrern. *Psychologie in Erziehung und Unterricht, 32*, 126 – 135.

Mummendey, H.D. & Bolten, H.G. (1981). Die Veränderung von Social – Desirability – Antworten bei erwarteter Wahrheitskontrolle (Bogus – Pipeline – Paradigma). *Zeitschrift für Differentielle und Diagnostische Psychologie, 2*, 151 – 156.

Mummendey, H.D. & Bolten, H.G. (1985a). Zur Überprüfung des Bogus – Pipeline – Paradigmas: Verhaltens – Bericht und Verhaltens – Bewertung in vier Bereichen sozialen Verhaltens. *Zeitschrift für Sozialpsychologie, 16*, 139 – 148.

Mummendey, H.D. & Bolten, H.G. (1985b). Die Impression – Management – Theorie. In D. Frey & M. Irle (Hrsg.), *Theorien der Sozialpsychologie*, Band 3 (S.57 – 77). Bern: Hans Huber.

Mummendey, H.D., Bolten, H.G. & Isermann – Gerke, M. (1982). Experimentelle Überprüfung des Bogus – Pipeline – Paradigmas: Einstellungen gegenüber Türken, Deutschen und Holländern. *Zeitschrift für Sozialpsychologie, 13*, 300 – 311.

Mummendey, H.D. & Mielke, R. (1986). *Selbstkonzepte von Spitzensportlern – Eine Analyse ihrer Autobiographien* (Bielefelder Arbeiten zur Sozialpsychologie Nr.130). Bielefeld: Universität Bielefeld.

Mummendey, H.D. & Mielke, R. (1987). *Untersuchung der Selbstdarstellung von Sportlern bei der Persönlichkeits – und Selbstkonzepterfassung* (Bielefelder Arbeiten zur Sozialpsychologie Nr.132). Bielefeld: Universität Bielefeld.

Mummendey, H.D., Mielke, R., Maus, G. & Hesener, B. (1977). *Untersuchungen mit einem mehrdimensionalen Selbsteinschätzungsverfahren* (Bielefelder Arbeiten zur Sozialpsychologie Nr.14). Bielefeld: Universität Bielefeld.

Mummendey, H.D. & Sturm, G. (1982). *Eine fünfjährige Längsschnittuntersuchung zu Selbstbildänderungen jüngerer Erwachsener und zum Einfluß kritischer Lebensereignisse* (Bielefelder Arbeiten zur Sozialpsychologie, Nr.90). Bielefeld: Universität Bielefeld.

Nowack, W. & Kammer, D. (1987). Self – presentation: Social skills and inconsistency as independent facets of self – monitoring. *European Journal of Social Psychology* (im Druck).

Ostendorf, F., Angleitner, A. & Ruch, W. (1986). Die Multitrait – Multimethod – Analyse: Konvergente und diskriminante Validität der Personality Research Form. Göttingen: Hogrefe.

Ostrom, T. (1969). The relationship between the affective, behavioral, and cognitive components of attitude. *Journal of Experimental Social Psychology*, *5*, 12 – 30.

Oswald, W.D. (1980). Zur Operationalisierung von "State" – Angst, "Trait" – Angst und Anspannung mit Hilfe individueller Ankersituationen. *Diagnostica*, *26*,21 – 31.

Paunonen, S.V. & Jackson, D.N. (1985a). The validity of formal and informal personality assessments. *Journal of Research in Personality*, *19*, 331 – 342.

Paunonen, S.V. & Jackson, D.N. (1985b). On ad hoc personality scales: A Reply to Burisch. *Journal of Research in Personality*, *19*, 348 – 353.

Paulhus, D.L. (1981). Control of social desirability in personality inventories: Principal factor deletion. *Journal of Research in Personality*, *15*, 383 – 388.

Paulhus, D.L. (1984). Two – component models of socially desirable responding. *Journal of Personality and Social Psychology*, *46*, 598 – 609.

Paulhus, D.L. (1986). Self – deception and impression – management in test responses. In A. Angleitner & J.S. Wiggins (Eds.), *Personality assessment via questionnaires* (p.143 – 165). New York: Springer.

Pawlik, K. (1979). Der "Interaktionismus" aus verhaltenswissenschaftlicher Sicht. In L.H. Eckensberger (Hrsg.), *Bericht über den 31. Kongreß der Deutschen Gesellschaft für Psychologie in Mannheim 1978*, Bd.1 (S.460 – 463). Göttingen: Hogrefe.

Pepper, S. (1981). Problems in the quantification of frequency expressions. In D.W. Fiske (Ed.), *Problems with language imprecision* (p.25 – 41). San Francisco: Jossey – Bass.

Peterson, C.C. & Peterson, J.L. (1976). Linguistic determinants of the difficulty of true – false test items. *Educational and Psychological Measurement, 36,* 161 – 164.

Reinert, G. (Hrsg.). (1973). *Bericht über den 27. Kongreß der Deutschen Gesellschaft für Psychologie in Kiel 1970.* Göttingen: Hogrefe.

Robinson, J.P. & Shaver, P.R. (1975). *Measures of social psychological attitudes* (3rd printing). Ann Arbor, MI: University of Michigan, Survey Research Center, Institute of Social Research.

Roghmann, K. (1966). *Dogmatismus und Autoritarismus.* Meisenheim: Anton Hain.

Rokeach, M. (1960). *The open and the closed mind.* New York: Basic Books.

Rokeach, M. (1973). *The nature of human values.* New York: Free Press.

Rorer, L.G. (1965). The preat response – style myth. *Psychological Bulletin, 63,* 129 – 156.

Rosenberg, M.J. (1960). Cognitive, affective, and behavioral components of attitudes. In C.I. Hovland & M.J. Rosenberg (Eds.), *Attitude organization and change* (p.15 – 64). New Haven, CT: Yale University Press.

Rosenberg, M.J. & Kaplan, H.B. (Eds.). (1982). *Social psychology of the self – concept .* Arlington Heights: Harlan Davidson.

Roth, D.L., Snyder, C.R. & Pace, L.M. (1986). Dimensions of favorable self – presentation. *Journal of Personality and Social Psychology, 51,* 867 – 874.

Roth, E. (Hrsg.) (1984). *Sozialwissenschaftliche Methoden.* München: Oldenbourg.

Rotter, J.B. (1966). Generalized expectancies for internal versus external control of reinforcement. *Psychological Monographs, 80,* No.609.

Rudinger, G. & Dommel, N. (1986). An example of convergent and discriminant validation of personality questionnaires. In A. Angleitner & J.S. Wiggins (Eds.), *Personality assessment via questionnaires* (p.214 – 224). New York: Springer.

Sack, H.G. (1982). Interindividuelle Persönlichkeitsunterschiede und Sportengagement. In. B.D. Kirckaldy (Ed.), *Individual differences in sport behavior* (S.99 – 158). Köln: bps – Verlag, Psychologisches Institut der Deutschen Sporthochschule.

Sackeim, H.A. & Gur, R.C. (1985). Voice recognition and the ontological status of self – deception. *Journal of Personality and Social Psychology, 48*, 1365 – 1368.

Sauer, C. (1976). Umfrage zu unveröffentlichten Fragebogen im deutschsprachigen Raum. *Zeitschrift für Sozialpsychologie, 7*, 98 – 119.

Schlenker, B.R. (1980). *Impression management: The self – concept, social identity, and interpersonal relations.* Belmont, CA: Brooks Hole.

Schlenker, B.R. (Ed.). (1985). *The self and social life.* New York: McGraw – Hill.

Schmidt, H.D. (1969). Zustimmungstendenz (social acquiescence) und Prestige – Suggestibilität. In M. Irle (Hrsg.), *Bericht über den 26. Kongreß der Deutschen Gesellschaft für Psychologie in Tübingen 1968* (S.501 – 508). Göttingen: Hogrefe.

Schmidt, H.D., Brunner, E.J. & Schmidt – Mummendey, A. (1975). *Soziale Einstellungen.* München: Juventa.

Schmidt, H.D. & Vorthmann, H.R. (1971). Eine Skala zur Messung der "sozialen Erwünschtheit". *Diagnostica, 17*, 87 – 90.

Schneewind, K.A., Schröder, G. & Cattell, R.B. (1986). *Der 16 – Persönlichkeits – Faktoren – Test (16PF)* (2., verbesserte Aufl.). Stuttgart: Testzentrale.

Schneider, J.F. & Hübner, R. (1980). Einfluß von Verfälschungsinstruktionen auf die Bearbeitungszeit von Persönlichkeitsfragebogen. *Zeitschrift für Experimentelle und Angewandte Psychologie, 27*, 565 – 579.

Schneider, J.F. & Minkmar, H. (1972). Deutsche Neukonstruktion einer Konservatismusskala. *Diagnostica, 18*, 37 – 48.

Schneider, J.F. & Schneider – Düker, M. (1981). Warum sollen eigentlich Persönlichkeitsfragebogen "schnell und zügig" beantwortet werden? In L. Tent (Hrsg.), *Erkennen – Wollen – Handeln. Festschrift für Heinrich Düker zum 80. Geburtstag* (S.375 – 385). Göttingen: Hogrefe.

Schneider – Düker, M. & Schneider, J.F. (1977). Untersuchungen zum Beantwortungsprozeß bei psychodiagnostischen Fragebogen. *Zeitschrift für Experimentelle und Angewandte Psychologie, 24*, 282 – 302.

Schönbach, P. (1972). Likableness ratings of 100 German personality trait words corresponding to a subset of Anderson's 555 trait words. *European Journal of Social Psychology, 2*, 327 – 334.

Schriesheim, C.A. & Kenneth, D.H. (1981). Controlling acquiescence response bias by item reversals: The effect on questionnaire validity. *Journal of Educational and Psychological Measurement, 41*, 1101 – 1115.

Schwarzer, R. (1986a). Evaluation of convergent and discriminant validity by use of structural equations. In A. Angleitner & J.S. Wiggins (Eds.), *Personality assessment via questionnaires* (p.191 – 213). New York: Springer.

Schwarzer, R. (Hrsg.). (1986b). *Skalen zur Befindlichkeit und Persönlichkeit* (Forschungsbericht 5). Berlin: Institut für Psychologie, Pädagogische Psychologie, Freie Universität Berlin.

Schwarzer, R. & Schwarzer, C. (1982). Ärger als Zustand und als Disposition. *Zeitschrift für Differentielle und Diagnostische Psychologie, 3,* 27 – 33.

Schwinger, T. & Winterhoff – Spurk, P. (1984). Gleichheits – vs. Leistungsprinzip: Rasch – Skalen zur Messung dispositioneller Einstellungen zu zwei Prinzipien distributiver Gerechtigkeit. *Diagnostica, 30,* 125 – 143.

Scott, W.A. (1963). Social desirability and individual conceptions of the desirable. *Journal of Abnormal and Social Psychology, 67,* 574 – 585.

Shaw, M.E. & Wright, J.M. (1967). *Scales for the measurement of attitudes.* New York: McGraw – Hill.

Shulman, A. (1973). A comparison of two scales on extremity response bias. *Public Opinion Quarterly, 37,* 407 – 412.

Siddiqi, J.A., Haara, A. & Schnabel, W. (1973). Konservative Polizisten – noch konservativere Gefangene. Eine faktorenanalytische Untersuchung mit der Konservatismus – Skala von Wilson & Patterson. *Psychologische Beiträge, 15,* 106 – 118.

Sigall, H. & Page, R. (1971). Current stereotypes: A little fading, a little faking. *Journal of Personality and Social Psychology, 18,* 247 – 255.

Singer, R. & Haase, H. (1975). Sport und Persönlichkeit. *Sportwissenschaft, 5,* 25 – 38.

Six, B. (1975). Die Relation von Einstellung und Verhalten. *Zeitschrift für Sozialpsychologie, 6,* 270 – 296.

Six, B. (1980). Das Konzept der Einstellung und seine Relevanz für die Vorhersage des Verhaltens. In F. Petermann (Hrsg.), *Einstellungsmessung – Einstellungsforschung* (S.55 – 84). Göttingen: Hogrefe.

Snyder, M. (1974). The self – monitoring of expressive behavior. *Journal of Personality and Social Psychology, 30,* 526 – 537.

Snyder, M. (1979). Self – monitoring processes. In L. Berkowitz (Ed.), *Advances in experimental social psychology,* Vol.12 (p.85 – 128). New York: Academic Press.

Spielberger, C.D. (1977). State – trait anxiety and interactional psychology. In D. Magnusson & N.S. Endler (Eds.), *Personality at the crossroads: Current issues in interactional psychology* (p.173 – 183). Hillsdale, NJ: Erlbaum.

Sportwissenschaft (1984). Diskussion "Sport und Persönlichkeit". *Sportwissenschaft, 14*, 73 – 92.

Spreen, O. & Sundberg, N.S. (1973). *MMPI – Saarbrücken* (6. Aufl.). Bern: Hans Huber.

Stapf, K.H., Herrmann, T., Stapf, A. & Stäcker, K.H. (1972). *Psychologie des elterlichen Erziehungsstils*. Stuttgart: Kohlhammer.

Staudenmayer, P. & Jäger, R.S. (1983). *Testdokumentation. Dokumentation der Testbibliothek des Deutschen Instituts für Internationale Pädagogische Forschung. 1. Teildokumentation: Tests zur Erfassung von Verhaltensweisen und Einstellungen*. Frankfurt: Deutsches Institut für Internationale Pädagogische Forschung.

Steffens, K.H. (1977). Multidimensionale Skalierverfahren. In *Grundlagen der Einstellungsmessung*. (Deutsche Übersetzung und Bearbeitung von R.M. Dawes, Fundamentals of attitude measurement, durch B. Six & H.J. Henning) (S.177 – 193). Weinheim: Beltz.

Steffens, K.H. (1984). Multidimensionale Skalierung. In E. Roth (Hrsg.), *Sozialwissenschaftliche Methoden* (S.533 – 557). München: Oldenbourg.

Stene, J. (1968). Einführung in Raschs Theorie der psychologischen Messung. In G.H. Fischer (Hrsg.), *Psychologische Testtheorie* (S.229 – 268). Bern: Hans Huber.

Stumpf, H., Angleitner, A., Wieck, T., Jackson, D.N. & Beloch – Till, H. (1985). *Deutsche Personality Research Form*. Göttingen: Hogrefe.

Suls, J. (Ed.). (1982). *Psychological perspectives on the self*, Vol.1. Hillsdale, NJ: Erlbaum.

Suls, J. & Greenwald, A.G. (Eds.). (1983). *Psychological perspectives on the self*, Vol.2. Hillsdale, NJ: Erlbaum.

Suls, J. & Greenwald, A.G. (Eds.). (1986). *Psychological perspectives on the self*, Vol.3. Hillsdale, NJ: Erlbaum.

Tajfel, H. (Ed.). (1968). *Differentiation betweeen social groups*. London: Academic Press.

Tajfel, H. & Turner, J.C. (1979). An integrative theory of intergroup conflict. In W.G. Austin & S. Worchel (Eds.), *The social psychology of intergroup relations* (p.33 – 47). Monterey, CA: Brooks – Cole.

Taylor, J.A. (1953). A personality scale of manifest anxiety. *Journal of Abnormal and Social Psychology, 48,* 285 – 290.

Tedeschi, J.T. (Ed.). (1981). *Impression management theory and social psychological research.* New York: Academic Press.

Tedeschi, J.T., Lindskold, J.T. & Rosenfeld, P. (1985). *Introduction to social psychology.* St.Paul, MN: West.

Tedeschi, J.T. & Norman, N. (1985). Social power, self – presentation, and the self. In B.R. Schlenker (Ed.), *The self and social life* (p.293 – 322). New York: McGraw – Hill.

Tedeschi, J.T. & Rosenfeld, P. (1981). Impression management and the forced compliance situation. In J.T. Tedeschi (Ed.), *Impression management theory and social psychological research* (p.147 – 177). New York: Academic Press.

Tedeschi, J.T., Schlenker, B.R. & Bonoma, T.V. (1971). Cognitive dissonance: Private ratiocination or public spectacle? *American Psychologist, 26,* 685 – 695.

Tetlock, P.E. & Manstead, A.S.R. (1985). Impression management versus intrapsychic explanations in social psychology: A useful dichotomy? *Psychological Review, 92,* 59 – 77.

Thibaut, J.W. & Kelley, H.H. (1959). *The social psychology of groups.* New York: Wiley.

Thomae, H. (1960). Das Problem der Konstanz und Variabilität der Eigenschaften. In P. Lersch & H. Thomae (Hrsg.), *Handbuch der Psychologie,* 4.Bd., Persönlichkeitsforschung und Persönlichkeitstheorie (S.281 – 353). Göttingen: Hogrefe.

Thomae, H. (1968). *Das Individuum und seine Welt. Eine Persönlichkeitstheorie.* Göttingen: Hogrefe.

Thornton, G.G. & Gierasch, P.F. (1980). Fakability of an empicically derived selection instrument. *Journal of Personality Assessment, 44,* 48 – 51.

Thurstone, L.L. & Chave, E.J. (1929). *The measurement of attitude.* Chicago: University of Chicago Press.

Tränkle, U. (1982). Über Zusammenhänge zwischen der sprachlichen Schwierigkeit von Fragebogen – Items, teststatistischen Gütekriterien und Beantwortungsverhalten. *Diagnostica, 28,*289 – 306.

Tränkle, U. (1983). Fragebogenkonstruktion. In H. Feger & J. Bredenkamp (Hrsg.), *Enzyklopädie der Psychologie,* Themenbereich B: Methodologie und Methoden, Serie I: Forschungsmethoden der Psychologie. Bd.2: Datenerhebung (S.222 – 301). Göttingen: Hogrefe.

Triandis, H.C. (1964). Cultural influences upon cognitive processes. In L. Berkowitz (Ed.), *Advances in experimental social psychology* (Vol.1). New York: Academic Press.

Tucker, L.R. & Messick, S. (1963). An individual differences model for multidimensional scaling. *Psychometrika, 28,* 333 – 367.

Turner, R.G. (1981). Using subject – generated descriptors. In D.W. Fiske (Ed.), *Problems with language imprecision* (p.84 – 92). San Francisco: Jossey – Bass.

Vagt, G. (1977). Meßinstrumente verändern sich im Laufe der Zeit. *Psychologie und Praxis, 21,* 117 – 122.

Vagt, G. & Wendt, W. (1978). Akquieszenz und die Validität von Fragebogenskalen. *Psychologische Beiträge, 20,* 428 – 439.

Velicer, W.F. & Weiner, B.J. (1975). Effects of sophistication and faking sets on the Eysenck Personality Inventory. *Psychological Reports, 37,* 71 – 73.

Voyce, C.D. & Jackson, D.N. (1977). An evaluation of the threshold theory for personality assessmant. *Educational and Psychological Measurement, 37,* 383 – 408.

Wakenhut, R. (1974). *Messung gesellschaftlich – politischer Einstellungen mithilfe der Rasch – Skalierung.* Bern: Hans Huber.

Warner, S.L. (1965). Randomized response: A survey technique for eliminating evasive answer bias. *Journal of the American Statistical Association, 60,* 63 – 69.

Webb, E.J., Campbell, D.T., Schwartz, R. & Sechrest, L. (1975). *Nichtreaktive Meßverfahren.* Weinheim: Beltz.

Wehner, E.G. & Durchholz, E. (1980). *Persönlichkeits – und Einstellungstests.* Stuttgart: Kohlhammer.

Werner, P.D. & Pervin, L.A. (1986). The content of personality inventory items. *Journal of Personality and Social Psychology, 51,* 622 – 628.

Wiggins, J.S. (1959). Interrelations among MMPI measures of dissimulation under standard and social desirability instructions. *Journal of Consulting Psychology, 23,* 419 – 427.

Wiggins, J.S. & Goldberg, L.R. (1965). Interrelationship among MMPI item characteristics. *Educational and Psychological Measurement, 25,* 381 – 397.

Wiggins, N. (1966). Individual viewpoints of social desirability. *Psychological Bulletin, 66,* 68 – 77.

Wilson, G.D. (1981). *The "catchphrase" approach to attitude measurement* (Referat auf der Tagung Persönlichkeitsfragebogen im Zentrum für Interdisziplinäre Forschung der Universität Bielefeld). Bielefeld: Universität Bielefeld.

Wilson, G.D. & Patterson, J.R. (1968). A new measure of conservatism. *British Journal of Social and Clinical Psychology, 7,* 264 – 269.

ZUMA – *Handbuch sozialwissenschaftlicher Skalen* (1983). Mannheim: Zentrum für Umfragen, Methoden und Analysen.

Zuroff, D.C. (1986). Was Gordon Allport a trait theorist? *Journal of Personality and Social Psychology, 51,* 993 – 1000.

Autorenregister

Autorenregister

Abbott, R.D. 169, 170
Adorno, T.W. 86, 104, 109, 145, 157
Ahammer, I.M. 170
Ahrens, H.J. 25
Albers, G. 39
Alker, H.A. 50
Allaman, J.D. 170
Allen, B.P. 25, 170
Allport, G.W. 50, 51
Amelang, M. 39, 50, 169, 191
Anastasi, A. 85
Anderson, N.H. 170
Angleitner, A. 158
Argyle, M. 50
Arkin, R.M. 206

Baer, R. 207
Baltes, P.B. 170
Bandura, A. 59, 86
Bartussek, D. 39, 50, 169
Bass, B.M. 157
Bastine, R. 25, 86
Baumann, U. 86, 124, 141
Baumeister, R.F. 206, 207
Bem, D.J. 50
Bierhoff, H.W. 169
Blake, R.R. 157
Block, J. 50, 157, 191
Bolten, H.G. 192, 206
Bonoma, T.V. 205
Boosch, A. 86
Borg, I. 141
Borkenau, P. 191
Bortz, J. 25
Bowers, K.S. 50
Brackwede, D. 192
Brandtstädter, J. 39
Brengelmann, J.C. 109, 191
Brengelmann, L. 191
Brunner, E.J. 39
Budin, F.A. 170, 191
Budin, W. 170, 191
Bungard, W. 169
Burisch, M. 87, 141
Burns, R.B. 39
Buros, O.K. 140

Buse, L. 157
Buss, A.H. 207
Busz, M. 170
Buxbaum, O. 170

Campbell, D.T. 87, 169
Carver, C.S. 207
Cattell, R.B. 5, 18, 24, 47, 50,
    140, 196
Cauce, A.M. 170
Chave, E.J. 86, 112, 113, 141
Chomsky, N. 158
Christie, R. 109, 157
Cialdini, R.B. 206
Cloetta, B. 141
Cohen, R. 170
Conger, A.J. 191
Converse, P.E. 86
Cook, P. 109
Cooley, C.H. 39
Corah, N.L. 191
Couch, A. 157
Cowen, E.L. 170, 191
Cox, D.N. 206
Crandall, V.C. 170
Crino, M.D. 192
Cronbach, L.J. 74, 82, 85, 86, 147,
    157
Crott, H.W. 170
Crowne, D.P. 170, 191

Damarin, F. 206
Deusinger, I. 140
Dickenberger, D. 191
Diers, C.J. 191
Dittrich, A. 86, 124, 141
Dohmen, P. 25
Doll, J. 25
Dommel, N. 87
Doob, L.W. 109
Durbin, M. 154, 158
Durchholz, E. 24, 140
Duval, S. 207

233

234

Sachregister

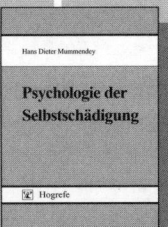

Karl-Heinz Renner

Selbstinter- pretation und Self-Modeling bei Redeängstlichkeit

(Reihe: Lehr- und Forschungs- texte Psychologie, N.F. 11)

2002, XII/260 Seiten,
€ 36,95 / sFr. 63,–
ISBN 3-8017-1636-8

Das Buch liefert mit dem Modell der Selbstinterpretation eine interpersonelle Sicht der Persönlichkeit und erläutert das Modell am Beispiel von Redeängstlichkeit.

Hans-Dieter Mummendey

Psychologie der Selbstschädigung

2000, 176 Seiten,
€ 29,95 / sFr. 47,–
ISBN 3-8017-1382-2

Das Buch beschäftigt sich vor allem aus sozialpsychologischer Sicht mit nicht- pathologischen Formen und Funktionen selbstschädigenden Verhaltens, insbesonde- re mit Selbstschädigung durch das Auslas- sen von Chancen, durch Angeberei und Selbstüberschätzung, durch Vergnügung und Genuss, durch Arbeit und Belastung sowie durch ungünstige soziale Beziehun- gen und Kontakte.

Hans-Dieter Mummendey

Psychologie der Selbstdarstellung

2., überarbeitete und erweiterte Auflage 1995, 340 Seiten,
€ 34,95 / sFr. 61,–
ISBN 3-8017-0709-1

Die zweite Auflage des Buches bietet ei- nen aktuellen Abriss der psychologischen Selbstkonzeptforschung, der wichtigsten selbstdarstellungsbezogenen Selbsttheo- rien und insbesondere der Impression- Management-Theorie.

Uwe Peter Kanning

Selbstwert- management

Die Psychologie des selbst- wertdienlichen Verhaltens

2000, 307 Seiten,
€ 36,95 / sFr. 60,–
ISBN 3-8017-1335-0

Sind Menschen prinzipiell dazu motiviert, einen positiven Selbstwert herzustellen und gegenüber Bedrohungen zu verteidi- gen? Welche Strategien setzen sie zur Ver- wirklichung dieser Ziele ein? Das Buch dis- kutiert anschaulich den aktuellen Er- kenntnisstand zu diesen und weiteren Fragen.

Hogrefe

Hogrefe-Verlag
GmbH & Co. KG
Rohnsweg 25 • 37085 Göttingen
Tel.: 05 51 - 4 96 09-0, Fax: -88
E-Mail: verlag@hogrefe.de
Internet: www.hogrefe.de

Dietmar Janetzko
Michael Hildebrandt
Herbert A. Meyer (Hrsg.)

Das Experimental-psychologische Praktikum im Labor und WWW

(Internet und Psychologie:
Neue Medien in der Psychologie)
2002, 337 Seiten, inkl. CD-ROM
€ 36,95 / sFr. 63,–
ISBN 3-8017-1427-6

Ziel des Buches ist es, anhand von aus-gewählten Beispielen in die Methodik ex-perimentalpsychologischen Arbeitens in und mit dem Internet einzuführen. Die CD-ROM enthält Versuchssteuerungsprogram-me zu den vorgestellten psychologischen Experimenten.

Markus Wirtz / Franz Caspar

Beurteiler-übereinstimmung und Beurteiler-reliabilität

Methoden zur Bestimmung und Verbesserung der Zuverlässigkeit von Einschätzungen mittels Kate-goriensystemen und Ratingskalen

2002, 287 Seiten,
€ 29,95 / sFr. 49,80
ISBN 3-8017-1646-5

Das Lehrbuch liefert erstmalig einen voll-ständigen Überblick über Methoden zur Bestimmung der Übereinstimmung und der Reliabilität zwischen Beurteilern. Die ge-naue Berechnung der empfohlenen Maß-zahlen wird an praktischen Beispielen so-wie anhand von SPSS-Berechnungen de-monstriert.

Rainer Westermann

Wissenschafts-theorie und Experimental-methodik

Ein Lehrbuch zur
Psychologischen Methodenlehre

2000, 500 Seiten,
€ 36,95 / sFr. 60,–
ISBN 3-8017-1090-4

Das Lehrbuch bietet eine umfassende Ein-führung in die Wissenschaftstheorie und Forschungsmethodik der Psychologie. Die behandelten Themen und Positionen wer-den durchgängig mit psychologischen Bei-spielen illustriert.

Walter Hussy / Anita Jain

Experimentelle Hypothesenprüfung in der Psychologie

2002, 300 Seiten,
€ 29,95 / sFr. 49,80
ISBN 3-8017-1627-9

Ziel des Lehrbuches ist es, die Studieren-den theoretisch und praktisch mit der ex-perimentellen Hypothesenprüfung vertraut zu machen. Gegenstand sind dabei Kon-zepte wie Validität, Präzision, Versuchs-plan, ethische Problematik und Theorie.

Hogrefe

Hogrefe-Verlag

GmbH & Co. KG
Rohnsweg 25 • 37085 Göttingen
Tel.: 05 51 - 4 96 09-0, Fax: -88
E-Mail: verlag@hogrefe.de
Internet: www.hogrefe.de